Klaus Eckardt

Geschäftsprozesse gestalten und handhaben

DATAKONTEXT

Die Deutsche Bibliothek – CIP-Einheitsaufnahme

Geschäftsprozesse gestalten und handhaben
Eckardt, Klaus / 1. Aufl. – Frechen : Datakontext-Fachverl.,
2001
ISBN 3-89577-229-1

1. Auflage 2001
Alle Rechte vorbehalten
©   2001 by DATAKONTEXT-FACHVERLAG GmbH
       Augustinusstr. 9d, 50226 Frechen
       Internet: http://www.datakontext.com, E-Mail: fachverlag@datakontext.com

Dieses Werk einschließlich aller seiner Teile ist urheberrechtlich geschützt. Jede Verwertung außerhalb der engen Grenzen des Urheberrechtsgesetzes ist ohne schriftliche Zustimmung des Verlags unzulässig und strafbar. Das gilt insbesondere für Vervielfältigungen, Mikroverfilmungen, Übersetzungen und die Einspeicherung in elektronische Systeme. Lizenzausgaben sind nach Vereinbarung möglich.

Umschlaggestaltung und Layout: Jana Kliche, Grafik & Design, Mülsen/Zwickau

Druck: Fuldaer Verlagsagentur, Fulda

Printed in Germany

Geschäftsprozesse

gestalten und handhaben

Klaus Eckardt

Danksagung

Meinen Dank all jenen ausgesprochen, welche mit Kommentaren, Kritik und Beiträgen aus der Tagesarbeit heraus zum Thema beigesteuert haben. So möchte ich mich auch bedanken bei Herrn Joachim Volpert von der Unternehmensberatung Kümmel, Wiedmann und Partner für seine Anregungen und Vorgaben zum Beitrag zur Personalwirtschaft.

Ein besonderes Dankeschön sei auch meiner Frau Helga für ihr Verständnis gesagt, das sie meiner Arbeit entgegengebracht hat.

Vorwort

In den Unternehmen befinden sich die organisatorischen Gegebenheiten vielerorts im Umbruch. Die sich über Jahre hinweg entwickelten Strukturen und Vorgehensweisen werden den neuen Technologien und den damit einhergehenden heutigen organisatorischen als auch betriebswirtschaftlichen Anforderungen nicht mehr gerecht.

Teamwork, Lean Management, Business Reengineering, ISO 9000, Total Quality Management und so auch Business Processes oder eben Geschäftsprozesse sind einige Titel, welche für aktuelle Strategien zur Neugestaltung der Unternehmensgeschehnisse stehen. Für die Praxis wirft sich hier letztlich die Frage auf, welche Strategie es sein soll.

Das Buch legt dar, dass die Ausrichtung an Geschäftsprozessen oder ganz allgemein an Prozessen als grundlegende Strategie zu gelten hat. Dabei stellen die Prozesse keinen neuen Ansatz dar, ihre Umsetzung in der Praxis lässt nur zu wünschen übrig, denn allzu häufig sind die Prozesse an Personen gebunden oder an Organisationen ausgerichtet und folglich mehr oder weniger verdeckt. Allein definierte Prozesse schaffen Transparenz hinsichtlich der Ergebnisse und Ergebnisfolge. Beides erst erlaubt die Geschehnisse in den Unternehmen konkret anzusprechen, was die Geschehnisse überhaupt erst gezielt und zweifelsfrei steuern lässt, was letztlich in den Unternehmen für Qualität und Effizienz sorgt. Unter den angeführten Aspekten setzen im Grunde auch eine ganze Anzahl anderer aktueller Strategien definierte Prozesse voraus, wie im Buch herausgestellt wird.

Das Buch geht darauf ein, was Prozesse ausmacht, wie sie schlüssig und praxisnah zu gestalten und zu handhaben sind. Dazu gibt das Buch an Hand von Umsetzungen aus der Praxis einige Beispiele zu konkreten Anwendungen. Es geht im Einzelnen auf die Maßnahmen ein, welche im Verbund die Prozesse ausmachen, und legt den Wirkmechanismus der Prozesse dar. Es zeigt, wie die Prozesse über diese Maßnahmen präventiv als auch korrektiv auf die Geschehnisse einwirken. Das Buch schließt mit einer Betrachtung zur Einführung von definierten Prozessen. Alles in allem geht das Buch auf die Fragen ein, welche in der Praxis zu den Prozessen in der Regel anfallen. Im Zusammenhang damit wird von Fall zu Fall auch die Problematik angesprochen, welche in der Praxis bei der Umsetzung ansteht.

Im August 2001 Der Verfasser

Inhaltsverzeichnis

1	**Vorbetrachtungen**	**1**
1.1	Gegebenheiten	1
1.2	Die Problematik der Umsetzung.	2
1.3	Warum dieses Buch?	4
2	**Prozesse gestalten**	**8**
2.1	Abgrenzungen	8
2.1.1	Prozess	8
2.1.2	Sub- und Teilprozess	11
2.1.3	Kernprozess	15
2.2	Designverlauf	16
2.3	Struktursicht	18
2.4	Verhaltenssicht	23
2.4.1	Sichtwechsel	23
2.4.2	Ablaufdarstellung	30
2.4.2.1	Auslegung	30
2.4.2.2	Ergebnisfluss	35
2.4.2.3	Vorgänge und Ergebnisse abgrenzen	38
2.4.3	Staffelung	44
2.5	Umsetzungsbeispiele	48
2.5.1	Optimierungen	48
2.5.2	Angebotserstellung	51
2.5.3	Verwendungsnachweis	63
2.5.4	Organisationszuordnung	66
2.5.5	Unternehmensprozess	69
2.5.6	Vom Personalwesen zur Personalwirtschaft.	73

2.5.6.1	Ausgangssituation	73
2.5.6.2	Struktursichten schaffen Aufgabentransparenz	75
2.5.6.3	Die Produktionslinie für administrative Aufgaben	83
2.5.6.4	Die Teilprozesse der Steuerlinien administrativer Prozesse	92

3 Prozesse handhaben 94

3.1	Prozesseinsatz	94
3.2	Prozesspflege	94
3.3	Prozessmanagement	95
3.4	Teilprozesse als flankierende Maßnahmen	96
3.4.1	Ergebnisvorlage	96
3.4.1.1	Zweck und Beschaffenheit	96
3.4.1.2	Nutzen	98
3.4.2	Ergebnisinspektion	101
3.4.2.1	Die ersten Fehler können teuer werden	101
3.4.2.2	Ergebnisse abnehmen	103
3.4.3	Organisation	106
3.4.3.1	Eigentlicher Zweck und übliche Gliederung	106
3.4.3.2	Geläufige Nutzung	108
3.4.3.3	Organisationsprobleme	111
3.4.3.4	Organisation und Prozess	113
3.4.4	Planung	116
3.4.4.1	Einsatz	116
3.4.4.2	Planungsablauf	117
3.4.4.3	Ressourcendisposition	120
3.4.4.4	Projektplanung	124
3.4.4.5	Netzplan kontra Ablaufdarstellung	127
3.4.5	Projektmanagement	130
3.4.5.1	Was es soll	130
3.4.5.2	Was es nicht soll	131
3.4.6	Teams und Teamarbeit	133
3.4.6.1	Was macht sie aus.	133

3.4.6.2	Wie nutzen	135
3.4.7	Anleitung und Schulung	140
3.4.8	Statusbericht	141
3.4.9	Metriken	141
3.4.10	IT-Unterstützung	143
3.5	Wirkmechanismus der Maßnahmen	144
3.5.1	Praxisgegebenheiten	144
3.5.2	Maßnahmen richtig einsetzen	147
3.5.2.1	Beziehungsebenen und Beziehungsinhalte	147
3.5.2.2	Maßnahmenansatz	151
3.5.3	Mit Maßnahmen Problemen vorbeugen	156
4	**Prozesse in aktuellen Strategien**	**161**
4.1	Strategiegrundlage	161
4.2	Lean Production	161
4.3	Lean Management	161
4.4	ISO 9000 und Total Quality Management TQM	162
4.5	Simultaneous Engineering	163
4.6	Workflow Management	163
4.7	Business Reengineering	164
4.8	Balanced Scorecard	165
5	**Prozesse einführen**	**166**
5.1.	Radikal aber nicht riskant	166
5.2.	Umstellung	167
5.3.	Prozessdokumentation	170
Literaturverzeichnis		**176**
Stichwortverzeichnis		**178**

1 Vorbetrachtungen

1.1 Gegebenheiten

Ohne Zweifel bestimmen Innovationen und ihre ertragsreiche Vermarktung den Erfolg von Unternehmen. Aber dieser Erfolg ist freilich nur dann garantiert und von Bestand, wenn die Geschäftsprozesse der Unternehmen auf Dauer sicherstellen, dass die Umsetzungen der Innovationen zu marktgerechten Produkten als auch das Time-to-Market gelingen und dass es an Hand einer effektiven und effizienten Produktpflege zu einer Marktpräsenz von angemessener Dauer kommt.

Auf die Bedeutung der Geschäftsprozesse für die Unternehmen und ihre gebührende Bewertung sind G. Stalk und Th. M. Hout von der Boston Consulting Group in einer Veröffentlichung schon 1990 eingegangen. Sie führen darin u. a. aus: «Die Managementprozesse, von denen Unternehmen abhängig sind, um ihre Produkte und Dienstleistungen zu entwerfen, zu entwickeln und einzuführen, sind komplizierter als die Prozesse, die sie in ihren Fabriken und beim Servicepersonal einsetzen».

Der anhaltende Trend, dass sich bei den Produkten die Dauer der Marktpräsenz verkürzt und damit die Einführung neuer Produkte immer mehr an Bedeutung gewinnt sowie der Anteil der Softwareprodukte als auch der Dienstleistungen stetig wächst, verlagert die Wertschöpfung aus unternehmerischer Tätigkeit mehr und mehr von den Werkhallen weg hin zu den Büros. Der Schreibtisch tritt immer öfters an die Stelle der Werkbank. Damit gewinnen die Managementprozesse, welche die beiden Autoren ansprechen und die heute Geschäftsprozesse oder einfach nur Prozesse heißen, für die Unternehmen immer mehr an Bedeutung, denn sie werden immer häufiger durchlaufen. Von ihrer Effizienz und Qualität hängen die Produktentstehungskosten ab, welche zunehmend die Produktkosten ausmachen. Aber auch alle anderen Prozesse, welche der Vermarktung, Auftragsrealisierung, dem Service und der allgemeinen Verwaltung dienen, sind immer öfters auf die Belange neuer Gegebenheiten auszurichten.

So geben die Entstehungskosten der Softwareprodukte schon weitgehend die Produktkosten vor. Denn mit Abschluss der Entwicklung ist ein Softwareprodukt so gut wie fertig. Im Gegensatz zur herkömmlichen Fertigung werden die Produktkosten der Softwareprodukte nur noch in sehr geringem Maße von den Kosten eines Reproduktionsprozesses bestimmt, da die Reproduktion der Software nur noch aus einem einfachen Kopiervorgang auf ein Trägermedium besteht. Bei Softwareprodukten hängen die Produktkosten so im Wesentlichen vom Prozess der Softwareentwicklung ab. Eine nachträgliche Reduzierung der Produktkosten über das Produkt selbst, wie sie bei den klassischen Produkten z.B. an Hand von Wertanalysemaßnahmen über die Optimierung von Formen, Anzahl der Einzelteile und Materialien vorgenommen werden, ist hier nicht mehr gegeben.

Noch stärker zeigt sich der Wandel bei den Dienstleistungen. Mit Abschluss einer Dienstleistung ist sie als Produkt fertiggestellt. Wird eine Dienstleistung als Produkt erneut genutzt, muss der Prozess der Dienstleistung erneut durchlaufen werden.

Unter den Umständen sind Optimierungen und Qualitätssicherungen die eigentlichen Wertanalysemaßnahmen, mit denen auf die Prozesse einzugehen ist, um über direkte Maßnahmen aber auch indirekt über die Qualitätsabsicherung zu Aufwandsminderungen, verkürzten Durchlaufzeiten und Qualitätserhöhungen zu kommen, was letztlich auch Wettbewerbsvorteile schafft.

Optimale Prozesse stellen im Grunde verdeckte Wettbewerbsfaktoren dar, welche für die Mitbewerber nicht so einfach auszumachen sind. Sie können einen Wettbewerbsvorsprung schaffen. Die japanische Autoindustrie hat es vor Jahren schon vorgeführt. Erst eine umfangreiche Analyse des Massachusetts Institute of Technology hat den wahren Grund der Wettbewerbsvorteile an den Tag gebracht. Sie erst deckte damals die Prozessorientierung der japanischen Unternehmen auf.

1.2 Die Problematik der Umsetzung.

Unternehmen an den betrieblichen Prozessen auszurichten, hat bei den heutigen Gegebenheiten ein essentielles Thema zu sein, denn auf Dauer entscheidet die Beherrschung der Prozesse den Erfolg der Unternehmen ganz wesentlich mit. Und so setzen auch aktuelle Strategieansätze wie z.B. Lean Production, Lean Management, Business Reengineering, ISO 9000 und Total Quality Management definierte Prozesse voraus. Dennoch widmen die Unternehmen auch heute den Prozessen in ihren Bürobereichen noch immer nicht die notwendige Aufmerksamkeit. Vor Jahren schon haben die beiden Autoren G. Stalk und Th. M. Hout von der Boston Consulting Group auf das Problem hingewiesen. Sie schreiben dazu: «Doch selten werden diese Prozesse, die für den Erfolg von Innovationen entscheidend sind, mit der Strenge und Disziplin gemanagt, denen die Fabriken und das Servicepersonal unterworfen sind».

Umsätze und Ertragszahlen geben zweifellos das Erfolgsbarometer ab, was aber die Prozesse nicht ignorieren lassen darf, denn ineffiziente Prozesse können ganz beträchtlich die Ertragskraft eines Unternehmens mindern. Eine Trendwende in der

Umsatzentwicklung, die vom Markt aber auch von den unbeachteten und darum ineffizient gewordenen Prozessen selbst herrühren kann, macht dann vergleichbar einem Riff, das bei zurückgehendem Wasserpegel plötzlich auftaucht, unangemessene feste Kostenanteile augenscheinlich, welche die Ertragszahlen herabsetzen und unter Umständen gar zu einem negativen Ertragsergebnis führen können. Dann noch kurzfristig gegenzusteuern, ist oft nicht mehr möglich. Es kommt zu harten Einschnitten in den Rumpf der Unternehmen.

Recht treffend geht eine Veröffentlichung von M. Hammer und S. A. Stanton unter dem Aspekt Business Reengineering auf die Problematik der Umsetzung ein, welche in den Unternehmen vorherrscht. Beide Autoren führen hierzu aus: «Die Identifizierung der Unternehmensprozesse ist ein unerlässlicher Schritt im Business Reengineering, aber leider erfolgt sie häufig gar nicht oder nur oberflächlich. Dies ist beinahe ein verzeihlicher Irrtum, da die Prozessidentifikation mit an Sicherheit grenzender Wahrscheinlichkeit die geistig anspruchsvollste Phase jeder Reengineering-Initiative ist». Weiter schreiben sie dann: «So manch einer sucht hier nach einem bequemen Ausweg. Er verwendet den Begriff Prozess, ohne ihn wirklich zu verstehen und ohne sich die Mühe zu machen, sich die erforderliche Sichtweise anzueignen». Und dann heißt es noch: «Bloß weil ein Unternehmen seine Funktionen einfach als Prozesse tituliert, nehmen sie noch lange nicht Prozesscharakter an».

Alle Probleme, welche die beiden Autoren in 1995 ansprechen, sind in der Praxis auch heute noch zu finden. Die Ausrichtung an Prozessen macht allem Anschein nach Probleme. Vielerorts werden die Geschehnisse einfach nur bestimmten Personen zugeordnet. Wer kennt nicht die Auskunft, da müssen sie den Herrn X fragen, der weiß darüber Bescheid, als Antwort auf die Frage wie etwas abzuwickeln ist. Daraus leitet sich dann auch das häufig anzutreffende Argument her, dass es unnötiger Formalismus sei, die Geschehnisse noch einmal zu erfassen und als Prozess wiederzugeben, da die Zuständigen ja wissen, was zu tun ist. Fehlt Herr X allerdings einmal, dann fehlt auch das Wissen. Unter solchen Gegebenheiten nehmen dann aber auch personelle und organisatorische Veränderungen beträchtlichen Einfluss auf die Geschehnisse in den Unternehmen. Bei solchen personifizierten Prozessen kommt es übrigens auch zu recht subjektiven Abgrenzungen. Probleme an den Schnittstellen sind hier die Regel, denen mit Aktionismus, Improvisation und Ad-hoc-Entscheidungen begegnet wird, was wiederum Hektik, zusätzliche Ressourcen und damit Mehrkosten als auch Zeitverzug nach sich zieht, aber auch Qualitätsmängel zur Folge haben kann. Im Grunde zeigt sich hier die Ursache der gern zitierten Mauern zwischen den Organisationseinheiten.

Es muss bewusst sein, dass es in den Unternehmen nicht selbsttätig dazu kommt, für definierte Prozesse zu sorgen. Es ist eine wesentliche Führungsaufgabe, es anzustoßen und dafür Sorge zu tragen, dass sich der Anstoß auch durch alle Unternehmensebenen fortpflanzt und dort in angemessene Umsetzungen mündet.

Für die Unternehmensangehörigen muss erkennbar sein, dass es mit Anerkennung honoriert wird, definierte Prozesse zu schaffen und zu nutzen. Das ist eine essentielle Voraussetzung, die Umsetzung in Gang zu setzen und sie auch in Gang zu halten, was aber allzu oft nicht gegeben ist. Hier zeigt sich eine der vielen Ursachen, welche zur Problematik der Umsetzung beitragen. In Verbindung mit den noch anstehenden Betrachtungen wird auf weitere solche Ursachen eingegangen.

1.3 Warum dieses Buch?

Obwohl Prozesse für die Praxis an und für sich nichts grundsätzlich neues bedeuten, mangelt es in der Praxis dennoch an fundierten Vorgaben, wie die Geschehnisse in den Unternehmen letztlich als Prozesse zu gestalten und zu handhaben sind. In der Praxis wirft es vielerorts schon Probleme auf, die Geschehnisse der Unternehmen fundiert darzustellen. Diese Gegebenheiten liefern überwiegend die Gründe für die angesprochene Problematik der Umsetzung. Hier setzt das Buch an. Es geht auf Vorgehensweisen ein, welche bei der Systementwicklung gängig sind und dort mit Erfolg zur Anwendung kommen. Den Ausführungen liegt der Ansatz zu Grunde, dass Unternehmen als Systeme einzustufen sind und ihre Prozesse den Verhaltensbeschreibungen von Systemen gleichkommen.

Unter dem Aspekt der Systemgliederung wird darauf eingegangen, was Prozesse allgemein ausmacht und wie sie sich in ihrer Vielschichtigkeit darstellen und handhaben lassen. Es wird gezeigt, wie über eine Strukturierung der Unternehmensaufgaben systematisch die funktionellen Einzelheiten und Ergebnisse zu ermitteln sind, welche den Geschehnissen zu Grunde liegen, und wie sich aus der Verknüpfung dieser Einzelheiten dann die Geschehnissen herleiten, für welche letztlich die Prozesse stehen. Eine solche Vorgehensweise macht den Werdegang als auch die Wirkung der Prozesse offensichtlich, was den Anwendern die Möglichkeit gibt, an der Gestaltung der Prozesse teilzuhaben und später aus der Anwendung heraus Verbesserungen für die Prozesse vorgeben zu können. Beides muss unabdingbar gegeben sein, wenn sich die Anwender mit den Prozessen identifizieren sollen.

An Hand von Umsetzungen aus der Praxis gibt das Buch Beispiele, welche die Praxisnähe der dargelegten Vorgehensweise demonstrieren, die sich sowohl bei der Analyse als auch bei der Realisierung von Prozessen bewährt hat. Dabei wird nicht nur auf Unternehmensbereiche eingegangen, welche für die Produkte und so auch für externe Dienstleistungen zuständig sind, sondern es wird auch gezeigt, dass Unternehmensbereiche für unterstützende Aufgaben wie z.B. das Personalwesen mit seinen Dienstleistungen ebenso prozessorientiert zu gestalten sind. So schaffen hier erst definierte Prozesse die Voraussetzungen, das Personalwesen unter den Aspekten einer Personalwirtschaft handhaben zu können.

An Hand seiner Ausführungen macht das Buch augenscheinlich, dass den Prozessen, welche für die Geschehnisse in den Unternehmen stehen, grundlegende Bedeutung zukommt. Denn Geschehnisse verbessern zu wollen, setzt voraus, sie in allen Einzelheiten zu kenne. Ist das nicht gegeben, führen Veränderungen zum Zweck der Verbesserung dann zwar zu anderen aber nicht unbedingt zu besseren Geschehnissen. In dieser Situation befinden sich die Unternehmen recht häufig. Sie wollen einerseits mit Strategieansätzen wie z.B. Lean Management oder Business Reengineering Verbesserungen erreichen, obwohl es andererseits an fundierten Aufzeichnungen zu den Prozessen mangelt. Die Eingriffe geschehen folglich vorwiegend intuitiv und das erklärt auch, warum sich dann bei vielen solcher Projekte der gewünschte Erfolg nicht einstellt. Für Strategien, welche auf die Strukturen und Geschehnisse von Unternehmen eingehen sollen, ist es unabdingbar, für die anstehenden Prozesse fundierte Darstellungen vorliegen zu haben.

Im Vorwort zu seiner Veröffentlichung «Das prozesszentrierte Unternehmen» schreibt M. Hammer als der wahrhaftige Vertreter von Business Reengineering u.a.: «Inzwischen habe ich erkannt, dass ich mich damals irrte. Die Radikalität ist nicht der wichtigste Aspekt des Business Reengineering, so wichtig und spannend sie auch sein mag. Das Schlüsselwort in der Definition lautet «Prozess»: ein Bündel von Aktivitäten, die in ihrer Gesamtheit für den Kunden ein Ergebnis von Wert erzeugen. In der Industriellen Revolution hat man sich von den Prozessen abgewandt, sie in spezielle Arbeitsschritte zerlegt und sich dann voll und ganz auf diese Einzelaufgaben konzentriert».

Alle Maßnahmen, auf welche das Buch hier im Einzelnen eingeht, kennt und nutzt die Praxis heute schon mehr oder weniger. Das wirklich Neue, was die Prozesse als aktuelle Strategie genau betrachtet einbringen, ist nur die ausdrückliche Forderung nach Prozessen und die Anerkennung ihrer Bedeutung für die Unternehmen, was oft gern in Zweifel gestellt wird. Für die Prozesse gilt, wie es das Buch ausführt, die gegebenen Maßnahmen angemessen auszulegen und aufeinander abzustimmen sowie konsequent im Verbund anzuwenden und uneingeschränkt beizubehalten. Im Grunde sind das auch alles bekannte Forderungen, die eigentlich nur durchgreifend also radikal umzusetzen sind, um so für wirksame Prozesse zu sorgen. Das in der Praxis sicherzustellen, setzt angemessene Maßstäbe und eine gezielte Beobachtung und Beurteilung der Prozessgegebenheiten voraus. Ein Thema auf welches das Buch auch eingeht.

Für eine solche Beobachtung hat z.B. das Software Engineering Institute (SEI) der Carnegie Mellon University Pittsburgh unter der Bezeichnung Capability Maturity Model (CMM) ein Modell für die Beurteilung von Unternehmen aufgestellt, welche Softwareanwendungen entwickeln. Das Modell gibt, über 5 Tauglichkeitsgrade verteilt, Gegebenheiten, Maßnahmen und Fähigkeiten wieder. Es setzt Maßstäbe, die eine vergleichende Beurteilung erlauben und darüber auf Dauer Veränderungen anzeigen lassen. Im Grunde ist das Vorgehen und das Modell aber auch für die Beurteilung anderer Unternehmen einsetzbar. Die Tabelle unter Abbildung 1 gibt einmal ein solches über 5 Tauglichkeitsgrade abgestufte Modell wieder, welches die in Frage kommenden Gegebenheiten, Maßnahmen und Fähigkeiten vorgibt.

So sind die aufgeführten Gegebenheiten zu Grad 1 und 2 in den Bürobereichen der Unternehmen weit verbreitet vorzufinden. Es hat allerdings seinen Preis, wenn die Geschehnisse in den Unternehmen nur über Ad-hoc-Vereinbarungen, Einzelpersonen und die Organisation bestimmt werden. Jede Organisationsänderung und jeder Personenwechsel führt zum Verlust von Vorgehenswissen, wie schon angeführt wurde. Es kommt kurz über lang zu Problemen und folglich zu weiteren Ad-hoc-Vereinbarungen, was mit der Zeit zu redundanten und widersprüchlichen Bestimmungen führt.

Grad	Gegebenheiten
5	Kontinuierliche Verbesserungen der Prozesse sind eine feste Einrichtung. Es gibt für die Prozesse ein Change Management, Anpassungen an innovative Technologien und eine präventive Absicherung hinsichtlich Mängel.
4	Prozesse unterliegen Qualitätsaudits. Die Prozessparameter Zeit, Kosten als auch der Nutzen der Maßnahmen werden systematisch erfasst, ausgewertet und die Ergebnisse der Analysen in Steuervorgaben umgesetzt.
3	Prozesse sind definiert und in Anwendung.
2	Die Geschehnisse unterliegen einem Projektmanagement mit Projektplanung und Projektverfolgung sowie weiteren funktionellen und organisatorischen Maßnahmen wie z.B. Change Management, Produktkonfiguration etc.
1	Die Aufbauorganisation ist vorherrschend. Die Geschehnisse verlaufen weitgehend formlos und ad hoc.

Abbildung 1
Tauglichkeitsgrade zur Beurteilung von Unternehmensgegebenheiten

Unter den Umständen sammelt sich bei den Anwendern ein recht unterschiedliches Wissen an, was die Geschehnisse, Abhängigkeiten und Ergebnisse betrifft, zumal das Wissen jedes Einzelnen zu den Geschehnissen in der Regel nur auf Hörensagen beruht. Aktionismus ist angesagt. Es kommt zu formlosen Handlungen und den viel zitierten Prozessschleifen, die in Wirklichkeit aber Bearbeitungsschleifen sind, welche durch ungenügendes Vorgehenswissen zu Stande kommen.

Die Geschehnisse in Form von Prozessen zu gestalten, worauf das Kapitel 2 eingeht, führt zwar zu den definierten Prozessen, wie sie der Grad 3 anführt, garantiert auf Dauer aber noch nicht die Anwendung der Prozesse also die Beibehaltung von Grad 3, auch wenn die definierten Prozesse erst einmal Transparenz, Effizienz und Qualität in die Unternehmen bringen. Ohne eine angemessene Beobachtung, Beurteilung und Aktualisierung, was die Gegebenheiten des Grades 4 zusammen sicherstellen, gelten in den Unternehmen bald wieder Geschehnisse, die dem Grad 2 oder gar 1 gleichkommen. Auf die Gegebenheiten des Grades 5 zu verzichten, heißt auf Optimierungen sowie auf Anpassungen an neue Technologien zu verzichten. Die Prozesse koppeln sich dann mit der Zeit von den gegebenen Möglichkeiten ab und verlieren dadurch an Aktualität und folglich auf Dauer an Akzeptanz. Die Spirale nach unten zu Grad 2 und 1 setzt ein. In Kapitel 3 wird auf Maßnahmen eingegangen, die für Grad 4 und 5 gegeben sein müssen.

Prozesse, für die auf Dauer die Gegebenheiten der Grades 3, 4 und 5 gelten, ermöglichen

- Ressourcen qualitativ und quantitativ angemessen zuzuordnen,
- Geschehnisse geordnet und damit effizient auszuführen,
- Planungssicherheit also Termin- und Kostensicherheit in Summe,
- die Aufwendungen für die einzelnen Vorgänge also Steuervorgaben zu erfassen,
- Schnittstellen systematisch zu reduzieren, die von Organisationsbelangen und von individuellen Arbeitsteilungen herrühren,
- Ergebnisse kontinuierlich anzureichern und fortzuschreiben, was die wiederholte Neufassung von Ergebnisteilen zum Zweck der Weiterverwendung erübrigt,
- Ergebnisse und Ergebnisfluss zu optimieren.

Unter den aufgezählten Gegebenheiten bringen Prozesse dann direkten Nutzen für die

- Ressourcennutzung,
- Bearbeitungsdauer, d.h. Time-to-Market neuer Produkte, Liefer- und Servicezeiten,
- Produktkosten der Geräte, Programme und Dienstleistungen,
- Abwicklungskosten der Aufträge und Serviceleistungen,
- Liefersicherheit hinsichtlich Inhalte und Termine,
- Produktqualität insgesamt für Produkte, Auftragsabwicklung, Service und Kosten
- und letztlich auch für das Wissensmanagement als Basis marktgerechter Produkte.

2 Prozesse gestalten

2.1 Abgrenzungen

2.1.1 Prozess

In den zurückliegenden Jahren hat der Begriff «Prozess» verbreitet Eingang in den Sprachgebrauch der Unternehmen gefunden. In der Praxis tritt der Begriff an die Stelle von Bezeichnungen wie z.b. Ablauf, Geschehen, Verfahren, Verlauf. Entsprechend unterschiedlich versteht und nutzt die Praxis den Begriff auch, was dann immer wieder Anlass zu Missverständnissen gibt. Im Grunde steht er für die Geschehnisse der Unternehmen, die von Vorgaben ausgehend im Verlauf einer bestimmten Zeit ein Ergebnis entstehen lassen. Über das allgemeingültige Prozessschema in Abbildung 2 erfährt der Begriff seine grundsätzlich Abgrenzung.

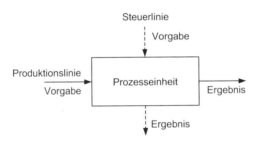

Abbildung 2
Prozessschema

Wie das Prozessschema vorgibt, weist ein Prozess eine Produktionslinie und eine Steuerlinie auf. Beide Linien haben Vorgaben zu erhalten und selbst wiederum ein Ergebnis zu liefern. Die in der Praxis üblichen Ablaufdarstellungen geben in der Regel mehr oder weniger genau die Produktionslinie wieder. Maßnahmen wie z.B. Ressourcendisposition, Projektplanung, Fortschrittsverfolgung, Projektmanagement u.a. machen zusammen die Steuerlinie aus. An Hand des Prozessschemas zeigt sich also schon, dass die übliche Ablaufdarstellung zur Produktionslinie allein noch lange nicht den Prozess ausmachen, auch wenn sie oft als solcher tituliert wird.

Das Rechteck im Prozessschema steht als Prozesseinheit symbolisch für die Geschehnisse, welche aus den anstehenden Vorgaben die Ergebnisse entstehen lassen. Der Inhaltsumfang der Prozesseinheit kann erheblich variieren. Insofern gibt sie kein verbindliches Maß für die Abgrenzung der Prozesse wieder. Für die Gliederung der Geschehnisse stehen definitionsgemäß folgende Abgrenzungsbegriffe an:

- Prozesseinheit, sie kann eine beliebige Anzahl von Funktionen umfassen.
- Funktion, sie steht für eine Summe von Tätigkeiten, welche eine Anzahl Ergebnisse entstehen lassen.
- Vorgang, er grenzt eine Funktion ab, welche im Rahmen eines Ablaufes jeweils nur ein Ergebnis liefert.

Vorgänge stellen demnach die kleinste Funktion dar, die hinsichtlich des Ergebnisses nicht mehr weiter zu untergliedern ist. Funktionen setzen sich folglich immer aus einer Anzahl von Vorgängen zusammen.

Die Geschehnisse, für welche die Prozesseinheit symbolisch steht, lassen sich unter zwei ganz unterschiedlichen Aspekten darlegen. So kann für sie einmal aufgezeigt werden, «wie» die Geschehnisse vor sich gehen, also welche Tätigkeiten anfallen. Es kann andererseits aber auch darauf eingegangen werden, «was» die Geschehnisse an Ergebnisse entstehen lassen. Unter dem Aspekt, «wie» die Geschehnisse vor sich gehen, werden die Tätigkeiten beschrieben und damit der Ablauf der Geschehnisse funktionell dargestellt. Unter dem Aspekt, «was» die Geschehnisse bewirken, wird der Ablauf der Geschehnisse über die Ergebnisse, den Ergebnisfluss mit seinen Ergebnisverzweigungen und Ergebnisverknüpfungen wiedergegeben. Ganz folgerichtig gilt es zwischen funktionsorientierten und ergebnisorientierten Ablaufdarstellungen zu unterscheiden. Prozesse setzen die ergebnisorientierte Sichtweise voraus, was in der Praxis häufig außer Acht gelassen wird und dann ganz wesentlich zur Problematik der Umsetzung beiträgt.

Die Tätigkeiten, welche in Summe die Funktionen ausmachen, lassen sich inhaltlich und zeitlich kaum abgrenzen. Zum einen sind nicht alle Ereignisse und Entscheidungen voraussehbar, folglich kann sich das Ausmaß der Tätigkeiten verändern, zum anderen bleiben die üblichen Statusaussagen zu den Tätigkeiten, wie z.B. zu 30% oder zur Hälfte ausgeführt, subjektive Aussagen, da sie nicht messbar und folglich auch nicht nachvollziehbar sind. Allein die wiederholte Frage nach dem Fortschrittsgrad suggeriert in der Praxis schon den Bedarf einer Erfolgsmeldung. Deshalb wird hier oft auch nach dem noch anstehenden Arbeitsaufwand gefragt, die Frage nach dem Status also invertiert gestellt. Sie soll das Sicherheitsdenken des Befragten an Stelle seines Erfolgsdenkens ansprechen, um so zu einer realistischen Statusaussage zu kommen.

Im Gegensatz zu Funktionen sind Ergebnisse an Hand von Maßstäben inhaltlich sehr gut abzugrenzen. Die Maßstäbe erlauben, die Ergebnisse direkt oder vergleichend zu bewerten, was objektive Vorgaben und Statusaussagen garantiert. Darum haben Ergebnisse und nicht Tätigkeiten als genereller Nenner zu gelten. Für die Prozesse muss ermittelt werden, «was» es aus den Funktionen heraus an Ergebnissen gibt, aus welchen sich dann der Ergebnisfluss mit seinen Ergebnisverzweigungen und Ergebnisverknüpfungen herleitet.

Als Ergebnisse haben alle Wertschöpfungsbeiträge zu gelten, die in den Unternehmen unter dem Titel Zwischenergebnisse, Teilergebnisse und Endergebnisse konkret anfallen. Ergebnisse sind so z.B. Spezifikationen, welche auch als Pflichtenhefte und Lastenhefte laufen, Zeichnungen, Diagramme, Listen, Schriftstücke, Formulare, Freigabebescheide, Aufträge und Bestellungen jeglicher Art, Begleitpapiere für Lieferungen, Terminpläne, Statusaussagen, EDV-Eingaben und EDV-Programme. Wie die Aufzählung zeigt, geht es dabei vorwiegend um Ergebnisse mit grafischen, numerischen und textlichen Inhalten, wie sie in den Bürobereichen für produktspezifische als auch administrative Vorgaben anfallen. Natürlich gibt es in den Bürobereichen auch gegenständlich Ergebnisse wie z. B. Muster, Modelle, Programmdisketten etc.

Inhaltsvorgaben und vor allen Dingen Ergebnismuster, welche praktisch Schablonen gleichkommen, geben die Maßstäbe für die Ergebnisse ab. Bei der Ermittlung des Bearbeitungsaufwandes wirken die Ergebnisse dann sogar selbst als Maßstab. Die Aufwandswerte zu fertiggestellten Ergebnissen lassen sich als Aufwandsvorgaben auf neue Ergebnisse übertragen, insofern eben definierte Ergebnisse vorliegen und die geleisteten Aufwände erfasst werden.

Den Maßstab, welche Tätigkeiten ein Vorgang umfassen muss, gibt dann einmal die Wertschöpfungsdifferenz ab, welche aus den vorgegebenen Ergebnissen und dem zu liefernden Ergebnis resultiert, und zum anderen das zu liefernden Ergebnis selbst. Damit liegt es in der Verantwortung des Ausführenden, an Hand dieses Maßstabes den Vorgang unter dem Aspekt von Effizienz und Qualität angemessen umzusetzen, was auch für unvorhergesehene Ereignisse gilt, für die er dann von Fall zu Fall Tätigkeiten aufnehmen, verändern oder entfallen lassen muss. Hier zeigt sich der Hauptunterschied zur funktionsorientierten Sichtweise mit ihren Dienstvorschriften und anderen Ausführungsvorgaben.

2.1.2 Sub- und Teilprozess

Wie es die Abbildung 3 schematisch demonstriert, untergliedern sich die beiden Linien der Prozesse nach innen weiter in Subprozesse und Teilprozesse. Die Produktionslinie unterteilt sich so in Subprozesse, welche in sich abgeschlossenen Produktionsfunktionen entsprechen, die mehr oder weniger viele Vorgänge und Ergebnisse umfassen. Die Abbildung 3 gibt dafür einige Subprozesse zum Prozess der Auftragsrealisierung wieder. Die Steuerlinie teilt sich in Teilprozesse auf, die praktisch als flankierende Maßnahmen wirken, welche sich den Subprozessen überlagern und der Steuerung als auch der Überwachung der Produktionslinie dienen. Sie heißen hier Teilprozesse, da sie über die gesamte Produktionslinie hinweg nur eine Teilaufgabe wahrnehmen.

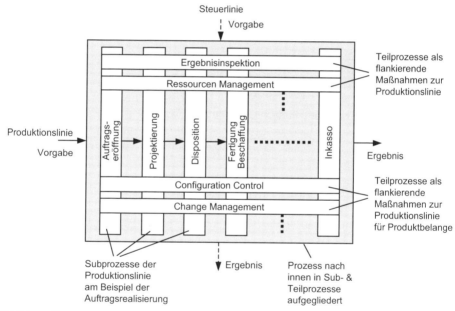

Abbildung 3
Teilprozesse als flankierende Maßnahmen
zum Management von Produktionslinie und Produktbelangen

Bei den Teilprozessen ist zu unterscheiden in Teilprozesse für die Produktionslinie selbst und in Teilprozesse für die Produkte, welche die Produktionslinien entstehen lassen, wozu auch Dienstleistungen gehören. Viele der Maßnahmen, welche die Teilprozesse ausmachen, tragen englische Schlagworte, für die es in der deutschen Sprache nicht immer vergleichbare prägnante Ausdrücke gibt. Darum bleibt es bei einigen dieser Maßnahmen bei den englischen Schlagworten, welche die Praxis mehr oder weniger eingedeutscht hat.

Für die Steuerung der Produktionslinie fallen Teilprozesse an, die sich mit dem Prozessmanagement, den Prozesskosten, dem Ressourcenmanagement und der Prozesspflege befassen. Was das Prozessmanagement angeht, stehen dafür Maßnahmen an, welche als Teilprozesse unter den Bezeichnungen Projektmanagement, Workflow Management, Fortschrittsverfolgung, Statusreporting, Ergebnisinspektion, Templates und Ergebnismuster laufen. Bei den Prozesskosten geht es um Maßnahmen, die unter den Stichworten Controlling, Budgetplanung, Process Cost Management, Cost Reporting, Activity Based Costing, Activity Based Management bekannt sind. Das Ressourcenmanagement behandelt die Ressourcendisposition, was auch die Aufbauorganisation, das Ressourcen Pooling und das Teamwork als Maßnahmen mit einschließt. Die Prozesspflege steht für Maßnahmen wie z.B. Prozesseigner, Process Monitoring, Process Change Management und kontinuierliche Prozessverbesserung.

Bei den Teilprozessen, welche auf die Produkte der Produktionslinie eingehen, handelt es sich um Maßnahmen, die der Produktpflege dienen, welche die Produkte technologisch als auch in ihren Kosten den Marktgegebenheiten angleichen, sie verwalten und unter Kontrolle halten. Das betrifft sowohl die Produkte selbst als auch den Produktbestand im Markt bei den Kunden. Das bewerkstelligen Maßnahmen wie z.B. Configuration Control mit Feature Management und Release Control, Change Management, Target Costing, Inventory Data Recording, Documentation Management, Information Management und Knowledge Management.

Diese zweite Art der Teilprozesse dient zwar in erster Linie dem Produktmanagement, unterstützt aber auch das Prozessmanagement, denn Prozesse setzen geordnete und beherrschte Produkte voraus. Hier wird eine ganz wesentliche Forderung angesprochen, die in der Praxis viel zu wenig Beachtung findet und darum viele Prozessprojekte zum Scheitern bringt, was dann aber letztlich nicht den anstehenden chaotischen Produktgegebenheiten sondern den Prozessen angelastet wird.

Wie die angeführten Einzelheiten erkennen lassen, umfassen Prozesse eine Summe von Maßnahme. Die Produktionslinie allein oder Maßnahmen wie z.B. Projektmanagement, Projektplanung, etc. machen noch keine eigenständigen Prozesse aus, wie vielerorts oft dargelegt wird, sondern entsprechen nur Sub- und Teilprozessen verschiedener Ordnung, deren Beiträge nur im Verbund angemessen zum Tragen kommen. Hier zeigt sich ein ganz wesentlicher Prozessaspekt, wie später im Abschnitt zum Wirkmechanismus der Maßnahmen noch im Einzelnen darlegt wird.

Die Teilprozesse sind nach Bedarf einzusetzen. Sie gehören von Fall zu Fall an das vorliegende Geschehen angepasst. Liegen z.B. einfache Fließprodukte vor, ist für die

Auftragsrealisierung an Stelle eines Projektmanagement ein programmgestütztes Verfahren für ein Workflow Management ausreichend, was auch noch für einfache Einzelprodukte zutreffen kann und in beiden Fällen recht effizient ist. Von Fall zu Fall erfüllt ein solches Programm auch noch für komplexe Fließprodukte wie z.B. Geräte der Unterhaltungselektronik oder Wartungsdienstleistungen die anstehenden Belange.

Entsprechend ihrer Steuerfunktionen können die Teilprozesse, gleich ob sie unter dem Aspekt Prozessmanagement oder Produktmanagement auf die Produktionslinie einwirken, dort zusätzliche Vorgänge erforderlich machen. Ein Beispiel dafür ist die Ergebnisinspektion. Für sie sind Inspektionsvorgänge in die Produktionslinie einzufügen. Andere Teilprozesse filtern oder verdichten wiederum die Vorgänge der Produktionslinie für ihre Zwecke. Für das Projektmanagement sind nur jene Vorgänge der Produktionslinie relevant, welche die Subprozesse abschließen oder Ergebnisse freigeben. Bei einem Target Costing werden nur die Vorgänge betrachtet, welche vorwiegend die Kosten bestimmen. Das Change Management filtert alle Vorgänge aus der Produktionslinie heraus, welche Änderungen zu erfassen und einzubringen haben, verlangt aber auch eigene Vorgänge für die Änderungsbeantragung und Änderungsfreigaben. Viele Teilprozesse weisen so ihr eigenes Ablaufgeschehen auf, für welches nur jene Vorgänge und Ergebnisse in der Ablaufdarstellung angeführt werden, auf welche die Teilprozesse eingehen. Dies können Vorgänge aus der Produktionslinie aber auch spezifische Vorgänge des Teilprozesses sein.

Beide, Produktionslinie und Steuerlinie, finden auf der Vorgangsebene zusammen. Das geht zum einen über die spezifische Vorgänge vor sich, welche für die Teilprozesse in die Produktionslinie eingefügt werden, und zum anderen aber auch über die Vorgänge der Produktionslinie selbst, die Vorgaben von den Teilprozessen erhalten und wiederum Ergebnisse wie z.B. Statusaussagen, Ist-Soll-Auswertungen und andere Bewertungskriterien an die Teilprozesse zurückgeben, wie es die Abbildung 4 für einen Vorgang einmal schematisch zeigt.

Auf die Vorgänge der Produktionslinie können unterschiedlich viele Teilprozesse einwirken. Für einen Vorgang fallen darum recht unterschiedliche Vorgaben an und sind auch recht unterschiedliche Ergebnisse abzugeben. Darin liegt kein Widerspruch zur Feststellung, dass ein Vorgang nur ein Ergebnis liefert, denn diese Abgrenzung gilt nur für einen Ablauf. Jedes der in Abbildung 4 aufgezeigten Ergebnisse rührt aus einem anderen Ablauf her. So liefert der Vorgang im Fall der Produktionslinie auch nur ein Ergebnis, wie es in der Abbildung 4 an Hand der stärker ausgezogenen Linien hervorgehoben wird. Und so verhält es sich auch bei den anstehenden Teilprozessen der Steuerlinie. Hier geben die dünneren Linien die Vorgaben und Ergebnisse der verschiedenen Teilprozesse der Steuerlinie wieder. Sie sind rechts neben den Linien mit ihren Titeln angeführt. Im Anschluss daneben wird dann noch angezeigt, mit welchen Teilprozessen also mit welchen eigenständigen Ablaufdarstellungen die Vorgaben und Ergebnisse in Verbindung stehen.

Die in Abbildung 4 gezeigte Vorgangsabgrenzung ist ganz wesentlich für die Vorgangsumsetzung. Sie entspricht praktisch einer ergebnisorientierten Arbeitsplatzbeschreibung. Aus der Differenz zwischen den Vorgaben und Ergebnissen ergibt sich der Beitrag, den der Zuständige des Vorganges als Wertschöpfung und Steuerbeitrag zu leisten hat. Unter dem Aspekt sind darum bei der Abgrenzung der Vorgänge auch alle Vorgaben und Ergebnisse aus den verschiedenen Ablaufdarstellungen anzuführen, da sie in Summe die für jeden Vorgang anfallenden Tätigkeiten bestimmen.

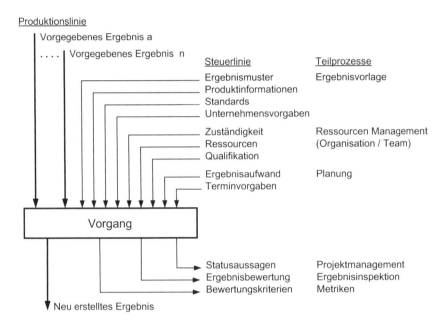

Abbildung 4
Verknüpfung von Produktions- und Steuerlinie

Über die Abgrenzung bekommen die Zuständigen der Vorgänge im Einzelnen aufgezeigt, welche Ergebnisse als Vorgabe anstehen müssen und was zu den verschiedenen Sichten für Ergebnisse zu liefern sind. Die zugehörigen Ergebnismuster zeigen den Ausführenden auf, wie die Vorgaben und Ergebnisse auszusehen haben und was sie enthalten müssen. Über die verschiedenen Ablaufdarstellungen erfahren sie weiter, welchen Maßnahmen sie dienen und wer die Nutzer sind. In Summe handelt es sich um grundsätzliche Vorgaben für ein jedes Workflow Management. Mit all diesen Angaben bekommen die Zuständigen der Vorgänge Maßstäbe, über die sie in eigener Regie ihre Vorgaben und Ergebnisse eigenverantwortlich sicherstellen können, was mit eine ganz wesentliche Zielsetzung der Prozessorientierung ist.

2.1.3 Kernprozess

In der Terminologie des Business Reengineering ist bei den besonderen Fähigkeiten eines Unternehmens von Kernkompetenzen die Rede. In diesem Zusammenhang wird dann auch von Kernprozessen gesprochen. Bei Kernprozessen handelt es sich somit nicht um eine weitere Prozessgliederung, sondern einfach nur um die Prozesse zu den Unternehmensaufgaben von Geschäftsfeldern, welche die Kernkompetenzen der Unternehmen ausmachen

Es ist ein Thema von Business Reengineering, die Kernkompetenzen eines Unternehmens auszumachen, um der Synergie wegen ein Unternehmen auf wenig Kernprozesse zurückzuführen. Das verlangt unter dem Aspekt der Kernkompetenzen die praktizierten Prozesse der Unternehmen zu sichten und bei Bedarf anzugleichen oder zusammenzuführen.

Für Produkte vergleichbarer Kategorie aber auch für Produktvarianten führen gemeinsame Ausbaukomponenten zu Synergieeffekten in Entwicklung, Einkauf, Herstellung, Ersatzteilhaltung, Service und Produktpflege. Dies ist ein weiterer Ansatz für Business Reengineering, wobei es hier gilt, Plattformen für die Schaffung solcher gemeinsamer Ausbaukomponenten aufzubauen, was spezifischen Kernkompetenzen und so auch Kernprozessen entspricht. Ganz gleich aber bei welchen Produkten der Ansatz seine Anwendung findet, ob es sich dabei um Produkte wie z.B. um Maschinen, Kraftfahrzeuge, Computer oder Softwareprogramme handelt, hat der Ansatz schon weit vorn in das Prozessgeschehen einzugreifen und die Prozesse durchgehend auf die Plattformen für die gewollten gemeinsamen Komponenten hin auszurichten.

Obwohl Unternehmensfusionen gerade solcher Synergieeffekte wegen zu Stande kommen, führen dennoch viele Fusionen nicht zu den eigentlich angestrebten Synergieeffekten. Für den ausbleibende Erfolg gibt es zweifellos eine Palette von Gründen, welche die Ausführenden einer Fusion selbst liefern. Dabei ist das Ausbleiben des Synergieeffektes automatisch vorprogrammiert, wenn bei einer Fusion von zwei Unternehmen mit vergleichbaren Kernkompetenzen die Kernprozesse der beiden Kandidaten nicht umfassend zusammengeführt und darüber hinaus auch keine weiteren Gemeinsamkeiten geschaffen werden. Denn dann bleibt es im Grunde bei zwei Unternehmen, da unter den Umständen die Fusion nur formell vollzogen ist, wofür eine ganze Anzahl von Fusionen prägnante Beispiel liefern, so z.B. die in aller Öffentlichkeit abgehandelte und darum recht augenscheinlich gewordene fehlgelaufene Fusion der beiden Unternehmen BMW und Rover.

2.2 Designverlauf

Aus den Unternehmensaufgaben heraus Prozesse zu gestalten, setzt voraus, die Inhalte der Unternehmensaufgaben zu kennen. Das verlangt als erstes, sie in ihre Funktionen und Ergebnisse aufzugliedern, was zu einer hierarchisch gegliederten Struktursicht führt. Aus einer solchen Gliederung heraus entsteht ein Diagramm, wie die schematische Wiedergabe einer Struktursicht in der Abbildung 5 erkennen lässt, das sich ähnlich wie ein Baum oder wie ein Farnwedel verzweigt, weshalb bei solchen Diagrammen auch vom «Tree Diagram» oder «Fern Diagram» die Rede ist.

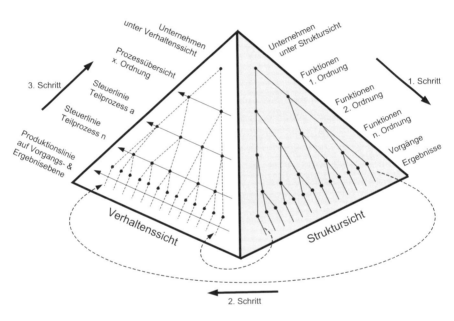

Abbildung 5
Modell zum Designverlauf

Die Gliederung in Funktionen lässt Funktionsebenen unterschiedlicher Ordnung entstehen. Als kleinste Funktionen ergeben die Vorgänge letztlich die Funktionsebene unterster Ordnung. Aus den Vorgängen gehen schließlich auch die einzelnen Ergebnisse hervor, welche als Teilergebnisse bis hin zum Endergebnis nacheinander anfallen. Eine Struktursicht zu erarbeiten mit dem Ziel, die anstehenden Vorgänge und die daraus resultierenden Ergebnisse zu ermitteln, ist der 1. Schritt im Prozessdesign.

Die Ergebnisse der Vorgänge stehen für einzelne Wertschöpfungsanteile, die in einer abgestimmten Folge parallel oder nacheinander zu entstehen haben und sich dabei Schritt für Schritt zum Endergebnis zusammenfügen. Die Folge der Ergebnisse zu ermitteln, ist der 2. Schritt im Prozessdesign. Bei diesem Schritt wird aus der Struktursicht heraus die Verhaltenssicht erarbeitet. Resultat dieses 2. Schrittes ist eine erste Ablaufdarstellung zur Produktionslinie, die allerdings noch keine Verbindung zu irgendwelchen Teilprozessen aufweist.

Zum endgültigen Prozess gehören dann noch die in Frage kommenden Teilprozesse wie z.B. Projektmanagement und Ressourcendisposition als auch entsprechende Prozessübersichten. Die Teilprozesse anzulegen und mit der Produktionslinie zu verknüpfen sowie Prozessübersichten zu schaffen, stellt den 3. Schritt im Prozessdesign dar. Für die Teilprozesse werden die Vorgänge der Produktionslinie teils zu Subprozessen verdichtet als auch von Fall zu Fall für die Teilprozesse herausgefiltert. Die Produktionslinie wird dabei je nach Bedarf, wie schon erwähnt, noch mit spezifischen Vorgängen, Vorgaben und Ergebnisanforderungen des jeweiligen Teilprozesses ergänzt. Die Prozessübersichten entstehen auf vergleichbare Weise, nur dass sie keine Nachträge in der Produktionslinie verlangen. Im 3. Schritt des Prozessdesign entstehen dementsprechend Teilprozesse und Prozessübersichten unterschiedlicher Ordnung, die Funktionsebenen unterschiedlicher Ordnung gegenüber stehen, wie in der Verhaltenssicht die gestrichelt eingetragene Struktursicht augenscheinlich macht.

2.3 Struktursicht

Die Produkte bestimmen die Aufgaben der Unternehmen. Vergleichbar einem Lebenslauf hat ein jedes Produkt einen «Life Cycle». Er beginnt mit der Produktidee und endet mit der Produktentsorgung, sofern es ein gegenständliches Produkt ist. Die Entsorgung von Produkten wird zunehmend den Kunden als Dienstleistung angeboten. Aus den Hauptabschnitten des «Product Life Cycle» leiten sich die Unternehmensaufgaben her. Es sind

- Produktvermarktung,
- Produkteinführung,
- Auftragsrealisierung,
- Kundendienste sowie die
- Unterstützungen wie z.B. Einkauf, Personalwesen, Schulung und Training etc.

Auf diese Unternehmensaufgaben setzt die Gliederung für die Struktursicht auf. Unter Strukturaspekten entsprechen die angeführten Unternehmensaufgaben jeweils Funktionen 1.Ordnung, die sich weiter in Funktionen nachfolgender Ordnung untergliedern, was zu hierarchischen Strukturen führt. Ein Beispiel zu einer solchen Strukturdarstellung ist in der Abbildung 6 mit Teil 1 und 2 zu sehen. Das Beispiel zieht Funktionen und Ergebnisse an, wie sie bei Unternehmen für Investitionsgüter aus den Geschäftsfeldern elektrische und elektronische Anlagen vorzufinden sind. Solche Strukturdarstellungen können natürlich auch nur für eine der vier Unternehmensaufgaben oder nur für eine Funktion angelegt werden.

Die Strukturdarstellung macht augenscheinlich, was die Unternehmensaufgaben an untergeordnete Funktionen aufweisen, in welche Vorgänge sie schließlich münden und welche Ergebnisse letztlich daraus bereitgestellt werden. So gliedert sich die Produktvermarktung, wie es im Beispiel der Abbildung 6 zu sehen ist, weiter in die Funktionen von Marketing, Produktmanagement und Verkauf auf, die eine Funktionsebene 2.Ordnung entstehen lassen. Diese Funktionen unterteilen sich dann weiter in Funktionen einer Funktionsebene 3.Ordnung. So setzt sich der Verkauf z.B. aus Verkaufsplanung, Kundenkontakt, Angebot und Auftrag zusammen. Weitere Funktionen nachrangiger Ordnung folgen. Manche Unternehmen betrachten allerdings Marketing, Produktmanagement und Verkauf als eigenständige Funktionen 1.Ordnung, was dann aber die Gefahr in sich birgt, dass die Gesamtverantwortung für die Produktvermarktung verloren geht.

Definitionsgemäß schließt die Gliederung mit den Vorgängen als kleinste funktionelle Einheiten ab. Die Vorgänge stellen die Ausführungsebene dar. Sie sind mit ihren Tätigkeiten auf ein bestimmtes Ergebnis ausgerichtet und liefern dementsprechend immer nur jenes Ergebnis. Zwischen den Vorgängen und den Ergebnissen kommt es so zu keiner Verzweigung mehr, da Vorgänge und Ergebnisse im Verhältnis 1:1 zueinander stehen. So liefert z.b. im Marketing der Vorgang, welcher für die Analyse der Produkte steht, die Produktanforderungen als Ergebnis. Bei der Disposition liefert der Vorgang zur Disposition von Fremdleistungen die Bestellanforderung als Ergebnis.

Die Unternehmensaufgaben gliedern sich unterschiedlich tief auf. Im Beispiel der Abbildung 6 weisen so einige Zweige bis zu den Vorgängen hin 7 Ebenen auf, andere Zweige besitzen dagegen nur 3 Ebenen. Für die Zahl der Ebenen bestehen keine festen Vorgaben, sondern sie ergeben sich aus der grundsätzlichen Zielsetzung, die Gliederung zum Schluss in Vorgänge mit konkreten Ergebnissen münden zu lassen. Obwohl die Strukturdarstellung mit den Ergebnissen abschließt, haben die Ergebnisse nicht als Gliederungsebene zu gelten, da es zu den Ergebnissen hin zu keiner weiteren Untergliederung mehr kommt. Die Gliederung hört bei den Vorgängen auf.

In den Unternehmen können die Gliederungsaspekte als auch die Terminologie unterschiedlich sein, was historisch bedingt ist, aber auch von organisatorischen und subjektiven Ansätzen herrührt. Wie schon einmal erwähnt, gelten z.T. die Funktionen Marketing, Produktmanagement und Verkauf statt der Produktvermarktung als grundsätzliche Unternehmensaufgaben. Ebenso gibt es Unterschiede in der Terminologie. Es kann Verkauf aber auch Vertrieb heißen, anstatt Produkteinführung kann Entwicklung stehen. Mit den anderen Begriffen ist allerdings oft auch ein anderer Inhalt verbunden, denn Begriffe grenzen ab. Einschränkende Bezeichnungen können ganze Aufgabenteile ausgrenzen. Das ist z.B. gegeben, wenn die Bereitstellung neuer Produkte nur unter der Bezeichnung Entwicklung vor sich geht. Eine Produkteinführung verlangt mehr als nur eine Produktentwicklung. Zwar gibt die Entwicklung einen wesentlichen Aufgabenteil zur Produkteinführung ab, macht aber eben nur einen Teil aus. Wesentliche Aufgabenteile der Produkteinführung können in diesem Fall ausgegrenzt bleiben, für die sich im Unternehmen dann keiner verantwortlich fühlt.

Das Beispiel in Abbildung 6 ist ein Ansatz, der von der Kategorisierung und Terminologie anderer Ansätze durchaus abweichen kann. Er erhebt auch nicht den Anspruch, vollständig zu sein, was allein schon aus Platzgründen nicht gegeben ist. So verzweigen sich eine ganze Zahl der aufgezeigten Funktionen stärker als im Beispiel wiedergegeben wird.

Ein Strukturansatz wird zu Beginn nie vollständig noch auf Anhieb schlüssig also frei von historischen, organisatorischen und subjektiven Gliederungsaspekten sein. Das darf aber nicht davon abhalten, mit der Gliederung zu beginnen. Die anschließende Aufnahme des Verhaltens über die bestehenden Verbindungen deckt Lücken in der Gliederung auf, wie an einem Beispiel noch gezeigt wird. Struktur und Verhalten zu erfassen, ist ein iterativer Vorgang.

Abbildung 6, Teil 1
Struktursicht der Unternehmensaufgaben

Abbildung 6, Teile 2
Strukturansicht der Unternehmensaufgaben

Unternehmen
- Auftragsrealisierung
  - Beauftragung
    - Auftragseröffnung
      - Kapazitätsprüfung
        - Ressourcenanforderung
        - Beauftragung
      - Abwicklung
        - Ressourcendisposition
        - Terminplan
        - Auftragsbestätigung
  - Disposition
    - Projektierung
      - Auslegung
        - System-/Anlagenplan
        - Dispositionsauftrag mit Materialliste
      - Materialisierung
        - Terminplanung
        - Freigabe
    - Ausfuhrantrag
      - Ausfuhrgenehmigung
    - Fremdleistungen
      - Bestellanforderung
  - Produktion
    - Eigenleistungen
      - Produktionsaufträge
      - Bestandsumbuchung
    - Fertigung
      - Fertigungsteile
      - Lagerteile
        - Einzelteile im Lager
      - Hardware
      - Softwarekopien
        - Programmkopien im Lager
      - Materialbereitstellung
        - Auftragsbestand aus Test
      - Zusammenbau
        - Endprodukt fertig
      - Funktionstest
        - Endprodukt bereit im Versandlager
    - Integration
      - Produktteile
      - Liefervorgabe
        - Packliste
  - Versand
    - Bereitstellung
    - Lieferplanung
      - Verpackung
        - Frachtraumvolumen
        - Verpackungskapazität
        - Frachtraumbuchung
        - Lieferinhalt
      - Begleitpapiere
        - Frachtraumbedarf
        - Ressourcenanforderung
        - Speditionsbeauftragung
        - Lieferpapiere
        - Exportpapiere
        - Lieferauftrag
    - Auslieferung
      - Vorbereitung
        - Ausfuhr
        - Teilebestand prüfen
        - Teile abrufen
          - Teile bereitgestellt
        - Teile verpacken
          - Teile versandfertig
        - Frachtraum abrufen
          - Lieferfestlegung
        - Lieferung avisieren
          - Kundenbenachrichtigung
          - Transportmittel
      - Transport
      - Entgegennahme
        - Empfangsbestätigung
    - Installation
      - Betriebsbereites Produkt
    - Inbetriebnahme
      - Kundenabnahme
    - Erfassung der Lieferungen
    - Erstellung der Rechnung
      - Lieferbuchung
      - Rechnung
    - Einstandsbuchung
  - Bereitstellung zur Abnahme
  - Rechnungsstellung
  - Forderungseinzug
- Kundendienste
  - Garantieleistungen
  - Wartung
  - Betreiben
  - Verwalten
  - Hot Line
- Unterstützungen
  - Einkauf
  - Wareneingang
  - Lager
  - Personalwirtschaft
  - EDV etc.

In der Praxis läuft die Strukturanalyse häufig über ein Brain Storming ab, über das mehr oder weniger gezielt die Funktionen ergründet werden, welche für die zu erstellende Produktionslinie in Frage kommen. Sofern die Ergebnisse daraus nicht systematisch über ein Strukturdiagramm erfasst und abgeprüft werden, bleibt es bei Funktionen recht unterschiedlichen Umfangs. Bei der sich anschließenden Erstellung der Ablaufdarstellung zeigen sich dann häufig Lücken in der Gliederung. Bleibt es nur bei dem Brain Storming, zieht das in der Regel viele Bearbeitungsschleifen nach sich und lässt hinsichtlich der Genauigkeit zu wünschen übrig, was auch mit zur Problematik der Umsetzung beiträgt.

2.4 Verhaltenssicht

2.4.1 Sichtwechsel

Im Anschluss an die Strukturanalyse gilt es dann für die Produktionslinie alle Verbindungen auszumachen, die zwischen den Vorgängen der Unternehmensaufgaben über die Ergebnisse zu Stande kommen. Dies macht den 2. Schritt im Designverlauf aus, welcher von der Struktursicht zur Verhaltenssicht der Produktionslinie führt.

Aus der Struktursicht ist zu entnehmen, von welchen Vorgängen die Ergebnisse herrühren. Jetzt gilt es noch zu ermitteln, in welche Vorgänge die Ergebnisse als Vorgaben einzugehen haben. Der Wechsel von der Struktursicht zur Verhaltenssicht geht so sukzessive über die Bestimmung der Verbindungen zu den nachfolgenden Vorgängen vor sich, welche die Ergebnisse als Vorgaben entgegen nehmen. Kriterien dafür sind die Vorgaben, welche die Vorgänge insgesamt für ihre Ergebnisse verlangen. Das setzt voraus zu wissen, was im Einzelnen an Vorgaben benötigt wird. Darum kommen hier die Fähigkeiten und das Wissen der Ausführenden ganz wesentlich zum Tragen. Beim Rückgriff auf die Ergebnisse als Vorgaben können sich dabei durchaus auch noch Lücken in der Struktursicht auftun, was zeigt, dass es im Verlauf des Design zu einer Selbstkontrolle kommt.

An Hand einer Anzahl solcher eingetragener Verbindungen zeigt das Beispiel A in Abbildung 7 einmal auf, wie aus den Vorgaben der Struktursicht heraus der Wechsel zur Verhaltenssicht vor sich geht. Das Beispiel A setzt auf der Vorgangs- und Ergebnisebene auf, wie es das Modell zum Designverlauf vorgibt. Denn nur hier lassen sich alle Verbindungen ausmachen, die über die Ergebnisse zwischen den Vorgängen zu Stande kommen. Die eigentliche Ablaufdarstellung erfolgt allerdings nicht in der Struktursicht, wie es hier in Abbildung 7 geschieht, sonder über besondere Ablaufdarstellungen, auf die noch in Abbildung 9 und 10 eingegangen wird. Das Tree Diagram der Struktursicht eignet sich für die Ablaufwiedergabe nicht besonders gut, wie es das Beispiel A zu erkennen gibt. Der Eintrag der Verbindungen in das Tree Diagram soll hier nur einmal demonstrieren, wie es aus der Struktursicht heraus zur Verhaltenssicht kommt.

Dem Beispiel A liegt ein Ausschnitt aus Teil 2 der Abbildung 6 zu Grunde, welcher im Einzelnen die Vorgänge und Ergebnisse der Produktionslinie hinsichtlich Verkauf mit Auftrag, Eingang und Vertragsprüfung sowie der sich dann anschließenden eigentlichen Auftragsumsetzung behandelt. Allerdings geht das Beispiel A hier nur auf die Vorgänge zu den Funktionen Auftrag, Beauftragung und Versand näher ein. Was der nachfolgende Begleittext zum Beispiel A wiedergibt, ist im Grunde der grafischen Darstellung der Abbildung 7 zu entnehmen. Eigentlich könnte der Begleittext zum Ablaufgeschehen entfallen, was bei den Ablaufdarstellungen auch weitgehend der Fall ist.

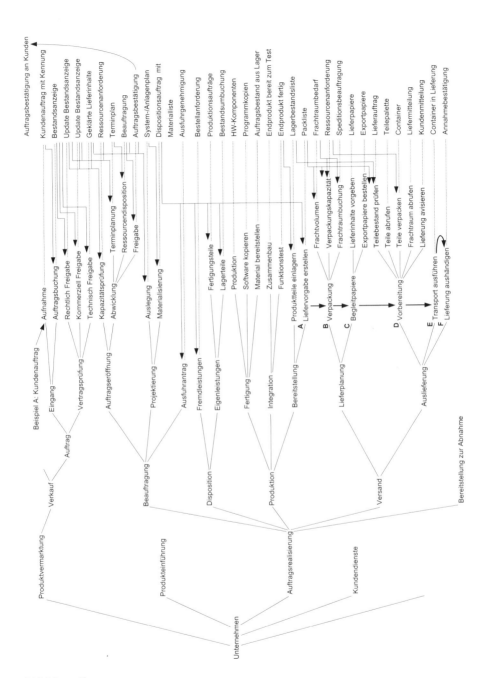

Abbildung 7
Aus der Struktursicht
zur Verhaltenssicht

Der Anstoß zur Auftragsrealisierung geht vom Kundenauftrag aus, der zu Beginn von Beispiel A die Produktionslinie der Auftragsrealisierung eröffnet. Der Kundenauftrag ist in Empfang zu nehmen und mit Kennungen des Unternehmens zu versehen, um ihn registrieren und für die weitere Bearbeitung ansprechen zu können. Das hat der Vorgang zu tun, welcher in Abbildung 7 unter der Bezeichnung Aufnahme firmiert. Über diesen Vorgang wird der Kundenauftrag entgegengenommen, mit dem Eingangsdatum und weiteren Kennungen versehen wie z.B. mit internen Nummern oder Bezeichnungen zu Kunde, Auftrag und Projekt. So gekennzeichnet ist der Kundenauftrag einer Auftragsbuchung zugänglich, was im Vorgang der Auftragsbuchung geschieht. Vorgabe hierfür ist der Kundenauftrag mit seinen Kennungen als Ergebnis der Aufnahme.

Im Grunde geht es hier um recht einfache und selbstverständliche Vorgänge, was die Frage herausfordert, ob so etwas überhaupt festzuhalten und zu beschreiben ist. Schwer zu glauben, aber in der Praxis kommt es gar nicht so selten vor, dass die Kundenaufträge ohne jegliche Kennungen einfließen. Bei kleineren Unternehmen, wo die Auftragsabwicklung von wenigen Personen abgehandelt wird, mag das noch handhabbar sein. Aber auch schon hier und vor allen Dingen dann, wenn viele Personen involviert sind, lösen Kundenrückfragen, Auftragsabschlüsse und Abrechnungen immer wieder aufwendige Suchvorgänge aus. Auch kann es durchaus geschehen, dass die Bearbeitung von Kundenaufträgen vorübergehend stockt, weil in der Aufbauorganisation keine Einigkeit besteht, wo ein Vorgang angesiedelt ist, zumal wenn die Aufträge auch noch über unterschiedliche Wege Eingang in die Unternehmen finden, was gar nicht so selten ist. Vorgänge, Ergebnisse und Ergebnisfluss augenscheinlich zu haben, ist Voraussetzung für einen Routineablauf, welcher erst Effizienz schafft und verhindert, dass nach einem Personenwechsel oder einer Organisationsänderung die Vorgänge, Verbindungen und Zuständigkeiten nicht immer wieder neu zu ergründen und aufzuzeigen sind.

Mit der Auftragsbuchung setzt sich im Beispiel A der Ablauf fort. Der Kundenauftrag findet über diesen Vorgang mit all seinen Daten Eingang in die Bestandsanzeige. Er steht dann als Ergebnis dieses Vorganges den nachfolgenden Vorgängen als Vorgabe zur Verfügung. Das ist zunächst die Vertragsprüfung mit den Vorgängen für die rechtliche, kommerzielle und technische Freigabe. Hier werden Angebot und Auftrag gegenübergestellt. Geklärte Vertrags- und Lieferinhalte sowie Freigabevermerke, die als Update in die Auftragsbuchung und damit in die Bestandsanzeige eingehen, sind die Ergebnisse der drei parallel verlaufenden Vorgänge. In Summe wird mit diesen drei Ergebnissen die eigentliche Beauftragung und damit der Wechsel von der Produktvermarktung zur Auftragsrealisierung eingeleitet. Die Freigabebescheide, Vertragsvorgaben für Termine und geklärte Lieferinhalte sind dann im Rahmen der Auftragsplanung die Vorgaben für den Vorgang der Kapazitätsprüfung. Er ermittelt daraus den erforderlichen Kapazitätsbedarf für die Auftragsrealisierung. Ergebnis dieses Vorganges ist dann die Ressourcenanforderung.

Die Freigabevermerke in der Bestandsanzeige und die Ressourcenanforderung lösen als Vorgaben zusammen den Vorgang für die Terminplanung aus. An diesem Beispiel zeigt sich, dass Ergebnisse in mehrere Vorgänge aber auch noch in später anfallende Vorgänge als Vorgabe eingehen können, der Ergebnisfluss sich also von Fall zu Fall verzweigt als auch übergreifend wirkt. Das Ergebnis der Terminplanung ist folgerichtig der Terminplan, welcher zur Vorgabe für den Vorgang der Ressourcendisposition wird. Hier findet sich die schon erwähnte Lücke in der Gliederung. Für die Ressourcendisposition werden auch die zur Verfügung stehenden Ressourcen als Vorgabe benötigt. Das Ergebnis, was die Vorgabe liefern müsste, als auch der Vorgang dafür fehlen in der Gliederung. An dieser Stelle ist die Gliederung also zu ergänzen. Die Ressourcendisposition liefert dann den endgültigen Terminplan einschließlich der Ressourcenzuordnung. Danach folgt die Freigabe der Termine für die Auftragsbestätigung an den Kunden. In Summe bereiten so die Vorgänge der Auftragsplanung die Beauftragung der Auftragsausführung vor. Der geklärte Lieferinhalte, die Beauftragung und die Auftragsbestätigung sind für den Vorgang der Auslegung dann wieder die Vorgaben, welche die Auslegung und Materialisierung der Projektierung auslösen. Als Ergebnis sorgt dann der Dispositionsauftrag mit seiner Materialliste für die weitere Auftragsausführung.

Die Bearbeitung des Kundenauftrages setzt sich so im Wechsel von Ergebnis, Vorgang und Ergebnis fort, wie es die Vorgänge und Ergebnisse in Abbildung 7 für das Beispiel A demonstrieren. Letztlich sind die Inhalte des Kundenauftrages auszuliefern, was im Einzelnen unter der Funktion Versand geschieht, worauf das Beispiel A auch noch einmal näher eingeht. Hier zeigt sich an der Materialliste, wie übergreifend ein Ergebnis in der Produktionslinie Anwendung finden kann. Im detaillierten Beispiel zur Ablaufdarstellung in Abbildung 10 wird auf die Einzelheiten zum Versand noch weiter eingegangen.

Obwohl der Wechsel von der Struktursicht zur Verhaltenssicht auf der Vorgangsebene vor sich zu gehen hat, wird in der Praxis die Verhaltenssicht dennoch oft von beliebig anderen Strukturebenen aus hergeleitet. Diese Vorgehensweise trägt ganz beträchtlich zur Problematik bei, welche sich in der Praxis bei der Umsetzung der Prozesse zeigt. Denn geschieht der Wechsel auf irgendeiner Strukturebene außerhalb der Vorgangsebene, fehlt es an wesentlichen Einzelheiten, wie die beiden Beispiele B und C in Abbildung 8 im Vergleich zum Beispiel A in Abbildung 7 herausstellen. Auf den Ebenen von Funktionen, auf welche die beiden Beispiele B und C aufsetzen, fehlt es einfach an konkreten Aussagen, wie sie im Beispiel A auf der Ebene von Vorgängen und Ergebnissen vorzufinden sind. Der Abbildung 8 liegt ebenfalls der Auszug von Abbildung 7 aus Teil 2 der Abbildung 6 zu Grunde.

Im Beispiel B wird die Verhaltenssicht so von einer Strukturebene hergeleitet, welche Funktionen umfasst, die mehr oder weniger große Sachgebiete umreißen. Es kommt zu recht allgemeingültigen Vorgaben, welche die Anwender als reinen Formalismus

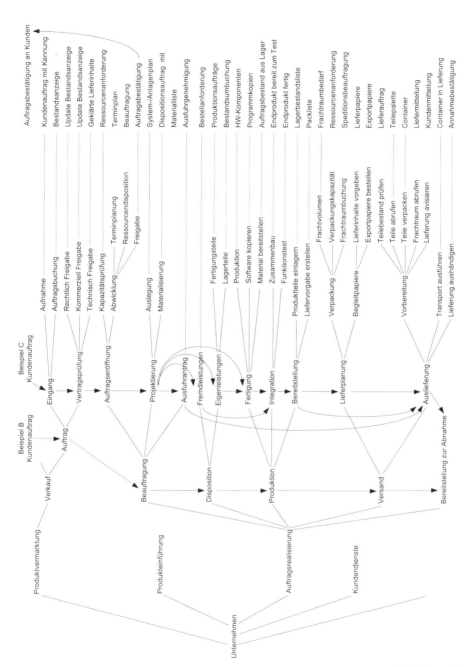

Abbildung 8
Funktionsorientierte
Ablaufwiedergaben

und wenig aussagekräftig empfinden. Unter den Aspekten werden die Vorgaben in der Praxis dann auch als wenig hilfreich eingestuft und ignoriert. Obwohl die Funktionen aneinandergereiht nur recht global die Ablaufgeschehnisse der Produktionslinie aufzeigen, bezeichnet die Praxis solche Ablaufdarstellungen, wie sie die Abbildung 8 zum Beispiel B wiedergibt, häufig schon als Prozesse. Zwar wird hier für die Funktionen über die Pfeile und die gestrichelten Linien eine Reihenfolge vorgegeben, aber hinsichtlich der anfallenden Ergebnisse, dem Ergebnisfluss und den daraus resultierenden Abhängigkeiten fehlen dagegen jegliche Angaben. Die Anwender finden sich in einer solchen Ablaufdarstellung nicht wieder, können ihr zudem keine nutzbringende Angaben entnehmen, da hier Ergebnisse und die Schnittstellen unklar bleiben. Selbst wenn für die einzelnen Funktionen noch Ausführungsrichtlinien bestehen, was in der Praxis gängig ist, ändert das wenig an den Gegebenheiten, denn auf der Ebene von Funktionen können Ausführungsrichtlinien weder den Ergebnisfluss auf Vorgangsebene noch seine Abhängigkeiten darstellen. Ablaufdarstellungen dieser Art können im Grunde nur als erste Übersicht für eine Einführung in die Prozesse oder als Basis für ein Reporting dienen, haben sonst aber keinen weiteren Wert, da sie den Anwendern weder konkrete Einzelheiten vorgeben noch abverlangen.

In den Aufbauorganisationen tragen die Organisationseinheiten üblicherweise auch Bezeichnungen solcher umfassenden Funktionen, wie sie das Beispiel B anspricht. So ist die Funktion Auftrag in der Organisationseinheit mit der Funktionsbezeichnung Verkauf oder Vertrieb zu finden. Beauftragung und Disposition werden gern in einer Organisationseinheit zusammengefasst, die dann z.B. unter Order Management firmiert. Der Produktion und dem Versand stehen als Funktion in der Regel direkt auch Organisationseinheiten mit gleichen Funktionsbezeichnungen gegenüber. Alles was zur Bereitstellung und zur Abnahme nötig ist, wird in einer Organisationseinheit zusammengefasst, die z.B. Installation heißt. Mit den Organisationseinheiten verfährt die Praxis vergleichsweise, wie es in Beispiel B mit den Funktionen geschieht. Die Organisationseinheiten wie z.B. Verkauf, Order Management, Produktion, Versand und Installation werden gleich Funktionen aneinandergereiht und mit Prozess tituliert, was aber einer solchen Folge von Organisationseinheiten in keiner Weise Prozesscharakter verschafft. Prozesse lassen sich über Organisationseinheiten nun einmal nicht wiedergeben. Zudem zeigt sich hier noch die ganz besondere Problematik, dass jede Organisationsänderung eine neue Prozessgestaltung verlangen würde.

Im Beispiel C wird die Verhaltenssicht von einer Strukturebene hergeleitet, welche die Funktionen von Beispiel B in Funktionen nachfolgender Ordnung aufgliedert. So unterteilt sich hier z.B. die Funktion Auftrag aus Beispiel B in die nachgeordneten Funktionen Eingang und Vertragsprüfung. Zur Unterscheidung zu Beispiel B wird in Abbildung 8 die Funktionsfolge des Beispieles C mit ausgezogenen Linien wiedergeben. An einigen Stellen zeigt hier der Ablauf schon mehr Details wie z.B. die Verzweigungen nach der Projektierung, was bedeutet, dass die nachfolgenden

Funktionen parallel zueinander abgehandelt werden können. Auch Verknüpfungen also Bedingungen liegen vor so z.B. bei der Integration, die letztlich erst als Ergebnis vorliegt, wenn die Fremdleistungen und die Eigenleistung also die Ergebnisse der Fertigung gegeben sind. Dennoch verdecken die Funktionen immer noch wesentliche Einzelheiten, wie in Abbildung 8 die nachfolgenden Strukturebenen zu erkennen geben. Auf der Ebene zu Beispiel C kommen noch nicht alle Ergebnisse und gleich gar nicht der Ergebnisfluss zutage und folglich bleiben auch die Verzweigungen und die Verknüpfungen weitgehend verdeckt. Sofern bei den Anwendern das Hintergrundwissen nicht gegeben ist, kann die eine oder andere Funktion als willkürlich oder nicht optimal abgegrenzt verstanden werden, was die Anwender die Funktionen entfallen oder neu abgrenzen lässt. Darum ist auch diese Ablaufdarstellung für die Produktionslinie ungeeignet. Sie kann allenfalls für die Einführung in die Prozesse eine weitere Übersicht abgeben oder als Extrakt für einen Teilprozess dienen.

2.4.2 Ablaufdarstellung

2.4.2.1 Auslegung

Die untere Ebene der Abbildung 9 zeigt den Teil einer Ablaufdarstellung zur Verhaltenssicht, wie sie auf der Ebene von Vorgängen und Ergebnissen über die Verbindungen zwischen den Vorgängen hervorgeht. Im vorliegenden Fall werden die beiden Funktionen Verpackung und Begleitpapiere aus der vorgeordneten Funktion Lieferplanung aus dem Versand zur Auftragsrealisierung einmal mit ihren Vorgängen, Ergebnissen und all ihren Verbindungen dargestellt, welche den Ergebnisfluss ausmachen.

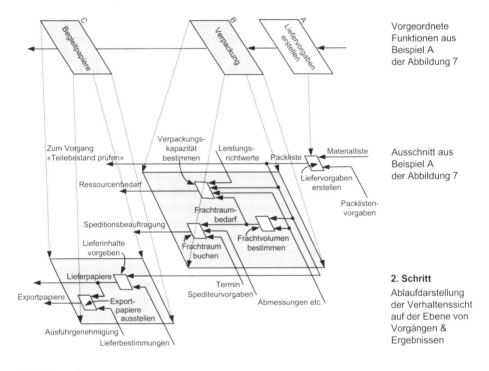

Abbildung 9
Übergang zur Ablaufdarstellung der Verhaltenssicht

Alle Einzelheiten sind auch im Beispiel A der Abbildung 7 zu finden, nur mit dem Unterschied, dass sie dort in der Struktursicht gezeigt werden, hier aber eine Ablaufdarstellung vorliegt, welche die Vorgangsfolge und den Ergebnisfluss gegenüber der Struktursicht ablaufgerechter aufzuzeigen erlaubt, wie der Vergleich mit

Beispiel A erkennen lässt. Die obere Ebene in Abbildung 9, welche vorgeordnete Funktionen wiedergibt, demonstriert hier unter Verhaltenssicht noch einmal recht augenfällig, wie sich der Aussageinhalt vermindert, wenn die Ablaufwiedergaben nicht auf Vorgänge und Ergebnisse sonder auf Funktionen aufsetzen, wie es in Abbildung 7 mit den vorgeordneten Funktionen A bis F gezeigt wird und wie es auch in den Beispielen B und C der Abbildung 8, welche noch stärker verdichten, zu erkennen ist.

Die Abbildung 10 führt an, wie Ablaufdarstellungen auszulegen sind, was sie vorgeben und welche Unterschiede funktionsorientierte und ergebnisorientierte Ablaufdarstellungen zueinander aufweisen. Für den Zweck sind die beiden Ebenen der hierarchischen Darstellung aus der Abbildung 9 in der Abbildung 10 unter Teil I und Teil II nebeneinander komplett wiedergegeben.

Ablaufdarstellungen zeigen die Geschehnisse im Grunde selbstredend über Symbole auf. So stehen die Rechtecke in der Abbildung 9 und 10 als Symbol für Funktionen als auch für Vorgänge, welche ja für die kleinsten Funktionen stehen. Die Linien und Pfeile geben die Folge wieder. Je nach bestehender Orientierung unterscheiden sich hier allerdings die Aussagen. In Teil I dienen die Linien und Pfeile einfach nur als Richtungslinien, welche in Pfeilrichtung die Funktionsfolge vorgeben. In Teil II markiert dagegen jede Linie, die von einem Vorgang ausgeht, ein Ergebnis und der Pfeil weist auf die Vorgänge hin, welche das Ergebnis empfangen. Die Raute als Symbol für Entscheidungen ist kennzeichnend für funktionsorientierte Ablaufdarstellungen. Im Voraus Entscheidungen für alle möglichen Ereignisse festzulegen, ist eigentlich nicht umzusetzen. Dennoch versucht es die Praxis aber immer wieder, Ereignisse vorausschauend zu erfassen, um dafür Ausführungsvarianten vorgeben zu können. Es entstehen umfangreiche Ablaufrichtlinien oder die oft zitierten Dienstvorschriften, die schwer zu lesen und zu verstehen sind, und wenn es darauf ankommt, sich schließlich doch als unvollständig erweisen. Sie werden von den Anwendern als ineffizient empfunden, was die Praxis häufig mit dem Slogan «Dienst nach Vorschrift» als Synonym für «langsam Arbeiten» zum Ausdruck bringt.

Dem Problem der Ausführungsvarianten begegnet die Praxis darum oft auch auf die recht bequeme Weise, indem sie die Ausführungsrichtlinien recht allgemein abfasst oder dazu nur noch Rahmenvorgaben macht, welche die Anwender in eigener Verantwortung umsetzen sollen. Eine solche Vorgehensweise nimmt sich nicht der eigentlichen Problematik an, sonder weicht ihr aus. Das verbindliche allgemeingültige Wissen über das Geschehen wird noch geringer. Unter gleichem Funktionstitel werden unterschiedliche Tätigkeitsinhalte verstanden und ausgeführt, die von Fall zu Fall abweichende Ergebnisse nach sich ziehen. Die Geschehnisse lassen sich nicht mehr zweifelsfrei reproduzieren.

Obwohl beide Teile von Abbildung 10 die Geschehnisse zum Versand wiedergeben, die sich aus der Struktursicht von Abbildung 6 unter Teil 2 sowie aus der mit etwas

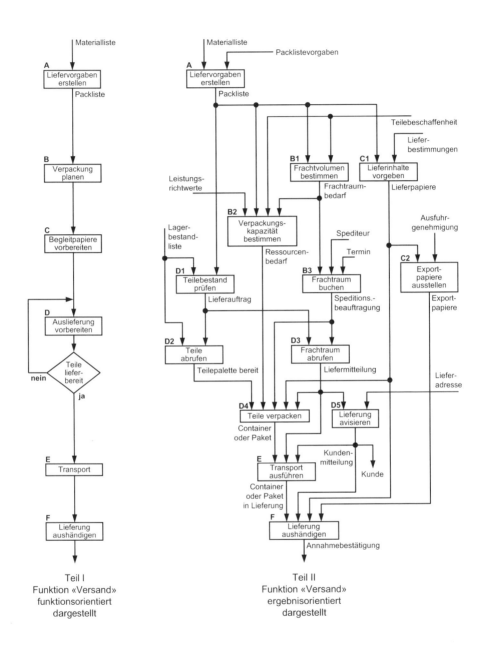

Abbildung 10
Ablaufdarstellung, Funktionen versus Ergebnisse

mehr Details ausgestatteten Abbildung 7 herleiten, weichen beide Ablaufdarstellungen in der Wiedergabe der Einzelheiten aber doch erheblich voneinander ab, wie zu sehen ist. In der vorliegenden funktionsorientierten Darstellung sind Funktionen von recht unterschiedlicher Ordnung zu finden. So handelt es sich bei den Funktionen in Teil I, für welche die Rechtecke A, E und F stehen, um Funktionen unterster Ordnung also um Vorgänge, die ganz folgerichtig auch in der ergebnisorientierten Darstellung von Teil II wiederzufinden sind. Die übrigen Funktionen in Teil I, für welche die Rechtecke B, C und D stehen, entstammen dagegen einer Strukturebenen, welche der Vorgangsebene vorgeordnet ist. Sie verdecken viele Vorgänge, wie die Struktursicht als auch ein Vergleich mit Teil II von Abbildung 10 zu erkennen gibt. In Teil II lösen sich diese Funktionen jeweils in mehrere Vorgänge auf. So untergliedert sich die Funktion B von Teil I der Abbildung 10 in der Struktursicht der Abbildung 7 in drei Vorgänge und dementsprechend sind auch in Teil II statt der Funktion B drei Vorgänge zu finden, für die hier dann die drei Rechtecke B1 bis B3 stehen.

Im Gegensatz zu funktionsorientierten Ablaufdarstellungen beziehen sich ergebnisorientierte Ablaufdarstellungen immer auf die Vorgänge und Ergebnisse der untersten Strukturebene. Wie ein Vergleich beider Ablaufdarstellungen ersichtlich macht, ist so auch nur dem Teil II zu entnehmen, was an Parallelarbeit möglich ist, da dies eben nur auf der Ebene von Vorgängen und somit nur in Teil II erkennbar ist. An Hand der Vorgänge zeigt sich so in Teil II, dass einige Funktionen entgegen der Vorgaben von Teil I mit ihren Vorgängen parallel oder überlappend zueinander auszuführen sind, was eine ganz wesentliche Gegebenheit ist, wenn es darum geht, die Durchlaufzeit zu optimieren, wie im Beispiel der Abbildung 19 wiedergegeben wird.

Aufgrund der gleichen Darstellungselemente versteht die Praxis die funktions- und ergebnisorientierte Ablaufdarstellung allerdings oft nur als zwei unterschiedliche Wiedergabeformen, welche den Ablauf einmal einfach und einmal weniger einfach darstellen. Dabei kommt kaum in Betracht, dass in der ergebnisorientierten Ablaufdarstellung mehr konkrete Einzelheiten zu den anfallenden Geschehnissen wiederzufinden sind als in der funktionsorientierten Ablaufdarstellung. Besteht bei den Entscheidungsträgern dann gar noch eine Abneigung hinsichtlich Details, steht die Entscheidung grundsätzlich fest. Die Praxis wählt die vermeintlich einfache Darstellung und damit den funktionsorientierten Ablauf, ohne es wahrzunehmen. Bleibt dann der Erfolg in der Umsetzung aus, wird der Misserfolg dem vermeintlichen Prozess und nicht der ungenügenden Darstellung seiner Abläufe angelastet.

Hier zeigt sich ein grundsätzliches Problem der Prozessumsetzung. In der Praxis herrscht ein starkes Bestreben vor, die Geschehnisse vereinfacht wiederzugeben. Grundsätzlich hat das auch seine Berechtigung, denn es gilt, die Geschehnisse verständlich und handhabbar zu machen. Dafür die Geschehnisse aber einfach nur in Funktionen zusammenzufassen oder sie Teams und Organisationseinheiten mit passenden Funktionsbezeichnungen zuzuordnen, wird den Anforderungen nicht gerecht. Diese Maßnahmen lassen zwar für das Management einfach erscheinende Strukturen entstehen, die aber in keiner Weise Transparenz schaffen, sondern im wahrsten Sinn des Wortes die Komplexität einfach nur verstecken. Unternehmen kommen nun einmal komplexen Systemen gleich und folglich ist auch unter diesem Aspekt auf sie einzugehen. Komplexe Systeme verlangen eine mehrschichtige Betrachtungsweise, um einmal die tatsächlichen Geschehnisse zu zeigen, was immer über ergebnisorientierte Ablaufdarstellungen zu geschehen hat, und um zum anderen für bestimmte Zwecke auf relevante Aspekte zu verdichten, was allerdings nur die Darstellung und nicht die Geschehnisse selbst betreffen darf. Jede Verdichtung muss mit den tatsächlichen Geschehnissen durchgängig verhaftet bleiben. Setzen sich die Geschehnisse in den Teams und Organisationseinheiten nicht prozessgerecht fort, kommt es also dort nicht über Ablaufdarstellungen zu ergebnisorientierten Ablauffestlegungen, verlieren selbst Teams als Maßnahme an Wirkung.

Anstatt der Ablaufdarstellungen liegen in der Praxis häufig auch nur Ausführungsrichtlinien vor, welche die Abläufe ausschließlich verbal erläutern. Eine solche textliche Wiedergabe kann wohl gerade noch einen geradlinigen Ablauf wie in Teil I beschreiben, vermag also die Geschehnisse bestenfalls funktionsorientiert wiederzugeben. In keinem Fall lassen sich aber über solche Ausführungsrichtlinien im größerem Ausmaß die Abhängigkeiten darstellen, wie sie an Hand von Ergebnissen zwischen den Vorgängen zu Stande kommen. Ablaufrichtlinien ersetzen also in keiner Weise ergebnisorientierte Ablaufdarstellungen.

Bei der Nutzung der ergebnisorientierten Sichtweise ist in jedem Fall darauf zu achten, dass es nachträglich zu keinem Sichtwechsel kommt. Denn über die Vorgänge tritt bei der ergebnisorientierten Vorgehensweise immer wieder die übliche Sichtweise in den Vordergrund, «wie» die Tätigkeiten in den Vorgängen auszuführen sind. In Folge davon verlagert sich die angestrebte Sichtweise, «was» die Tätigkeiten der Vorgänge zu liefern haben, mehr und mehr in den Hintergrund. Was anfänglich eine ergebnisorientierte Ablaufdarstellung war, wandelt sich dann unbemerkt zu einer mehr funktionsorientierten Ablaufdarstellung.

Der Wechsel ist gleitend. Zwischen den beiden Sichtweisen können unter den Umständen beliebige Zwischenformen entstehen. Die Veränderungen werden nicht wahrgenommen, was in der Praxis immer wieder zu Verständnisproblemen und Missverständnissen führt. Eine vermeintlich ergebnisorientierte Vorgehensweise wird wegen ihrer Wirkungslosigkeit kritisiert und abgelehnt, tatsächlich ist sie inhaltlich aber funktionsorientiert. Andererseits wird für eine erfolgreich praktizierte funktionsorientierte Lösung plädiert, obwohl sie inhaltlich einem ergebnisorientierten Ansatz entspricht.

Die Wechsel zwischen den beiden Sichtweisen vollziehen sich häufig über die Planung. Einzelne Vorgänge werden aus organisatorischen Gründen zusammengefasst oder ein Vorgang zum Zweck der Arbeitsteilung in eine Vorgangsfolge untergliedert. Das funktionelle Element beginnt hier vorzuherrschen. Andererseits werden Funktionen im Rahmen der Planung nachträglich in ihre Vorgänge aufgelöst und Statusmarken definiert, die für einzelne Ergebnisse stehen. In diesem Fall erfolgt nachträglich ein Wechsel zur Ergebnisorientierung. Auf solche stillschweigenden Wechsel gilt es zu achten, um Missverständnisse auszuschließen.

2.4.2.2 Ergebnisfluss

Ganz gleich um welche Art von System es sich handelt, sind es immer spezielle Ereignisse, welche die Systeme als treibende Kraft aktivieren. In elektrischen und elektronischen Systemen lassen z.b. elektrische Signale über vorgegebene Funktionen die Systeme zum Wirken kommen. Bei den Softwaresystemen sind es die Kommandos, welche die Programme betreiben und die Kommunikation mit der Umwelt bewerkstelligen. Elektrische Signale und Kommandos bewirken die Ereignisse, welche die Systeme den Zustand ändern lassen und so in den Systemen die Geschehnisse vorantreiben. Für die Unternehmen geben praktisch die Ergebnisse diese treibende Kraft vor. Die Ergebnisse liefern die Ereignisse, die in den Prozessen der Unternehmen den Wechsel von Vorgang zu Vorgang bewirken also den Zustand des Systems verändern und so auch die Unternehmen als Systeme eigenständig wirken lassen.

Aufsetzend auf den Vorgängen und Ergebnissen aus der Struktursicht schreibt die Ablaufdarstellung hier den Ergebnisfluss der Produktionslinie fest. Sie zeigt, in welchen Vorgängen die Ergebnisse ihren Ursprung haben, welche Vorgänge als Empfänger der Ergebnisse auftreten, ob sich die Ergebnisse zu mehreren Vorgängen hin verzweigen und welche Ergebnisse über die Vorgänge ineinander fließen also eine Verknüpfung erfahren. Über den Ergebnisfluss wird die Fortentwicklung der Ergebnisse augenscheinlich und damit verfolgbar. Für den Zweck kommt es dann zu speziellen Auszügen für die Steuerlinie, die ebenfalls als Ablaufdarstellungen wiedergegeben werden. Alle Ablaufdarstellungen zusammen schreiben dann das Verhalten der Unternehmen fest.

Stimmen die Signale und Signalfolge oder die Kommandos und die Kommandofolge nicht, kommt es in den dazugehörigen Systemen zu Fehlfunktionen oder die Systeme versagen ganz und gar ihren Dienst. So verhalten sich im Grunde auch Unternehmen, wenn hier die Ergebnisse und die Ergebnisfolge also der Ergebnisfluss nicht ausreichend bestimmt sind.

Grundsätzlich geben die Ergebnisse selbst vor, was sich parallel und nacheinander tun lässt. Sie lassen so letztlich eine logische Ergebnisfolge entstehen, die einem Algorithmus gleichkommt. Eine logische Ergebnisfolge ist frei von willkürlichen Ablaufvorgaben und für die Ergebnisabgrenzungen, die ihr zugrunde liegen, gibt sie die kürzeste Ablauffolge wieder. Wie noch gezeigt wird, ermöglichen allein die Ergebnisabgrenzungen, den Ablauf in einem begrenzten Maß zu beeinflussen. Hier zeigt sich ein Ansatz, die Prozesse unter dem Aspekt von Durchlaufzeit und Ressourcenaufwand optimieren zu können.

Bei Prozessanalysen als auch bei der Prozessgestaltung ist es darum grundlegender Ansatz, den Ergebnisfluss zu bestimmen. Wie gezeigt, ist dafür aus der Struktursicht heraus zu entnehmen, welche Ergebnisse es gibt und in welchen Vorgängen sie ihren Ursprung haben. Es bleibt dann für den Ergebnisfluss noch zu klären, in welche Vorgänge die gegebenen Ergebnis als Vorgabe einzugehen haben, für welche Ergebnisse es zu Verzweigungen kommt und auf welche Ergebnisse letztlich eine jeder Vorgang in Summe als Vorgabe für sein zu lieferndes Ergebnis aufsetzt.

Da der Ergebnisfluss wiedergibt, von welchen Vorgängen die Ergebnisse kommen und welche Vorgänge die Ergebnisse nutzen, weist er praktisch die Lieferanten und die Kunden der Ergebnisse aus. Er macht damit die internen Partner offensichtlich, die aufeinander zuzugehen haben. Das erst verschafft den internen Lieferanten die Möglichkeit, im Unternehmen auf die Nutzer ihrer Ergebnisse wie auf Kunden eingehen zu können, um darüber die Bedürfnissen der internen Nutzer kennen zu lernen. Erst das erlaubt den Lieferanten, ihre Ergebnisse an den Wünschen der Nutzer also an den Kundenwünschen zu orientieren. Eine solche interne Kundenorientierung ist grundsätzliche Voraussetzung für das problemlose Funktionieren der Prozesse in den Unternehmen. Die so oft geforderte Kundenorientierung aus den Unternehmen heraus setzt Prozesse mit einer wirksamen Kundenorientierung voraus, sonst bleibt die viel zitierte Kundenorientierung nur aufgesetzt also eine rein verbal beteuerte Kundenorientierung, da ihr in den Unternehmen selbst eine wirksame Unterstützung fehlt.

Funktionsorientierten Ablaufdarstellungen mangelt es an solchen konkreten Aussagen zu den Ergebnissen und ihrem Einsatz. Wie gezeigt, verbergen die Funktionen eher die Ergebnisse als dass sie Ergebnisse offen legen. Damit geben sie zwangsläufig kaum Ergebnisse und noch weniger einen Ergebnisfluss wieder. Bestenfalls wird über die Ausführungsanweisungen dazu etwas ausgeführt. In der Regel werden dort aber nur die Ergebnisse und Ergebnisübergabe zur direkt nachfolgenden Funktion abgehandelt. Ergebnisverzweigungen und Ergebnisverknüpfungen werden nur selten erwähnt. Übergreifende Verbindungen zu später nachfolgenden Funktionen kommen ebenfalls nicht zur Anzeige, was ein typischer Mangel funktionsorientierter Ablaufdarstellungen ist, wie vergleichende Betrachtungen zu Teil I und Teil II der Abbildung 10 zeigen.

In der Ablaufdarstellung von Teil I folgt der Funktion A, welche Liefervorgaben erstellen muss, die Funktion B. An Hand der Funktionsfolge ist anzunehmen, dass das Ergebnis der Funktion A in die Funktion B eingeht. Mehr sagt der Teil I dazu auch nicht aus. Im Teil II zeigt sich, dass das Liefervorgaben erstellen als Tätigkeit einem Vorgang entspricht, da sie mit der Packliste nur ein Ergebnis liefert. Die Packliste geht als Ergebnis in vier nachfolgende Vorgänge ein, verzweigt sich also. Es handelt sich dabei mit B1 und B2 um Vorgänge der Funktion B sowie mit C1 und D1 um Vorgänge zu den Funktionen C und D. Wie das Beispiel darlegt, lässt die einfache Funktionsfolge in Teil I nicht erkennen, dass das Ergebnis der Funktion A übergreifend auch in die hier später anstehenden Funktionen C und D eingeht.

Wenn es an konkreten Aussagen zum Ergebnisfluss fehlt, bleiben der Großteil der Nutzer für die Lieferanten anonym. Die internen Lieferanten von Ergebnissen helfen sich dann notgedrungen mit Ergebnisstreuung, um nicht später dem Vorwurf ausgesetzt zu sein, Ergebnisse zurückgehalten zu haben. Verteilerlisten mit 20, 80 und mehr Personen- oder Organisationsbezeichnungen sowie Stapel von Papier auf den Schreibtischen in den Büros sind typische Symptome unklarer Ergebnisfolgen und der daraus resultierenden Ergebnisstreuung. Sie führt zu einem Überangebot an Daten und Informationen, was die Nutzer verleitet aber teilweise auch zwingt zu selektieren oder nur oberflächlich aufzunehmen. Informationsdefizite sind die Folge.

Datenbanken stellen in solchen Fällen in der Praxis die gängige Abhilfe dar, die Papierflut aus der Ergebnisstreuung in den Griff zu bekommen. Sie übernehmen hinsichtlich der Ergebnisse die Funktion einer Verteilerplattform. Die Nutzer müssen sich in die Datenbank einklinken und haben dort die Ergebnisse zu suchen, welche für sie relevant sind. Im Grunde stellt es eine andere Art von Ergebnisstreuung dar. Eine Abstimmung zwischen dem Lieferant und den Nutzern der Ergebnisse in Bezug auf Inhalt und Gestaltung ist aber auch hier nur recht begrenzt gegeben.

Sind den Herstellern der Ergebnisse die Nutzer unbekannt, dokumentieren sie Inhalt und Form der Ergebnisse nach ihrem Gutdünken, was zu recht unterschiedlichen nicht aufeinander abgestimmte individuelle Erfassungen führt. Es werden dann z.B. Inhaltsbeiträge in Text erstellt, für die eigentlich nur grafische oder tabellarische Darstellungen die erforderliche Übersicht und Exaktheit liefern können. Teilweise werden die Ergebnisse auch nur mündlich weitergegeben oder in verschiedenen Protokollen festgehalten, was für die als Nutzer nachfolgenden Vorgänge zur Folge hat, die für ihre Belange relevanten Beiträge immer wieder suchen, sichten, filtern, bewerten, abgleichen und neu fassen zu müssen. In Summe wird das für die Nutzer zu einem nennenswerten Arbeitszeitfaktor, welcher die Effizienz der Ressourcen herabsetzt, was dann vielerorts mit zusätzlichen Ressourcen aufzuwiegen ist. Hier bringt allein nur ein klarer und zweifelsfreier Ergebnisfluss Abhilfe, über den die Nutzer gezielt die Daten und Informationen erhalten, die für sie relevant sind. Er gibt die Kommunikationswege vor und lässt auch erkennen, ob Ergebnisse als Vorgabe fehlen, von den Nutzern also selbst erarbeitet werden müssen, oder ob ein Vorgang gar Ergebnisse entstehen lässt, für die es keine Nutzer gibt. Allein der Ergebnisfluss zeigt, in welche nachfolgenden Ergebnisse die vorgegebenen Ergebnisse eingehen, was ganz wesentliche Angaben für ein Change Management sind.

2.4.2.3 Vorgänge und Ergebnisse abgrenzen

Eine erste Abgrenzung der Vorgänge und Ergebnisse wird schon bei der Erstellung der Struktursicht vorgenommen. Allerdings geschieht sie hier ausschließlich unter der Sicht des Vorganges, welcher das Ergebnis schafft, also praktisch aus der Sicht des Herstellers und Lieferanten. Die Abgrenzung beschränkt sich dabei erst einmal auf die jeweiligen Titel und die wesentlichen Inhalte.

Die Ablaufdarstellung zur Verhaltenssicht, die im Anschluss an die Struktursicht entsteht, zeigt dann die Vorgänge auf, welche die jeweiligen Ergebnis als Vorgabe empfangen. Mit diesen Angaben ist jetzt gegeben, die Ergebnisse weiter abzugrenzen, was sowohl unter Nutzer- als auch Prozessaspekten zu geschehen hat, worüber dann auch die Vorgänge eine Abgrenzung erfahren. Um die Anzahl der Ergebnisse gering zu halten, sind die Ergebnisse für möglichst viele Nutzer auszulegen. Das macht die Ergebnisverzweigung zu einer wesentlichen Auslegeregel für die Ergebnisse.

Bei den Ergebnissen zeigen sich die Grenzen der Ablaufdarstellungen. Außer dem Ergebnistitel können die Ablaufdarstellungen nichts anderes zu den Ergebnissen selbst beitragen. Für die Vorgabe der Inhalte und Inhaltsgestaltung sind darum entsprechende Ergebnismuster erforderlich. Über die Ergebnismuster wird letztlich die Ergebnisabgrenzung festgehalten. Sie liefern für die Ergebnisse die Maßstäbe. Ablaufdarstellungen ohne Ergebnismuster ist auf Dauer kein Erfolg beschieden.

Die Ergebnismuster gilt es hinsichtlich Inhalt und Form unter Nutzersicht zu gestalten, was eine weitere Voraussetzung für die Ergebnisabgrenzung ist. Dass die Nutzer und nicht die Hersteller, welche die Ergebnisse liefern, den Inhalt als auch die Inhaltsgestaltung der Ergebnisse vorgeben und darüber aufzeigen, was sie benötigen, müsste eigentlich eine ganz selbstverständliche Sache sein. Aber wie es die Gegebenheiten in der Praxis zeigen, tun sich die Nutzer hier häufig schwer, die erforderlichen Inhalte und die Inhaltsgestaltung darzulegen. Hier zeigt sich eine besondere Problematik der Hersteller der Ergebnisse. Darum ist es von Fall zu Fall förderlich, wenn der Hersteller die Nutzer unterstützt, das gewünschte Ergebnis zu spezifizieren, und so zusammen mit den Nutzern das Ergebnismuster erstellt.

Bei der Abgrenzung der Ergebnisse und Vorgänge unter Prozessaspekten geht es um die Ablaufoptimierung unter dem Aspekt von Durchlaufzeit und Aufwand, die beide immer wieder gegeneinander abzuwägen sind. An Hand einiger Auslegebeispiele wird im Folgenden darauf eingegangen, wie dabei vorzugehen ist.

Das Beispiel in Abbildung 11 gibt Verzweigungen und Verknüpfungen von Ergebnissen wieder, wie sie sich unmittelbar aus der Struktursicht herleiten können. Die Vorgänge VE bis VH sind unabhängig voneinander und verarbeiten die von den

Vorgängen VA bis VC vorgegebenen Ergebnisse folglich parallel weiter. Das liefert einen zeitlich optimalen Ablauf.

Da mit den Ergebnissen E1 bis E3 in die Vorgänge VE bis VH aber gleiche Vorgaben eingehen, stellt sich hier die Frage, ob es in den vier Vorgängen bei der Verarbeitung dieser Vorgaben nicht zu gleichen Tätigkeiten kommt, die unnötig Ressourcen binden. Vorausgesetzt die gleichen Tätigkeiten sind gegeben, bietet es sich an, sie in einen vorgeschalteten Vorgang nur einmal auszuführen, wie es die Abbildung 12 mit Vorgang V demonstriert.

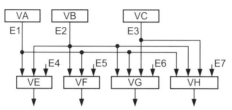

Abbildung 11
Verzweigungen und Verknüpfung von Ergebnissen

Der Vorgang V in Abbildung 12 bereitet die Ergebnisse E1 bis E3 für die Belange der Vorgänge VE bis VH auf, die dann das Ergebnis E(1+2)+3 als Vorgabe erhalten.

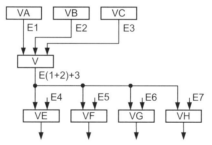

Abbildung 12
Zusammenfassung von Tätigkeiten über einen Vorgang

Sofern der Anteil, welcher aus Ergebnis E3 in das gemeinsame Ergebnis E(1+2)+3 eingeht, umfangreicher ist und dadurch eine längere Bearbeitungszeit beansprucht, kann das für die Vorgänge VE und VF eine Verzögerung bedeuten. Unter den Umständen muss die Zusammenfassung der gleichen Tätigkeiten gestaffelt über zwei Vorgänge geschehen, wie es Abbildung 13 mit Vorgang V1 und V2 zeigt.

Die Zusammenfassung der Tätigkeiten über vorgeschaltete Vorgänge hat allerdings den Nachteil, dass sie weitere Ergebnisse entstehen lassen. Ein jedes Ergebnis, welches in den Bürobereichen anfällt, verlangt für seine Handhabung hinsichtlich Abschluss, Übergabe, Pflege und Verwaltung zusätzliche Aufwendungen, die aber nichts zum Inhalt des eigentlichen Ergebnisses beitragen, sondern nur Ressourcen belegen. Unter den Umständen gilt es die Aufwände für die zusätzlichen Ergebnisse gegen die Aufwände abzuwägen, welche mit der Zusammenfassung der Tätigkeiten eingespart werden.

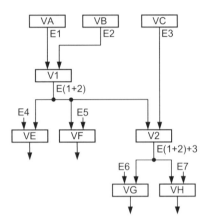

Abbildung 13
Zusammenfassung von Tätigkeiten über zwei Vorgänge

Obwohl die Ergebnisverzweigung das wesentliche Kriterium für die Abgrenzung von Ergebnissen abgibt, haben aber auch nichtverzweigte Ergebnisse von Fall zu Fall ihre Berechtigung. Sie sind sowohl bei Verknüpfungen mit verzweigten Ergebnissen als auch bei Ergebniszusammenfassungen gegeben, wie es in Abbildung 10 bei den Vorgängen D4 und F zu sehen ist.

Ein nichtverzweigtes Ergebnis kann aber auch unter zeitlichen Aspekten begründet sein. So stehen Vorgaben, die aus dem Prozessgeschehen heraus zu Stande kommen, zu recht unterschiedlichen Zeiten und in recht unterschiedlichen Zeitabständen zur Verfügung. Vorgaben dieser Art werden entsprechend ihrem Verhalten hier einmal als dynamisch bezeichnet. Stehen neben anderen Vorgaben auch solche dynamischen Vorgaben mit an, kann ein Vorbearbeitung der früh gegebenen Vorgaben, wie es im Beispiel der Abbildung 14 getan wird, insgesamt zu einem Zeitgewinn führen. Die schon früh zur Verfügung stehenden Vorgaben E1 und E2 werden hier zu dem Zwischenergebnis E3 verarbeitet. Es wird die Zeit genutzt, bis die weitere Vorgabe X zur Verfügung steht. Mit dem später anstehendem Ergebnis X zusammen dient dann das Ergebnis E3 als Vorgabe für den Vorgang V2, welcher das eigentliche Ergebnis E4 liefert. Der zeitliche Gewinn rechtfertigt in diesem Fall das nicht verzweigte Ergebnis E3.

Ergebnisse, die ihren Inhalt nicht oder nur in zeitlich größeren Abständen ändern, haben in ihrem Verhalten als statisch zu gelten. Statische Vorgaben sind z.B. alle Regelwerke. Darunter fallen Produktkataloge, Export- und Versicherungsbestimmungen, Bestandsvorgaben, Entwicklungs- und Qualitätsvorgaben, Kunden- und Lieferanten informationen u.ä. Fachliche Qualifikationen und Entscheidungsbefugnisse stellen ebenfalls vorgegebene Ergebnisse mit statischem Verhalten dar. Es sind Ergebnisse, die von der Ausbildung und Einweisung sowie von der Hierarchie herrühren. Statische Ergebnisse sind zu jeder Zeit als Vorgabe abrufbar. Im Modell aus Abbildung 14 steht die statische Vorgabe X gleichzeitig mit den Ergebnissen E1 und E2 zur Verfügung. Stehen die Vorgaben gleichzeitig oder in kurzer Folge zur Verfügung, gibt es keine Gründe für eine Vorgangsfolge. Sie führt nur zu einer weiteren Schnittstelle und verlängert damit die Durchlaufzeit.

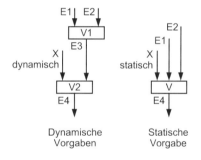

Abbildung 14
Nicht verzweigte Ergebnisse

In der Praxis sind dennoch immer wieder Vorgangsfolgen mit nicht verzweigten Ergebnissen zu finden, sehr oft in Form von Genehmigungsfolgen, die im Grunde keine zeitlich Berechtigung haben, sondern nur unter dem Aspekt von organisatorischen Arbeitsteilungen also nach Gutdünken entstanden sind. Die Abbildung 15 geht auf einen solchen Fall ein. Im Ablauf 1 der Abbildung 15 wird mit den Vorgängen V3.1 und V3.2 eine solche organisatorische Arbeitsteilung schematisch einmal dargestellt. Wie zu sehen ist, erfährt das Ergebnis von Vorgang V3.1 keine Verzweigung und der sich anschließende Vorgang V3.2 hat nur das Ergebnis von Vorgang V3.1 zur Vorgabe. Zwei ganz typische Kriterien für eine willkürliche Vorgangsunterteilung. Im Grunde handelt es sich hier nur um einen Vorgang, wie er als

Vorgang V3 im Ablauf 2 wiedergegeben wird, welcher im Ablauf 1 eben nur auf die Abteilungen A und B aufgeteilt ist, was den Vorgang V3 in die beiden Vorgänge V3.1 und V3.2 auftrennt und folglich zu einem weiteren Ergebnis führt. Das Beispiel zeigt, wie die organisatorische Arbeitsteilung zusätzliche Schnittstellen und Ergebnisse schafft, welche Mehraufwand und längere Durchlaufzeiten nach sich ziehen.

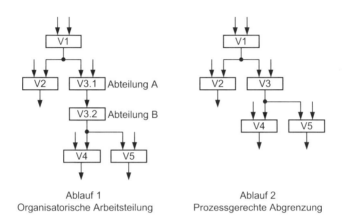

Ablauf 1
Organisatorische Arbeitsteilung

Ablauf 2
Prozessgerechte Abgrenzung

Abbildung 15
Organisatorische Arbeitsteilung

Zu längeren Durchlaufzeiten kann es auch kommen, wenn mehrere Ergebnisse z.B. Zeichnungen, Listen, Formulare als Unterlagensatz unter einem Ergebnistitel wie z.b. Fertigungsunterlagen geführt werden. Unterlagensätze lassen sich zwar auch als Ergebnisse bezeichnen, tatsächlich stellen sie aber gebündelte Ergebnisse dar, welche über ihre Abhängigkeiten den Durchlauf verzögern können, wie das folgende Beispiel ausführt.

Zu Schaltplanzeichnungen als auch zu Konstruktionszeichnungen gehören eine Stückliste. Zeichnung und Stückliste bilden einen Unterlagensatz. Hinzu kommt dann auch noch eine Teilenummer, die in der Regel beantragt werden muss. Die Handhabung solcher gebündelten Ergebnisse führt aus den unterschiedlichsten Anlässen zu Zeitverzüge, die bei Einzelergebnissen zu vermeiden wären. So wird häufig die Teilenummer erst beantragt, wenn Zeichnung als auch Stückliste zur Abgabe fertig sind und jetzt für beide Unterlagen die Teilnummer gebraucht wird. Es muss dann gewartet werden, bis die Teilenummer zugeteilt wird. Die Stückliste geht als Bestandteil des Unterlagensatzes z.B. erst einmal nur zur Fertigungsvorbereitung. Erst von hier wird sie dann weiter zur Materialdisposition gegeben, obwohl sie als Einzelergebnis direkt zur Materialdisposition hätte geliefert werden können, der Umweg also vermeidbar wäre. Den Unterlagensatz in seine eigentlichen Ergebnisse unterteilt, macht die verdeckten Vorgänge und Abhängigkeiten augenscheinlich. Hier zeigt sich dann, dass die Teilenummer parallel zu den anderen Ergebnissen zu beantragen ist. Die Stückliste und Zeichnungen als Einzelergebnisse ohne Umwege direkt an alle Vorgänge gehen können, die sie jeweils als Vorgabe brauchen.

Zeigt sich also unter einem Ergebnistitel ein gebündeltes Ergebnis, gilt es immer zu klären, ob verdeckte Abhängigkeiten also eine Zusammenfassung von Vorgängen vorliegt. Sofern das gegeben ist, wäre die Aufgliederung in Vorgänge und Ergebnisse noch nicht abgeschlossen. Die Abbildung 16 gibt mit Fall a und b in schematischer Form zwei Beispiele dazu wieder.

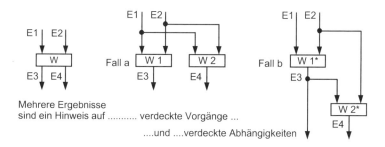

Abbildung 16
Vorgänge und Abhängigkeiten offen legen

Im Fall a kann es z.B. bei der Zusammenfassung bleiben, wenn die Ergebnisse E3 und E4 nicht an unterschiedliche Vorgänge weitergehen, sondern als Ergebnissatz geschlossen immer den gleichen Vorgängen zugestellt werden. Ist das nicht gegeben, sind die Vorgänge getrennt auszuweisen. Bei einem gebündelten Ergebnis können einzelne Ergebnissen durchaus schon früher für eine Nutzung zur Verfügung stehen, wie es in Abbildung 16 in Fall b z.B. bei Ergebnis E3 gegeben ist. Der vermeintliche Vorgang W gehört dann in seine eigentlichen Vorgänge W1* und W2* aufgelöst. Werden die beiden Ergebnisse E3 und E4 unter den Umständen dagegen weiter zusammen als ein Ergebnis ausgeliefert, kann das die Durchlaufzeit des Prozesses verlängern, wenn mit Ergebnis E3 schon ein anderer Vorgang parallel zu Vorgang W2* abzuhandeln wäre. Vorgänge, welche also mehrere Ergebnisse liefern und diese an mehre Vorgänge weitergeben, sind in jedem Fall auf solche verdeckte Abhängigkeiten hin zu untersuchen und gegebenenfalls aufzulösen.

2.4.3 Staffelung

Nach dem Modell zum Prozessdesign in Abbildung 5 sind letztlich in einem 3. Schritt die Ablaufdarstellungen zu den Teilprozessen und Prozessübersichten anzulegen, welche mit der Ablaufdarstellung der Produktionslinie als Grundlage zusammen die Verhaltenssicht des Prozesses abgeben. Die Teilprozesse liefern, wie schon zur Abbildung 3 erläutert wurde, die spezifischen Steuerbeiträge zur Produktionslinie. Die Prozessübersichten geben Erläuterungen zum Prozess. Sie führen einerseits schrittweise in die Geschehnisse des Prozesses ein und machen andererseits die übergreifenden Zusammenhänge und Geschehnisse sichtbar. Alles in allem zeigt sich hier auch noch einmal, dass die Ablaufdarstellung der Produktionslinie allein noch keiner Verhaltenssicht entspricht, ganz davon zu schweigen, dass eine Folge von Funktionen oder Organisationseinheiten dieser Anforderung gerecht wird.

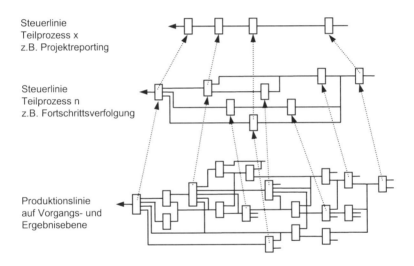

Abbildung 17
Staffelung der Verhaltenssicht

Wie die Abbildung 17 demonstriert, überlagern sich in der Verhaltenssicht die Ablaufdarstellungen unterschiedlicher Maßnahmen, was zu der in Abbildung 5 schematisch angezeigten Staffelung führt. Die Abbildung 17 zeigt mit ihren etwas stilisierten Beispielen, wie sich die Ablaufdarstellungen aufeinander abstützen. Der Einfachheit halber beschränkt sich Abbildung 17 dabei auf die Ablaufdarstellungen von drei Maßnahmen. Die Produktionslinie gibt stets die grundlegende Ablaufdarstellung vor, auf der alle anderen Ablaufdarstellungen aufsetzen. Im Beispiel ist der Ablaufdarstellung zur Produktionslinie dann die Fortschrittsverfolgung als Teilprozess der Steuerlinie übergeordnet. Die Fortschrittsverfolgung filtert aus der Ablaufdarstellung zur Produktionslinie zum einen einzelne Vorgänge heraus, die Schlüsseltermin liefern, verdichtet zum anderen hier und da aber auch eine Folge von Vorgängen zu Subprozessen, die dann nur mit ihrem Endtermin in die Fortschrittsverfolgung eingehen, was beides insgesamt eine verdichtete Ablaufdarstellung entstehen lässt. In Abbildung 17 überlagert sich der Fortschrittsverfolgung dann noch ein Projektreporting, welches Termineinzelheiten der Fortschrittsverfolgung weiter zu summarischen Statusaussagen für das Management verdichtet.

Das Anlegen der Teilprozesse und ihre Verknüpfung mit der Produktionslinie kann noch Nachträge in der Ablaufdarstellung der Produktionslinie zur Folge haben. Sei es, dass hier für die Teilprozesse noch spezifische Vorgänge in die Produktionslinie einzufügen sind oder dass bei schon vorhandenen Vorgängen für die Teilprozesse noch Vorgaben oder Ergebnisse nachzutragen sind, wie sie in der Abbildung 4 gezeigt werden.

Generell besteht für die einzelnen Ablaufdarstellungen der Verhaltenssicht die Forderung, dass sie trotz Filterung und Verdichtung schlüssig untereinander verhaftet bleiben müssen. Nur unter dieser Voraussetzung können die Informationen und Daten der Produktionslinie nachvollziehbar und ohne zusätzliche Aufbereitung in die unterschiedlichen übergeordneten Ablaufdarstellungen durchlaufend eingehen.

Für die Teilprozesse als flankierende Maßnahmen gibt es heute zur Unterstützung eine ganze Anzahl von Softwareprogramme. Dazu gehören u.a. Systeme für die Planung, das Workflow Management, Projekt- und Produktmanagement sowie zur Management Information, welche die Terminplanung und die Fortschrittsverfolgung sowie das Management Reporting unterstützen. Hier wird die Bedeutung der Forderung nach schlüssigen Übergängen zwischen den verschiedenen Ablaufstellungen besonders offensichtlich. Ist die Schlüssigkeit nicht gegeben, lassen sich Informationen und Daten nur mit zusätzlicher Aufarbeitung weiterleiten. Unter solchen Umständen verliert die Unterstützung der angeführten Systeme beträchtlich an Effizienz und Aussagesicherheit, was ihren Einsatz dann häufig auch scheitern lässt.

Ansonsten stehen für die Staffelung der verschiedenen Ablaufdarstellungen und das dabei einhergehende Filtern und Verdichten keine weiteren grundlegenden Forderungen an. Weitgehend bestimmt hier die Zweckmäßigkeit das Vorgehen. So ist es bei großen Projekten z.B. angebracht, sie in Subprojekte zu unterteilen und dafür Terminpläne anzulegen und darüber eine Fortschrittsverfolgung vorzunehmen, was dann beides über eine Verdichtung in einen übergreifenden Terminplan und eine übergreifende Fortschrittsverfolgung für das gesamte Projekt eingeht. Bei kleinen Projekten wären solche gestaffelten Terminpläne und Fortschrittsverfolgungen überzogen, hier erfüllt ein Terminplan und eine Fortschrittsverfolgung alle Anforderungen.

In der Abbildung 18 ist das Filtern und Verdichten von Vorgängen zu übergeordneten Ablaufdarstellungen also der 3. Schritt des Prozessdesign ausschnittsweise noch einmal im Detail zu sehen. Das Beispiel bedient sich dafür der gleichen Funktionen und Vorgänge aus dem Versand, auf die auch Abbildung 9 aufsetzt, welche mit der Herleitung der Ablaufdarstellung zur Produktionslinie aus der Struktursicht den 2. Schritt des Prozessdesign demonstriert.

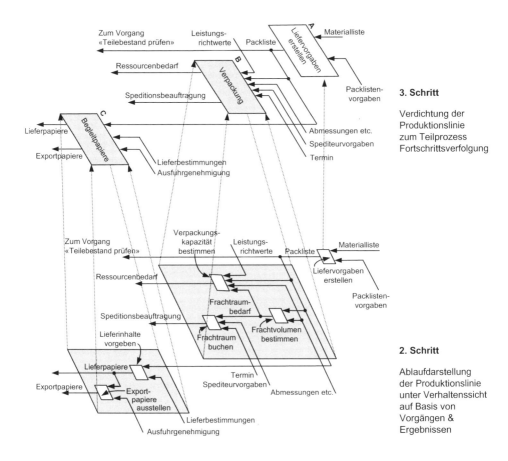

Abbildung 18
Herleitung der Ablaufdarstellung zum Teilprozess Fortschrittsverfolgung

Für die Ablaufdarstellung des Teilprozesses Fortschrittsverfolgung werden aus der Ablaufdarstellung der Produktionslinie Vorgänge sowohl herausgefiltert als auch verdichtet. In Abbildung 18 werden so z.B. drei Vorgänge zur Funktion Verpackung verdichtet. Es handelt sich hier um die Vorgänge Frachtraumvolumen bestimmen, Verpackungskapazität bestimmen und Frachtraum buchen. Denn für die Fortschrittsverfolgung ist es an und für sich nur wissenswert, zu welchem Zeitpunkt spätestens die Planung für die Verpackung zu beginnen ist und wann sie abgeschlossen ist.

Im Gegensatz zu den gezeigten einfachen Funktionsfolgen, welche sich mit der funktionsorientierten Darstellung aus der Struktursicht herleiten lassen, werden bei der Verdichtungen auch die Ergebnisse und Ergebnisfolgen mit angeführt, welche in der Ablaufdarstellung zur Produktionslinie an den Schnittstellen der Funktion gegeben sind. Sie werden aus der Ablaufdarstellung der Produktionslinie heraus in die übergeordnete Ablaufdarstellung projiziert. Über die Ergebnisse an ihren Schnittstellen bleibt die Funktion mit den Einzelheiten der Ablaufdarstellung der Produktionslinie schlüssig verhaftet, die sie ja zwischen ihren Schnittstellen alle verdeckt. So halten diese Ergebnisse einmal die Verbindung zu den Einzelheiten der Vorgangsebene aufrecht und umgekehrt finden bei Veränderungen die Informationen und Daten, welche die Einzelheiten der Ablaufdarstellung betreffen, an den Schnittstellen direkten Eingang in die übergeordnete Ablaufdarstellung.

Auf dem ersten Blick mag der Vergleich von Abbildungen 18 und 9 den Eindruck hinterlassen, gleiche Beispiele vor sich zu haben, da ja die Funktionen als auch die Subprozesse die gleichen Bezeichnungen tragen. Der Unterschied liegt hier in den Verbindungen. So gibt die Abbildung 9 in den übergeordneten Darstellungen nur Funktionsfolgen wieder. Die Abbildung 18 demonstriert dagegen, wie es durch die Projizierung der Schnittstellen und ihren Ergebnissen in die übergeordneten Ablaufdarstellungen zu schlüssigen Verbindungen unter den verschiedenen Ablaufdarstellungen kommt, welche die Abbildung 17 stilisiert anführt, und so auch in den übergeordneten Ablaufdarstellungen mit ihren Subprozessen und den herausgefilterten Vorgängen der Ergebnisfluss zwischen diesen Einheiten noch auszumachen ist.

Weitere Beispiele, welche die Vorgehensweise beim Anlegen der Verhaltenssicht noch weiter veranschaulichen, enthalten die Abschnitte «Umsetzungsbeispiele» und «Prozesse handhaben».

2.5 Umsetzungsbeispiele

Optimierungen, Ablaufdarstellungen zu einer Produktionslinie und einem Teilprozess, die Verknüpfung von Prozess und Aufbauorganisation, eine Prozessübersicht und die Anwendung auf Unterstützungsaufgaben, gezeigt an der Personalwirtschaft, sind die Themen, auf welche die Beispiele hier eingehen und dabei die Vorgehensweise als auch die gegebenen Regeln zum Prozessdesign noch einmal demonstrieren.

2.5.1 Optimierungen

Geschehnisse ergebnisorientiert darzulegen, ist an und für sich schon ein Schritt der Optimierung. Ergebnisse erlauben, wie schon wiederholt ausgeführt, eindeutige Zielsetzungen und Zuständigkeiten vorzugeben. Ferner ermöglichen Ergebnisse, das Ablaufgeschehen direkt anzusprechen und zweifelsfrei zu reproduzieren. All das erübrigt weitgehend die sonst immer wieder anfallenden Klärungsgespräche hinsichtlich Ablauf und Zuständigkeit, was den Aufwand für solche Gespräche als auch für die eventuell daraus resultierenden Nachbesserungen wesentlich herabsetzt. Ergebnisorientierte Darstellungen schaffen auch erst die Voraussetzung, sowohl die Durchlaufzeiten und Schnittstellen als auch die Zuordnungen und die Nutzung der Ressourcen optimieren zu können.

Auf welche Weise ergebnisorientierte Abläufe zur Verkürzung von Durchlaufzeiten beitragen, macht die unter Abbildung 19 wiedergegebene Tabelle augenscheinlich, über welche die beiden Abläufe aus Teil I und II der Abbildung 10 tabellarisch wiedergegeben werden. Wie schon ausgeführt wurde, verdecken Abläufe, welche sich ausschließlich an Funktionen und die dafür zuständigen Organisationseinheiten orientieren, sowohl Vorgänge als auch Abhängigkeiten. In der Praxis wird folglich auch immer wieder die Dauer für die gesamte Funktion angesetzt, wie es in der Tabellenspalte für die Dauer der Funktionsfolge geschieht. Sie weist die Zeiteinheiten aus, die sich in Summe aus der Dauer der einzelnen Vorgänge für die Funktionen ergeben. Bei der Funktion B ist es so z.B. die Summe aus den Vorgängen B1 bis B3, was hier zum Wert 3 + 2 + 2 = 7 führt. Unter den Gegebenheiten kommt es für die Funktionsfolge aus Teil I dann zu einer Gesamtdauer von 28 Zeiteinheiten.

Die ergebnisorientierte Ablaufdarstellung aus Teil II der Abbildung 10 gliedert sich in sieben einzelnen Vorgangsfolgen auf. Dementsprechend weist die Tabelle die Dauer der Vorgangsfolge 1 bis 7 aus. Die Tabelle gibt die üblichen Berechnungen wieder, welche bei einer Terminplanung angestellt werden, um den zeitlich kritischen Pfad zu ermitteln, auf den dann bei der Fortschrittsverfolgung ein besonderes Augenmerk zu richten ist. In der Tabelle gibt die Vorgangsfolge 2 diesen kritischen Pfad vor, der aber mit nur 18 Zeiteinheiten eine nennenswert kürzere Durchlaufdauer als die

Funktionsfolge aufweist. Das ist damit zu erklären, dass eine ganze Anzahl von Vorgängen parallel zueinander abgearbeitet werden können, die Vorgänge also nie alle nacheinander durchlaufen werden. Das lässt aber nur eine ergebnisorientierte Ablaufdarstellung erkennen und nutzen. Bei Abläufen, die sich an Funktionen oder auch Organisationseinheiten orientieren, bleibt diese Gegebenheit dagegen verdeckt und folglich wird dann die Dauer für die gesamte Funktion angesetzt.

Funktionen Lt. Abb.10 Teil I	Dauer Funktions-Folge	Vorgänge lt. Abb.10 Teil II	Vorgangs-Folge 1	Vorgangs-Folge 2	Vorgangs-Folge 3	Dauer Vorgangs-Folge 4	Vorgangs-Folge 5	Vorgangs-Folge 6	Vorgangs-Folge 7
A	3	A	3	3	3	3	3	3	3
B	7	B1	3	3	-	-	-	-	-
		B2	2	-	-	-	-	-	-
		B3	-	2	-	-	-	-	-
C	5	C1	-	-	2	2	-	-	-
		C2	-	-	-	3	-	-	-
D	8	D1	-	-	-	-	1	1	1
		D2	-	-	-	-	1	-	-
		D3	-	1	-	-	-	1	1
		D4	4	4	4	-	4	4	-
		D5	-	-	-	-	-	-	1
E	4	E	4	4	4	-	4	4	4
F	1	F	1	1	1	1	1	1	1
Gesamtdauer bei Funktionsorientierung	28	Gesamtdauer bei Ergebnisorientierung	17	**18**	14	9	14	14	11

Abbildung 19
Durchlaufzeitverkürzung durch Ergebnisorientierung

In der Praxis bündeln die Organisationseinheiten auch gern die Ergebnisse, was vergleichbar den Funktionen auch Summenzeiten schafft. Im Grunde bremsen die Organisationseinheiten darüber die Geschehnisse aus, ohne es wahrzunehmen. Aus Mangel an Übersicht wird nicht erkannt, dass mit einzelnen Ergebnissen nachfolgende Vorgänge schon wesentlich früher einzuleiten wären, was von Fall zu Fall erheblich kürzere Durchlaufzeit nach sich ziehen könnte. Hier zeigt sich, welche Bedeutung den ergebnisorientierten Ablaufdarstellungen für die zeitliche Ablaufoptimierung zukommt, denn nur sie machen solche Gegebenheiten augenscheinlich.

In Verbindung mit dem Thema Business Reengineering zieht die einschlägige Literatur immer wieder Fallbeispiele mit bemerkenswerten Erfolgen an. Wie die Schilderungen erkennen lassen, handelt es sich bei vielen dieser Fallbeispiele um Abläufe, welche einfach nur viele einzelne Vorgänge aneinander reihen, die allerdings nur durch Organisation und Arbeitsteilung also willkürlich zu Stande kamen, für die sich aber, wie es die Abbildungen 14 und 15 darlegen, ihrer statischen Vorgaben wegen im Grunde eine solche Unterteilung nicht rechtfertigen. Im Rahmen des Business Reengineering werden die Vorgänge schließlich auch wieder zu wenigen Vorgängen oder zu nur einen Vorgang zusammengeführt, was dann die unnötigen Schnittstellen und die damit einhergehenden Mehraufwendungen reduziert.

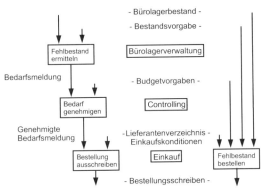

Abbildung 20
Statische Vorgaben erübrigen Vorgangsfolgen

Eine solche Zusammenführung von Vorgängen kann die Organisation nennenswert beeinflussen. Es kommt zu Einheiten mit neuen Fach- und Entscheidungskompetenzen, wie das Beispiel in Abbildung 20 zeigt. Es handelt sich hier um eine Vorgangsfolge aus dem administrativen Geschehen. Außer dem Bürolagerbestand haben hier alle anderen Vorgaben statisches Verhalten. Es handelt sich dabei einmal um die Bestandsvorgaben, die Budgetvorgaben und das Lieferantenverzeichnis, zum anderen um die Qualifikation und die Entscheidungsbefugnis. Im Grunde lässt sich die Bestandshaltung für das Büromateriallager, wie gezeigt wird, über nur einen Vorgang bearbeiten. Es ist dabei nicht von Bedeutung, ob der Vorgang im Einkauf oder in der Verwaltung des Büromateriallagers angesiedelt ist. Erhalten die Verbraucher von Büromaterial gar noch die Berechtigung, solche Bestellungen selbst vorzunehmen, kann im heutigen Internet-Zeitalter dieser Vorgang an die Verbraucher im Unternehmen delegiert werden, welche dann über Internet beim Lieferanten direkt bestellen.

Obwohl statischen Vorgaben wie z.B. Qualifikation und Entscheidungsbefugnis keine Vorgangsfolgen rechtfertigen, lassen sie in der Praxis doch immer wieder Vorgangsfolgen entstehen. Die ergebnisorientierte Ablaufdarstellung ist eine Maßnahme, die systematisch solche Vorgangsfolgen aufdeckt und damit ermöglicht, die überflüssigen Schnittstellen mit den dazugehörigen unnötigen Ergebnissen zu beseitigen, was dann auch kürzere Durchlaufzeiten nach sich zieht.

2.5.2 Angebotserstellung

Die Angebotserstellung, auf die hier als Beispiel eingegangen wird, macht einen Teil der Produktionslinie der Produktvermarktung aus und gibt somit für den Prozess zu dieser Unternehmensaufgabe einen Subprozess ab. An Hand dieser konkreten Anwendung aus der Praxis demonstriert das Umsetzungsbeispiel einmal, wie das Prozessdesign für eine Produktionslinie Schritt für Schritt vor sich geht, und stellt dabei auch noch einmal die gegebenen Regeln heraus. Das Beispiel bezieht sich auf eine Angebotserstellung, welche auf Anlagen ausgerichtet ist, wie sie z.B. bei Maschinensteuerungen, bei der Telekommunikation aber auch bei Einrichtungen zur Datenverarbeitung anfallen.

Entsprechend dem Designverlauf in Abbildung 5 gilt es als erstes die Struktursicht für die Angebotserstellung anzulegen. Für das Beispiel wird hier auf die Struktursicht von Abbildung 6 Teil 1 zurückgegriffen. Wie die Struktursicht zu erkennen gibt, gehört die Angebotserstellung im Rahmen der Produktvermarktung zur Funktion Verkauf. Unter diesem Ansatz ist auch die Struktursicht angelegt, welche in Abbildung 21 zu sehen ist. Sie gibt weitgehend einen Ausschnitt aus Abbildung 6 Teil 1 wieder, dem aufgrund näherer Betrachtungen zur Angebotserstellung weitere Details hinzugefügt wurden. Bei der «Entscheidung», welche im ersten Entwurf der Abbildung 6 noch als Vorgang angeführt wird, zeigt sich jetzt, dass hier im Grunde eine Funktion vorliegt, die eine ganze Anzahl von Vorgängen umfasst. Für die Funktion «Erstellung» war gegenüber des ersten Entwurfes eine Neugliederung erforderlich. Sie gliedert sich jetzt in die nachgeordneten Funktionen «Technischer Teil» und «Kommerzieller Teil» auf. Bei dem Vorgang «Lieferinhalte» hat sich gezeigt, dass dafür eine Anzahl unterschiedlicher Vorgänge anfallen. Wie ein Vergleich zeigt, sind auch noch an anderen Stellen vereinzelt Vorgänge hinzugekommen sowie gegebene Vorgänge unterteilt als auch umbenannt worden.

Nachträge dieser Art machen den iterativen Designverlauf zu einem Prozess aus. Wird nach einem ersten Entwurf der Struktursicht für einen bestimmten Prozessteil näher auf einzelne Funktionen eingegangen, zeigen sich dann oft noch nachgeordnete Funktionen. Selbst beim Ausarbeiten von Verhaltenssichten kann es noch zu solchen Ergänzungen kommen.

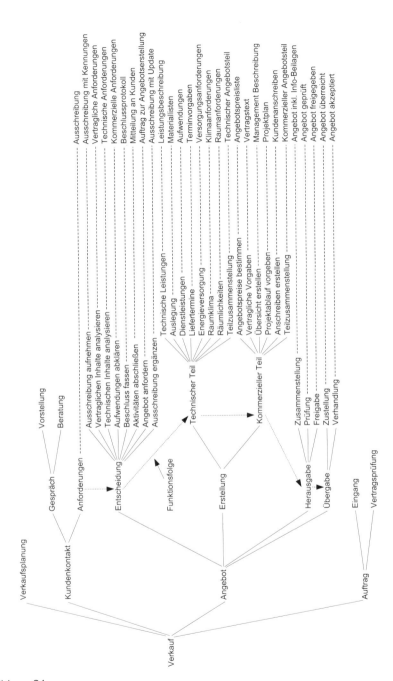

Abbildung 21
Struktursicht zur Angebotserstellung

Struktursichten anzulegen, verlangt eine gewisse Übung. Auf Anhieb gleich eine vollständige Struktursicht zu erhalten, ist nicht gegeben. Das darf aber nicht als Nachteil verstanden werden. Schlimmstenfalls kommt es eben zu weiteren Iterationszyklen. Gliederungs- als auch Abgrenzungsmängel zeigen sich spätestens bei der Ausarbeitung der Verhaltenssichten. Darum sollte nicht davor zurückgescheut werden, beim anfänglichen Entwurf zu einer Struktursicht erst einmal nur die offensichtlichen Funktionen zu erfassen, um dann im weiteren Designverlauf die Struktursicht weiter auszubauen, so wie es von Abbildung 6 hin zur Abbildung 21 geschehen ist.

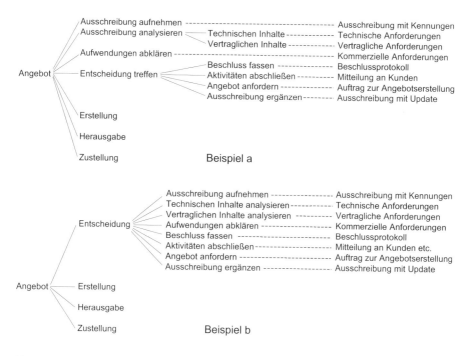

Abbildung 22
Gliederungsbeispiele

Für das Anlegen solcher Struktursichten gibt es kein Patentrezept. Es lassen sich nur recht allgemeine Regeln dafür anführen. Die grundsätzliche Zielsetzung der Gliederung besteht darin, ansprechbare und in sich abgeschlossene Ergebnisse zu erhalten. Es ist auch darauf zu achten, dass es zu keiner Zergliederung kommt. So ist ein Gliederungszweig nicht mit unterschiedlichen Gliederungstiefen abzuschließen. Einer Funktion dürfen also nicht Vorgänge als auch Funktionen nachgeordnet sein, wie es z.B. in der Abbildung 21 bei der Funktion «Kundenkontakte» mit «Gespräch» und

«Anforderungen» noch gegeben ist. Auf solche Gegebenheiten gehen die beiden Gliederungsbeispiele in Abbildung 22 einmal näher ein.

Die Struktursicht für die Funktion «Angebot» im Beispiel a der Abbildung 22 enthält auch solche unterschiedliche Gliederungstiefen. Hier sind der Funktion «Angebot» sowohl Vorgänge als auch Funktionen nachgeordnet. Ferner liegt bei der Funktion «Ausschreibung analysieren» dann auch noch eine Zergliederung vor. Das Beispiel b weist dagegen eine Struktursicht auf, die frei von solchen Gliederungsmängeln ist. Da alle angeführten Vorgänge im Grunde zur Entscheidung für das Angebot beitragen, sind sie alle der Funktion «Entscheidung» direkt nachzuordnen, so wie es in Beispiel b geschieht. Unter Beachtung der Regel, einen Gliederungszweig nicht mit unterschiedlichen Gliederungstiefen abzuschließen, lässt sich also schon die Struktursicht auf Abschlüsse gleicher Tiefe auslegen, anderenfalls kommen solche unterschiedlichen Gliederungstiefen bei der Verhaltenssicht zutage, wie noch gezeigt wird.

Gemäß der Abbildung 5 entsteht jetzt anschließend im 2. Schritt des Prozessdesign eine erste Ablaufdarstellung zur Produktionslinie der Angebotserstellung, womit der Wechsel von der Struktursicht zur Verhaltenssicht vor sich geht. Die Reihenfolge der Funktionen, welche den Vorgängen in der Struktursicht direkt vorgeordnet sind, liefern hierfür praktisch den roten Faden, wie es in Abbildung 21 und 26 unter der Funktionsfolge zu sehen ist. Inhalt des 2. Schrittes ist festzustellen und aufzuzeigen, in welche Vorgänge die in Abbildung 21 angeführten Ergebnisse eingehen, so wie es das Beispiel A in der Abbildung 7 demonstriert. Aus diesem Vorgehen leiten sich die Verbindungen zwischen den Vorgängen her, die in Summe den Ergebnisfluss ausmachen, welcher dann schließlich die ergebnisorientierte Ablaufdarstellung vorgibt. Hinsichtlich des Subprozesses zur Angebotserstellung werden hier einmal die Ablaufdarstellungen zu den vorgeordneten Funktionen «Entscheidung» und «Erstellung» mit den beiden nachgeordneten Funktionen «Technischer Teil» und «Kommerzieller Teil» wiedergegeben.

Die Abbildung 23 gibt die Ablaufdarstellung zur Entscheidung wieder, welche abhandelt, ob aufgrund der Ausschreibung ein Angebot abgegeben werden soll oder nicht. Der Eingang der Ausschreibung eröffnet so den Subprozess der Angebotserstellung. Die Ausschreibung ist bei der Aufnahme mit Kennungen wie z.B. Eingangsdatum, Kundenreferenzen, Eingangsnummer, Projektbezeichnung, Auftragsnummer u.ä. zu versehen, um sie einer kontrollierten Erfassung und Verwaltung unterziehen zu können. Danach stehen die Vorgänge an, welche Beiträge zur Entscheidung liefern. Hier geht es einmal darum, die Anforderungen der Ausschreibung zu analysieren, was für die technischen, vertraglichen und kommerziellen Anforderungen mehr oder weniger parallel geschehen kann, wie die Ablaufdarstellung aufzeigt. Die Ergebnisse dieser Vorgänge sind Grundlage der Entscheidung, ob dem Kunden ein Angebot unterbreitet werden soll oder nicht. Dafür steht der Vorgang

«Beschluss fassen». Je nach Beschluss ist die Angebotserstellung und das Ergänzen der Ausschreibung zu beauftragen oder die Aktivität abzuschließen.

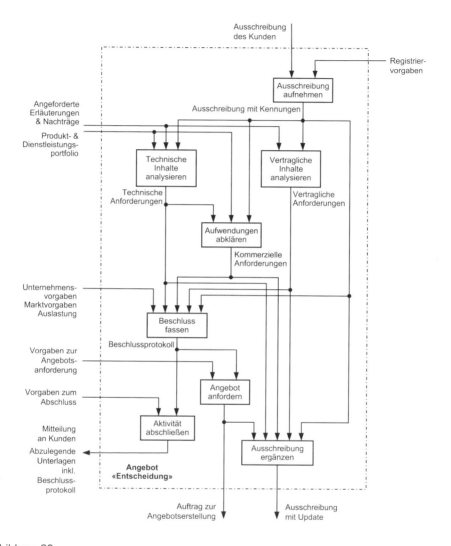

Abbildung 23
Ablaufdarstellung zur Entscheidung für eine Angebot

Ablaufdarstellungen geben für die Vorgänge nicht wieder, «wie» sie vor sich zu gehen haben, denn dies ist Sache der Anwender und wird letztlich vom Ergebnis bestimmt, welches zu liefern ist. Um dafür ein klares Umfeld zu schaffen, gilt es allerdings unterstützende Vorgaben zu machen. Es kann sich dabei um Richtlinien handeln, für welche die Registriervorgaben zum Vorgang «Ausschreibung aufnehmen» in Abbildung 23 ein Beispiel abgeben. Um Einheitlichkeit zu wahren, bestimmen sie für die Registrierung, mit welchen Kennungen nach Inhalt und Form eine Ausschreibung zu versehen ist.

Bei der Analyse der Anforderungen sind es dann Vorgaben wie z.B. das Produkt- & Dienstleistungsportfolio, damit der Ausführende feststellen kann, ob die ausgeschriebenen Leistungen als Produkte bzw. Dienstleistungen zur Verfügung stehen. Deckt eine Analyse Verständnisprobleme oder gar Lücken bei den Anforderungen auf, verlangt das Erläuterungen und Nachträge. Unterstützung muss hier von den Experten des eigenen Unternehmens oder vom Kunden kommen. In diesem Fall muss der Ausführende entscheiden, «wie» die Klärung stattfinden soll. Für die Beschlussfassung haben schließlich Vorgaben zu den Markt- und Unternehmensbelangen als auch zur Auslastung der Ressourcen zur Verfügung zu stehen.

Für den Fall, dass die Struktursicht nicht alle Ergebnisse enthält oder gar noch Verdichtungen wie in Abbildung 16 aufweist, zeigt sich das in der Regel bei der Erstellung der Ablaufdarstellung, welche dann durch ausstehende Vorgaben die fehlenden oder zusammengefassten Ergebnisse und damit auch die dazugehörigen Vorgänge zutage bringt. Bei der Struktursicht der beiden Beispiele a und b der Abbildung 22 ist das allerdings nicht gegeben, sie weisen beide die gleichen Vorgänge und Ergebnisse auf. Im Grunde ist hier die Vorgangsfolge zur Ablaufdarstellung der Abbildung 23 sowohl aus der Struktursicht von Beispiel a als auch Beispiel b herzuleiten.

Beim Anlegen von Prozessübersichten, welche die Vorgänge wie im rechten Teil der Abbildung 26 in vorgeordnete Funktionen zusammenfassen, zeigt sich dann letztlich, ob die Struktursicht eine angemessene Gliederung aufweist.

Im Fall von Beispiel a werden hier die überflüssigen Gliederungen offensichtlich. Die beiden Vorgänge, welche die technischen und vertraglichen Anforderungen der Ausschreibung analysieren, können zwar als Funktion «Ausschreibung analysieren» zusammengefasst dargestellt werden, wie es im Beispiel a vorgegeben ist, was aber weder für die Ablaufdarstellung noch für eine Prozessübersicht irgendwelche Vorteile bringt. Grundsätzlich könnten beide Vorgänge auch noch mit dem einzelnen Vorgang «Aufwendungen abklären» z.B. zur Funktion «Entscheidungsvorbereitung» vereint werden, aber auch das würde keinerlei Vorteile bringen, sondern nur die Prozessübersicht zergliedern.

Wie aus der Abbildung 23 zu ersehen ist, tragen im Grunde alle angeführten Vorgänge zur Entscheidung für ein Angebot bei und sind damit ganz folgerichtig unter dieser Funktion direkt zusammenzufassen, wie es in Abbildung 22 beim

Beispiel b auch geschieht. Also spätestens beim Anlegen der einzelnen Verhaltenssichten lässt sich noch einmal prüfen, ob die zu Grunde liegende Struktursicht überflüssige Gliederungen enthält.

Ein Kriterium für die Zusammenfassung in vorgeordnete Funktionen liefert die Anzahl der Ergebnisse, die an den Schnittstellen solcher Abgrenzungen auftreten. Werden durch den Ergebnisfluss einer ergebnisorientierten Ablaufdarstellung Schnitte gelegen, machen diese die Ergebnisse ersichtlich, die an den betreffenden Stellen im Ergebnisfluss anfallen. Es ist eine Vorgehensweise, um Schnittstellen mit nur wenigen Ergebnissen auszumachen. Solche Schnittstellen weisen in der Regel auf abgeschlossene Geschehnisse hin, zudem sind Schnittstellen mit nur wenigen Ergebnissen auch einfach zu handhaben. Beide Gegebenheiten gilt es vor allen Dingen zu beachten, wenn es darum geht, Subprozesse in der Produktionslinie abzugrenzen oder den Vorgängen entsprechende Organisationseinheiten bzw. Teams zuzuordnen. Die Entscheidung zum Angebot als nachgeordneter Subprozess wird, abgesehen von den Schnittstellen für die unterstützenden Vorgaben, durch zwei solche Schnittstellen mit nur wenigen Ergebnissen abgegrenzt. Die Eingangsschnittstelle weist nur ein Ergebnis und die weiterführende Schnittstelle nur zwei Ergebnisse aus. Die unterstützenden Vorgaben entsprechen Schnittstellen zur Steuerlinie, wie sie Abbildung 4 zeigt.

Struktursicht und Verhaltenssicht haben im Grunde die gemeinsame Aufgabe, die komplexen Geschehnisse der Unternehmensaufgaben transparent zu machen. Das setzt voraus, die Darstellung übersichtlich zu halten, wofür allgemein die Forderung der Formel 7 ± 2 als Kriterium zu gelten haben. Für die Auslegung von Struktursicht sagt sie aus, dass es in der Regel 5 bis 9 Gliederungsebenen und so auch Zweige pro Gliederungsebene geben darf. Für Ablaufdarstellungen besagt es, dass die Diagramme 5 bis 9 Vorgänge bzw. Funktionen umfassen sollen. Weisen die Diagramme in der Mehrzahl weniger als 5 Vorgänge auf, deutet das auf eine Zergliederung der Darstellung hin. Bei Diagrammen mit mehr als 9 Vorgängen kann es zu einem Übermaß an Information kommen und die Übersichtlichkeit darunter leiden. Die Ablaufdarstellung zur Entscheidung für ein Angebot in Abbildung 23 umfasst 8 Vorgänge und liegt damit noch innerhalb des Bereiches, welch die Formel absteckt. Ausnahmen sind natürlich erlaubt, vor allen Dingen wenn sie einer geschlossenen Darstellung und damit der Übersichtlichkeit dienen.

In der nachfolgenden Abbildung 24 ist die Ablaufdarstellung zum Technischen Teil des Angebotes zu sehen. Sie führt ebenfalls 8 Vorgänge an, erfüllt somit auch die obige Formel. Die Eingangsschnittstelle kommt mit zwei Ergebnissen der Forderung für die Abgrenzungen nach, an Schnittstellen nur wenige Ergebnisse zu haben. Der Vorgang «Anlage auslegen» eröffnet den Ablauf zum Technischen Teil. Es handelt sich hier um eine Angebotsprojektierung. Wie für alle Ergebnisse im Ablauf hat dafür ein Ergebnismuster den Ergebnisinhalt zu bestimmen, denn dieser muss auf die nachfolgenden Vorgänge abgestimmt sein. Es darf also nicht dem Ausführenden des Vorganges überlassen bleiben, wie er das Ergebnis gestaltet und was er inhaltlich dazu liefert. Das Ergebnis muss inhaltlich alle Vorgaben aufweisen, welche die nachfolgenden Vorgänge erwarten. Das Ergebnis muss so beschaffen sein, dass es sich in diesen Vorgängen fortschreiben lässt, was heißt, dass sich neue Beiträge hinzufügen lassen müssen, ohne am vorgegebenem Ergebnis große Änderungen vornehmen oder einen Großteil davon neu aufsetzen zu müssen.

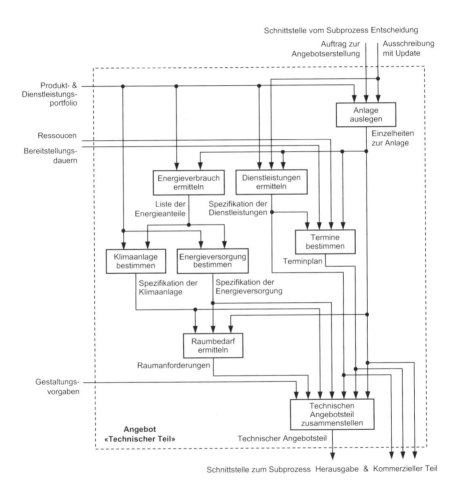

Abbildung 24
Ablaufdarstellung zum Technischen Teil des Angebotes

Der Subprozess weist am Schluss zwei getrennte Schnittstellen auf. Sie sind eingerichtet worden, damit der Kommerzielle Teil des Angebotes so bald als möglich begonnen werden kann, um darüber die Durchlaufzeit zu verkürzen, denn der Vorgang «Technisches Angebotsteil zusammenstellen» verlangt seine Zeit, da bei ihm auch formelle Dinge und Erläuterungen mit eingehen.

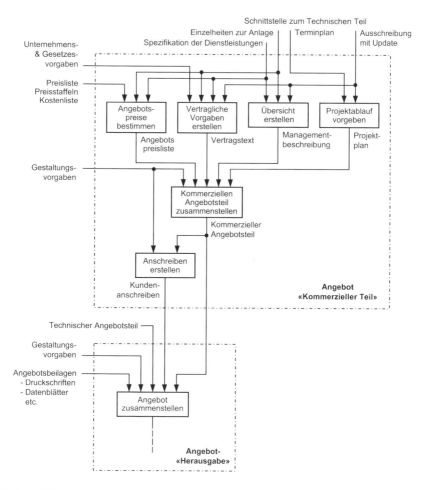

Abbildung 25
Ablaufdarstellung zum Kommerziellen Teil des Angebotes

Mit der Bearbeitung des Kommerziellen Teiles zu warten, bis das Ergebnis des Vorganges «Technisches Angebotsteil zusammenstellen» vorliegt, bringt eine unnötige Zeitverzögerung, denn alle die Ergebnisse, welche als Vorgaben benötigt werden, liegen ja schon vor, wie die Ablaufdarstellung zu erkennen gibt. Unter dem Aspekt ist die zweite Schnittstelle berechtigt. Sie übergibt die Untermenge an Ergebnissen, welche in die Vorgänge zum Kommerziellen Teil als Vorgabe einzugehen haben. Aus der Ablaufdarstellung der Abbildung 25 ist zu ersehen, dass dann eine ganze Anzahl der Vorgänge des Kommerziellen Teiles parallel zum Vorgang «Technisches Angebotsteil zusammenstellen» in Angriff genommen werden können.

Der Technische Teil als eigentliches Ergebnis geht direkt zum Subprozess der Herausgabe, in dem das Angebot dann insgesamt redaktionell bearbeitet wird. Die Herausgabe als Subprozess ist in Abbildung 25 nur angedeutet. Bei diesem Subprozess geht es nicht allein nur darum, den Technischen und Kommerziellen Teil des Angebotes zusammenzuführen, sondern es werden hier u.a. noch Angebotsbeilagen wie z.B. Druckschriften und Datenblätter hinzugefügt sowie das Angebot auf Konsistenz hin überarbeitet. Hier zeigt sich ein weiterer Ansatz für eine Optimierung. Um so mehr es gelingt, Konsistenz der Angebotsteile schon im Vorfeld zu schaffen, um so weniger müssen die Angebotsteile im Hinblick auf Konsistenz nachgearbeitet werden, was Aufwand sparen hilft und die Durchlaufzeit verringert.

Wie die Beispiele zeigen, wird der eigentliche Subprozess zum Angebot aus einer Kette von nachgeordneten Subprozessen gebildet. Für den Subprozess gilt es darum, wie es dem 3. Schritt im Prozessdesign entspricht, eine komprimierte Ablaufdarstellung anzufertigen, welche sowohl der Fortschrittsverfolgung dienen kann als auch eine Subprozessübersicht abgibt. Sie ist im rechten Teil der Abbildung 26 dargestellt. Als Subprozessübersicht gibt sie die nachgeordneten Subprozesse und ihre Reihenfolge als auch die Ergebnisse wieder, welche zwischen den Subprozessen anstehen. Das macht die bestehenden Verbindungen zwischen den Subprozessen augenscheinlich, was die Konsistenz der Schnittstellen prüfen lässt.

In der Subprozessübersicht der Abbildung 26 sind die drei Subprozesse, welche im Detail betrachtet wurden, über die Strichstärke ihrer Rechtecke herausgehoben. Für einige Ergebnisse ist aus Platzgründen nur eine Verbindungslinie eingezeichnet. Den dazu angeführten Ergebnistiteln ist zu entnehmen, für welche Ergebnisse die Verbindungslinie in Summe steht.

Zum Vergleich wurde der Subprozessübersicht in der Abbildung 26 auf der linken Seite die Funktionsfolge gegenüber gestellt, welche der Struktursicht zu entnehmen ist. Funktionsfolgen dieser Art werden oft schon als Prozessdarstellung betitelt, aber selbst als Übersicht, die sie im Grunde nur sind, liefern sie wenig verbindliche Aussagen im Vergleich zur Subprozessübersicht. Die Funktionsfolge gibt einen seriellen Ablauf der Geschehnisse wieder. Soweit es Aussagen zum Ergebnisfluss gibt, beziehen sich diese nur auf die direkt nachfolgende Funktion. Das Ergebnisse auch übergreifend in später nachfolgende Subprozesse eingehen können, wird nicht aufgezeigt, da den Funktionsfolgen die Details auf Vorgangs- und Ergebnisebene fehlen, welche diese Aussage erst möglich machen. In Folge davon können über

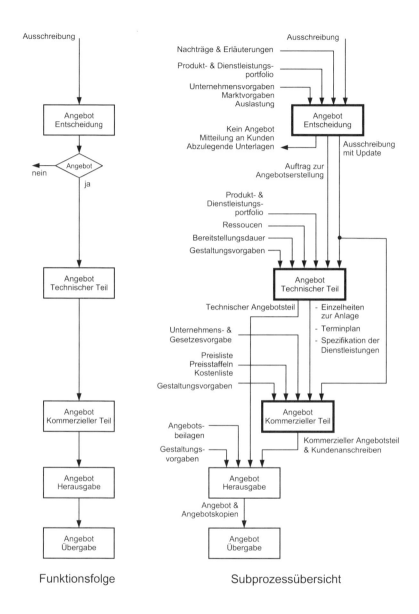

Abbildung 26
Funktionsfolge versus Prozessübersicht mit Ergebnisfluss

Funktionsfolgen auch keine parallel ablaufende Geschehnisse dargestellt werden. Wird bei Funktionsfolgen auf solche Details eingegangen, wäre dies praktisch der 2.Schritt im Prozessdesign und damit der erste Ansatz hin zur ergebnisorientierten Prozessdarstellung, welcher nur konsequent ausgeführte werden muss, wie an den Regeln und an dem hier gezeigten Beispiel aufgezeigt wird.

Funktionsfolgen finden bei den Anwendern wegen ihrer Unverbindlichkeit wenig Akzeptanz. Was Funktionsfolgen wiedergeben, lässt sich von den Anwendern im «Kopf» behalten, wozu also eine solche Darstellung ist dann ihre Frage. Die eigentlichen Probleme liegen an den Schnittstellen und in den Ergebnissen. Auf beide gehen Funktionsfolgen aber nicht ein, geben hierzu keine konkreten Aussagen. Ebenso wenig geben sie Optimierungsansätze zu erkennen, denn diese lassen sich nur auf der Eben von Vorgängen und Ergebnissen ausmachen.

Wie das Beispiel zum Angebot zeigt, sind die Durchlaufzeiten der Geschehnisse nur zu optimieren, wenn angemessene Details zur Verfügung stehen. Funktionen und Subprozesse liefern keine solchen Angaben, sonder verdecken die Details, so wie es auch Organisationen tun. Jede Optimierung von Durchlaufzeiten hat darum stets von den Vorgangsebenen mit ihren Ergebnissen und dem Ergebnisfluss auszugehen.

Bei umfangreiche Vorgängen ist immer noch einmal zu prüfen, ob tatsächlich ein Vorgang oder doch noch ein Subprozess vorliegt, der zufällig nur ein Ergebnis liefert, sich in Wirklichkeit aber aus viele Vorgänge und Zwischenergebnisse zusammensetzt. Im Beispiel der Angebotserstellung wäre z.B. der Vorgang «Anlage auslegen» ein Kandidat, der darauf hin analysiert werden müsste.

Besonders herauszustellen ist noch, dass im vorliegendem Beispiel das Prozessdesign zur Produktionslinie losgelöst von jeglicher Organisationsbetrachtung vor sich gegangen ist, was zeigt, dass die Gestaltung der Prozesse als auch ihre Optimierung frei von jeglichen Organisationsvorgaben geschieht, die Optimierungen den Prozess von Organisationsvorgaben eher befreien. Prozesse mit der Organisation zu verbinden, stellt einen separaten Schritt dar, welcher im Rahmen von Organisationsänderungen auch zu wiederholen sein muss, ohne dass sich am eigentlichen Prozess etwas verändert.

Die Entscheidung, ein Angebot abzugeben oder nicht abzugeben, muss kurzfristig geschehen, damit die verfügbare Zeit überwiegend der Angebotsausarbeitung zugute kommt. Das spricht für ein temporäres Team, das einmal Ressourcen sicherstellt und darüber hinaus interdisziplinär aufgestellt ist, da es hier um technische, kommerzielle und vertragliche Vorgaben geht. Die Ausschreibungen zu inspizieren und Prognosen für die Entscheidung zu erstellen, setzen Fachkompetenz und angemessene Produktkenntnisse voraus, denn nur zweifelsfreie also geklärte

Ausschreibung ermöglichen später eine zügige Angebotserstellung. Diese Anforderungen als auch die zeitlichen Gegebenheiten liefern das Maß für Qualität und Quantität zu den Ressourcen, welche dem Subprozess der Entscheidung zum Angebot zur Verfügung zu stellen sind.

Die sich noch anschließenden Subprozesse, welche die Technischen und Kommerziellen Teile erstellen, verlangen dagegen nur noch eine Sachdisziplin bzw. zwei Sachdisziplinen. Für beide Subprozesse ist darum sowohl eine Organisationseinheit als auch ein Team als Organisationsform denkbar. Beide Organisationsformen kommen hier einem Pool gleich, der für eine Sachdisziplin die Ressourcen bereitstellt. Unter den Gegebenheiten sich für ein Team oder eine Organisationseinheit zu entscheiden, bestimmt mehr die Frage, welche Zeit für die Angebotserstellung zur Verfügung steht und wie diszipliniert die in Frage kommenden Organisationseinheiten die Ressourcen bereitstellen. Welche Organisationsform zu wählen ist, wird hier also mehr von der gegebenen Unternehmenskultur bestimmt.

2.5.3 Verwendungsnachweis

Beim Verwendungsnachweis handelt es sich um eine flankierende Maßnahme für das Produkt. Als Teilprozess überlagert der Verwendungsnachweis die Prozesse zur Produktvermarktung, Auftragsrealisierung und zum Kundendienste. Der Verwendungsnachweis hat nach ISO 9000 den Zweck, den Produktbestand bei den Kunden im Markt augenscheinlich zu machen und dient damit dem Product Control. Da die Produkte in Form von Software, Baugruppen, Geräten, Anlagen beim Kunden als Inventar laufen, wird hier auch vom Inventory Data Recorting gesprochen. Die Autoindustrie macht es vor. Sie kann bei Rückrufaktionen über den Verwendungsnachweis, den sie zusammen mit ihren Händlern pflegt, direkt auf die Neuwagenkäufer zugehen. Ein bekannter Produktbestand dient direkt den Produktionslinien der Produktvermarktung, der Auftragsrealisierung und des Kundendienstes.

Für Produkte mit hohen Sicherheitsanforderungen bzw. einer ausgeprägten Technologieabhängigkeit gilt es den Inventarbestand im Markt als auch bei den Kunden zu kennen. Das muss einmal gegeben sein bei Anlagen wegen nachfolgender Ausbauerweiterungen aber auch wegen der Ersatzteilhaltung und für eventuelle Korrekturen. Andererseits gilt es den Produktbestand aber auch für die Produktweiterentwicklung zu kennen, da hier unter dem Aspekt von Technologieänderungen und neuer Funktionalität die Kompatibilität zum Marktbestand garantiert sein muss.

Aber auch für Servicebelange, vor allen Dingen für den sogenannten Hot Line Service, ist es von Bedeutung, die Standorte der Kunden und den Inventarbestand

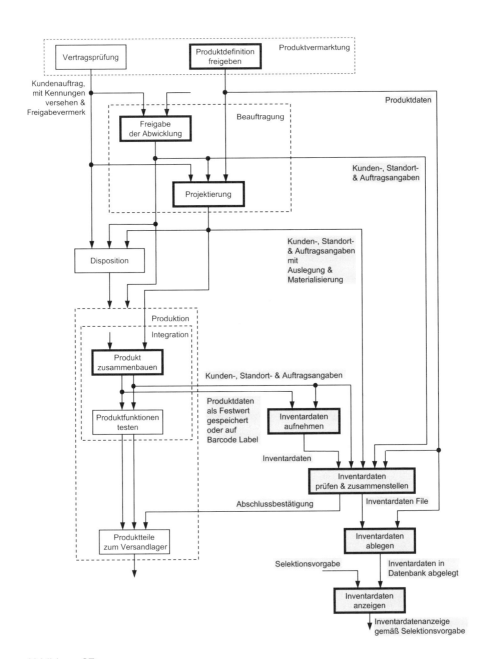

Abbildung 27
Ablaufdarstellung zum Teilprozess Verwendungsnachweis

an den Standorten zu kennen. Dafür sind Kundendaten und Produktdaten festzuhalten. Jede austauschbare Einheit muss als Unikat ansprechbar sein, was in Verbindung mit der Typenbezeichnung über die in der Praxis gängigen Seriennummern geschieht. Diese Inventardaten, ferner die Reihenfolge in der die Inventardaten aufzunehmen sind und die zusätzliche Absicherung der Datenerfassung bestimmen die Anforderungen an den Teilprozesses für den Verwendungsnachweis.

In Abbildung 27 ist zu sehen, wie sich der Teilprozess zum Verwendungsnachweis in die Prozesse zur Produktvermarktung und Auftragsrealisierung einklinkt. Unter dem Aspekt der Inventardatenerfassung hat er hier zur Aufgabe, die Lieferdaten aufzunehmen. Bei den nicht getönten Rechtecken handelt es sich um eine Prozessübersicht zu den beiden Prozessen Produktvermarktung und Auftragsrealisierung, welche nur die Subprozesse und Vorgänge wiedergibt, auf welche der Teilprozess aufsetzt und die zum Teil direkt an den Teilprozess Ergebnisse zu liefern haben. Für diese Subprozesse und Vorgänge stehen die stark umrandeten Rechtecke. Die grau getönten Rechtecke geben die spezifischen Vorgänge des Teilprozesses wieder, welche speziell der Erfassung der Lieferdaten dienen. Ebenfalls grau unterlegt sind die Ergebnisse, welche von den Produktionslinien der Prozesse als auch von den speziellen Vorgängen des Teilprozesses in die Inventardatenerfassung eingehen.

So übernimmt der Teilprozess aus dem Prozess zur Produktvermarktung die Produktdaten, welche der Vorgang «Produktdefinition freigeben» herausgibt. Dieser Vorgang ist Bestandteil des Produktmanagement, welches für die Produktdefinition sowie die Freigaben der verschiedenen Varianten und Ausgabenstände zum Produkt zuständig ist. Für die Auftragsrealisierung geben die Produktdaten an, von welchen einzelnen Varianten und Ausgabenstände die Projektierung auszugehen hat. Im Teilprozess werden die Produktdaten zur Prüfung der aufgenommenen Inventardaten genutzt. Geprüft wird die Plausibilität der Daten und ob die Sachnummern, Varianten als auch Ausgabenstände zur Fertigung sowie für den Kunden oder Markt freigegeben sind.

Vom Vorgang «Freigabe der Abwicklung», von dem die Beauftragung der Auftragsrealisierung ausgeht, übernimmt der Teilprozess die Kundendaten. Dazu gehören u.a. der Name des Kunden und die Standorte, die Kennzahlen der Kunden, die Projektbezeichnungen sowie die internen Auftragsnummern. Diese Kennzeichen machen den Auftrag in den weiteren Vorgängen ansprechbar. Die Projektierung, welche die Auslegung vornimmt, liefert dem Teilprozess unter der Auftragskennzeichnung die Auslegedaten.

Für die Aufnahme der Inventardaten einer Auslieferung klinkt sich der Teilprozess mit seinem Vorgang «Inventardaten aufnehmen» beim Subprozess «Integration» der Produktion ein, was zwischen den Vorgängen «Produkt zusammenbauen» und «Produktfunktionen testen» geschieht. Die aufzunehmenden Daten sind als Festwert entweder in einem Festwertspeicher oder auf einem Bar Code Label festgehalten.

Für jede austauschbare Komponente kommen Produktbezeichnungen, Typennummer, Ausgabenstand, Seriennummer und Positionsangabe zur Anzeige. Das geschieht unter dem Namen des Kunden mit Angabe des Standortes, der Auftragsnummer des Kunden, der Projektbezeichnung sowie der internen Auftragsnummer.

Aufsetzend auf diesen Vorgaben werden die Inventardaten für den vorgegebenen Auftrag zusammengestellt und dabei geprüft, was im Vorgang «Inventardaten prüfen & zusammenstellen» geschieht. Die Prüfung besteht in einem Vergleich der aufgenommenen Daten zum Produkt mit den vorgegebenen Produktdaten und mit den vorgegebenen Auslegedaten, wie sie im einzelnen schon beschrieben wurden. Die Prüfung kommt einer Inspektion gleich, welche die Konsistenz der Kennungen und die richtige Umsetzung der Auslegevorgaben sicherstellt und so als Maßnahme mit zum Qualitätsstand der Auftragsrealisierung beiträgt.

Nur so zusammengestellte und geprüfte Inventardaten finden schließlich Eingang in die Datenbank, was im Vorgang «Inventardaten ablegen» geschieht. Die Datenübergabe erfolgt aus Sicherheitsgründen im File Transfer, um manuelle Eingriffe auszuschließen. Das gilt übrigens auch für die anderen Ergebnisse. Sie verlangen aus Sicherheitsgründen und der Effizienz wegen eine IT-Unterstützung. Die angezeigten Ergebnisse werden so zum Teil von anderen IT-Systemen als File übernommen, im Fall eines Festwertspeichers oder bei einem Bar Code Label automatisch eingelesen, und dann als File weitergegeben.

Der Vorgang «Inventardaten anzeigen» steht dann jedem Nutzer zur Verfügung, der sich unter bestimmten Aspekten über den Inventarbestand informieren will. Das hier abschließende Beispiel gibt nur den ersten Abschnitt zum Teilprozess des Einsatznachweises wieder. Zum Teilprozess gehören darüber hinaus noch die Inventardatenerfassung für Lieferungen zu Anlagenveränderungen und Anlagenerweiterungen, für die er sich dann über die Subprozesse Aufbau, Inbetriebnahme und Abnahme durch den Kunden als auch über den Prozess der Kundendienste fortsetzt, der in der Regel Garantieleistungen, Wartung, Hot Line Service und Reparaturen abhandelt. In diesen Prozessbereichen hat der Teilprozess die Aufgabe, Veränderungen im Inventarbestand zu registrieren, was immer dann zu geschehen hat, wenn eine Um- oder Nachrüstung oder ein Wechsel von austauschbaren Einheiten anfällt.

2.5.4 Organisationszuordnung

Keines der Beispiel ist auf die Aufbauorganisation der Unternehmen eingegangen und so enthält auch keine Ablaufdarstellungen irgendwelche Organisationsangaben. Das bestätigt wohl im ausreichendem Maße, dass Prozesse unabhängig von jeglichen

Organisationsvorgaben anzulegen sind, was bei der Gestaltung von Prozessen letztlich auch die grundsätzliche Zielsetzung sein muss. Prozesse und Organisationen stellen im Grunde eigenständige Gliederungen dar, welche nur über eine von außen vorgenommene Zuordnung miteinander verbunden werden, was einmal am Beispiel des Teilprozesses zum Verwendungsnachweis demonstriert werden soll. Der Organisation fällt in diesem Verbund die Aufgabe zu, die Ressourcen bereitzustellen, welche für die Ergebnisse der Aufgaben, für die sie benannt wurden, Sorge zu tragen haben und folglich dafür auch verantwortlich sind.

Vorgänge	Ergebnistitel	Ergebnismuster	Organisationseinheit
Produktdefinition Freigeben	Produktdaten	Produktliste	Product Management
Auftragseröffnung	Beauftragung mit Kunden-, Standort- & Auftragsangaben	Maskenvorlage 1	Order Management
Projektierung	Auslegung mit Kunden-, Standort- & Auftragsangaben	Planvorlage	Projektierung
Produkt zusammenbauen	Produkt mit Kunden-, Standort- & Auftragsangaben	Formatvorlage 1	Produktion
Inventardaten aufnehmen	Inventardaten je austauschbarer Einheit	Formatvorlage 2	Integration
Inventardaten prüfen & zusammenstellen	Inventardaten je Lieferung mit Kunden-, Standort- & Auftragsangaben	Formatvorlage 3	Integration
Inventardaten ablegen	Inventardaten mit Kunden-, Standort- & Auftragsangaben	Formatvorlage 4	After Sales Service
Inventardaten anzeigen	Inventardatenanzeige gemäß Selektion	Maskenvorlage 2	alle Nutzer

Abbildung 28
Organisationszuordnung

Für die Zuordnung bietet sich eine Tabelle an, wie sie in der Abbildung 28 zu sehen ist. Als Bezug listet die Tabelle hier alle Vorgänge auf, welche der Teilprozess zum Einsatznachweis umfasst. Zusätzlich werden die Ergebnistitel und Ergebnismuster angezeigt, die zu den Vorgängen gehören.

Eine Gegenüberstellung von grafischer und tabellarischer Wiedergabe hebt recht deutlich die Aussagestärke der grafischen Darstellung für den Ablauf hervor, denn über eine Tabelle sind wie bei Funktionsfolgen nur die direkten Ergebnisfolgen ohne

Ergebnisverzweigungen wiederzugeben. Für direkte Zuordnungen hat allerdings eine Tabelle unbestreitbar ihre Vorteile, denn da ist eine grafische Darstellung schnell mit Information überladen, wenn dort z.b. neben den Ergebnistiteln auch noch die zugehörigen Ergebnismuster und Organisationseinheiten eingetragen würden. Eine solche Fülle an Information macht eine grafische Darstellung schnell unübersichtlich. Mit den vorliegenden Angaben zu den Prozesseinzelheiten und zur Organisation gibt die Tabelle aus Abbildung 28 ein recht effektives Hilfsmittel für die Tagesarbeit ab.

In der Tabelle lassen sich zu den hier aufgelisteten Vorgängen, Ergebnistiteln und Ergebnismustern recht augenscheinlich die Organisationseinheiten zuordnen. Es ist der Tabelle nur die weitere Spalte für die ausführenden Stellen hinzuzufügen. Ändert sich die Organisation, ganz gleich ob es dabei um eine neue Gliederung geht, die Organisationseinheiten neu benannt oder die Fähigkeiten neu gruppiert werden, verändert dies immer nur den Inhalt dieser Spalte. Ganz folgerichtig kann darum eine Organisationsänderung auch nie Einfluss auf die Prozesse nehmen.

Die Spalte der ausführenden Stellen macht offensichtlich, in welchem Maß eine Organisation auf die Prozesse abgestimmt ist. Allerdings muss hier beachtet werden, ob es um die Produktionslinie oder die Steuerlinie also um einen Teilprozess geht. Verteilen sich bei einer Produktionslinie die Vorgänge auf viel Organisationseinheiten, findet häufig von Vorgang zu Vorgang ein Wechsel der ausführenden Stelle statt, ist die Organisation sicher nicht optimal auf den Prozess eingestellt. Bei einem Teilprozess liegen dagegen häufige Wechsel der Organisationseinheiten in der Natur der Sache, sofern es gilt, dem Teilprozess aus unterschiedlichen Vorgängen etwas zuliefern zu müssen.

Unter Projektaspekten gilt es zu den vorgegebenen Organisationseinheiten dann noch die Ausführenden zu benennen. Dafür ist die Tabelle einfach um eine weitere Spalte zu erweitern, in der dann die Namen der Ausführenden aufgelistet werden, welche je Vorgang für das Projekt benannt sind. Solche verbindlichen und ansprechbaren Vorgaben tragen ganz wesentlich dazu bei, Prozesse erfolgreich umsetzen zu können.

Üblicherweise tragen die Organisationseinheiten Funktionsbezeichnungen, welche die Fähigkeiten ihrer Ressourcen aufführen. So benannte Organisationseinheiten lassen sich natürlich auch aneinander reihen, wie schon mehrmals hervorgehoben wurde. Vielerorts werden diese Aneinanderreihungen von Organisationseinheiten als Prozesse hingestellt. Die Folge einer solchen Betrachtungsweise ist, dass diese vermeintlichen Prozesse dann nach einer jeden Organisationsänderung teilweise oder insgesamt neu aufgesetzt werden müssen. Instabilität der vermeintlichen Prozesse ist die Folge einer solchen der Fehleinstufung.

2.5.5 Unternehmensprozess

Eine Prozessübersicht auf der Ebene der Unternehmensaufgaben, wie sie die Abbildung 29 zeigt, gestattet übergreifend darzulegen, wie sich die Unternehmensaufgaben zum Unternehmensprozess aneinanderfügen. In Verbindung damit wird hier einmal demonstriert, was im Einzelnen aus einer solchen Übersicht abzulesen und zu erläutern ist.

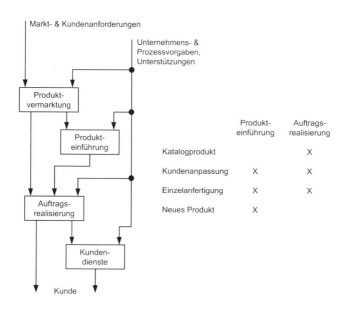

Abbildung 29
Unternehmensprozess

Alle Anstöße in das Unternehmen hinein haben von der Produktvermarktung auszugehen, denn die Produktvermarktung wirkt als Schnittstelle zum Markt und zu den Kunden hin, wie die Vorgaben «Mark- & Kundenanforderung» anzeigen. So darf auch eine Produkteinführung nur aus der Produktvermarktung heraus veranlasst werden, auch wenn die Produktidee ihren Ursprung an einer anderen Stelle im Unternehmen hatte, denn es ist Aufgabe der Produktvermarktung, vor einem solchen Anstoß zu klären, ob eine Produktidee im Markt Erfolg verspricht. Nur daraus darf sich letztlich der Anstoß zur Produkteinführung ableiten. Die Auftragsrealisierung ist ebenfalls nur von der Produktvermarktung her anzustoßen, da unter ihrer Regie die Kundenkontakte laufen als auch die Angebotsbearbeitung sowie die Auftragserteilung mit Vertragsprüfung und Vertragsabschluss vor sich gehen, wie in Teil 1 von Abbildung 6 zu sehen ist.

Je nach Produktgegebenheit und Auftrag wirken die beiden Unternehmensaufgaben der Produkteinführung und Auftragsrealisierung einzeln oder im Verbund miteinander, wie die Tabelle in Abbildung 29 aufzeigt. Aufträge zu Katalogprodukten also zu vorgegebenen Standardprodukten werden über die Auftragsrealisierung abgewickelt, die aus der Produktvermarktung heraus angestoßen wird. Hat ein Auftrag mit zum Inhalt, für den Kunden ein Standardprodukt anzupassen, eine Einzelanfertigung oder Sonderanfertigung vorzunehmen, kommt das mehr oder weniger einer Produkteinführung gleich. In diesen Fällen ist auch die Produkteinführung in die Auftragsabwicklung mit einzubeziehen.

Im Fall eines neuen Produktes steht zuerst einmal nur die Aufgabe der Produkteinführung an. Dabei darf nicht der Entwicklung als Organisationseinheit allein die Produkteinführung überlassen werden, wie es dennoch in der Praxis häufig vorzufinden ist. In einem solchen Fall bestimmt dann üblicherweise die Entwicklung als Organisationseinheit nach ihren Prioritäten die Einführung des neuen Produktes. Richtigerweise hat die Produkteinführung unter der Regie der Produktvermarktung vor sich zu gehen. Sie hat mit den Prioritäten und weiteren Vorgaben zur Markteinführung die Rahmenbedingungen für die Produkteinführung zu liefern und auf ihre Einhaltung zu achten. Anderenfalls kann es passieren, dass das Produkt erst fertig wird, wenn die Mitbewerber den Markt schon besetzt haben. Erst nach der Produkteinführung gehen die Geschehnisse an die Auftragsrealisierung über.

Auch Kundendienste sind über die Folge Produktvermarktung und Auftragsrealisierung abzuwickeln, denn Kundendienste stellen ebenso Produkte dar, für welche die Verfügbarkeit geprüft werden muss, die anzumelden also zu bestellen und einzuplanen sind, für die letztlich auch eine Rechnungsstellung und ein Forderungseinzug zu geschehen hat.

In der Abbildung 29 sind keine Rückkopplungsverbindungen zwischen den Unternehmensaufgaben gegeben. Rückgriffe auf zurückliegende Aufgaben sind eigentlich immer ein Zeichen, dass etwas vergessen wurde. Natürlich ist das nicht gänzlich auszuschließen und verlangt dann auch einen Rückgriff auf die entsprechende Aufgabe, was aber in einem Prozess nicht als reguläres Geschehen festzuschreiben ist. Eine weitere Ursache für solche Rückkopplungen sind organisatorische Belange. Werden z.B. für die Produktvermarktung Experten aus der Auftragsrealisierung benötigt, wird der betreffende Vorgang organisatorisch gern der Auftragsrealisierung zugeordnet anstatt die Experten an den Prozess der Produktvermarktung zu delegieren und das führt dann in der Darstellung zu den bewussten Rückkopplungsschleifen.

Bei der Verdichtung von ergebnisorientierten Ablaufdarstellungen zu Übersichten sind für die verbleibenden Schnittstellen nach wie vor noch die dort anstehenden Ergebnisse auszuweisen und damit ist im Fall des Unternehmensprozesses auf

Unternehmensebene anzuzeigen, was an den Schnittstellen zwischen den Unternehmensaufgaben für Ergebnissen anstehen. Über diese Ergebnisse ist dann auch eine schlüssige Verbindung zwischen der Prozessübersicht zum Unternehmensprozess und den nachgeordneten Ablaufdarstellungen gegeben, worauf im Beispiel allerdings nicht weiter eingegangen wird.

Der individuellen Gliederung der Unternehmensaufgaben sind praktisch keine Grenzen gesetzt. So kann die Produkteinführung auch eine Aufteilung in Produktdefinition, Entwicklung und Markteinführung also in drei eigenständige Prozesse erfahren, was in der Praxis als Gliederung auch oft anzutreffen ist. Gliederungen dieser Art lassen aber häufig nachteilige Effekte entstehen. Unter solchen Umständen wird z.B. über die Produkteinführung in den Markt erst nachgedacht, wenn die Entwicklung des Produktes abgeschlossen ist. Auch fühlt sich die Entwicklung als Organisationseinheit für die Produkteinführung nicht angesprochen. Einführungsvorkehrungen, hier kann es um einen ersten Pilotbetrieb zur Absicherung der Einführung oder um die Ablösung von Vorgängerprodukten gehen, werden nicht mehr übergreifend abgehandelt. Viele andere Geschehnisse, die sonst überlappend oder parallel vor sich gehen könnten, verlaufen unter den Gegebenheiten nacheinander ab, was dann das Time-to-Market verzögert.

Unter dem Beweggrund, vermeintlichen Formalismus ausschalten zu müssen, und mangels einer angemessenen Prozessübersicht kommt es in der Praxis auch immer wieder zu individuellen Veränderungen an den Vorgaben zum Unternehmensprozess. Im Fall von unterschiedlichen Auftragskategorien ist häufig zu beobachten, dass die Auftragsrealisierung den Auftragskategorien angepasst wird. Gibt es z.B. Produkte, die nach Katalog zu bestellen sind, kann der Kunde an Hand des Kataloges selbst die Materialisierung und Preisfindung zur Bestellung vornehmen. Ein Angebot erübrigt sich damit in der Regel. Darum scheint es in diesem Fall nur unnötiger Formalismus zu sein, den Prozess der Produktvermarktung noch einzuschalten. Entsprechend kürzt die Praxis dann auch ab und bringt den Kunden gleich mit dem Prozess der Auftragsrealisierung in Verbindung. Vergleichbar wird auch bei Aufträgen zu Dienstleistungen gehandelt. Hier lassen sich sogar gleich zwei Prozesse aussparen, wenn die Kundendienstaufträge der Kunden gleich zum Kundendienst geleitet werden, welcher die Arbeiten letztlich ja auch ausführen muss. Zum Schluss gehen nur noch Aufträge, welche Ausschreibung und Angebot voraussetzen, oder Aufträge von neuen Kunden über die Produktvermarktung in das Unternehmen ein.

Damit stehen dem Kunden jetzt aber drei Schnittstellen anstatt nur ein Partner gegenüber, was in Abbildung 30 die Markierungen 1 bis 3 wiedergeben. Unter den Umständen gilt es auf beiden Seiten nun immer wieder zu klären, welcher Kategorie ein Auftrag entspricht, um den richtigen Ansprechpartner ausfindig zu machen. Die Kunden werden mit internen Unternehmensbelangen zur Auftragsrealisierung konfrontiert und sehen ihre Interessen ganzheitlich nicht wahrgenommen. Wechselt ein Auftrag wegen eines Nachtrages durch den Kunden womöglich noch seinen Inhalt und damit seine Kategorie, beginnen die Klärungs- und Abstimmungsgespräche, sei es um den Auftrag neu zuzuordnen oder um nachträglich Fehlausführungen zu korrigieren. Von Kundenorientierung kann hier wohl kaum noch die Rede sein, denn mit der individuellen Gliederung wird ja ausschließlich ein vermeintlicher Nutzen für das Unternehmen angestrebt.

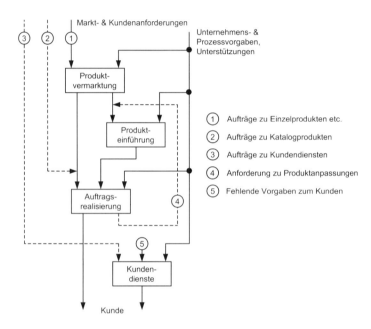

Abbildung 30
Vermeintliche Verbesserungen

Ablaufverkürzungen dieser Art schaffen häufiger Probleme als das sie Nutzen bringen. In vielen Fällen sind es nämlich auch gar keine wirklichen Ablaufverkürzungen, denn die vermeintlich ausgesparten Vorgänge finden sich verdeckt in den nachfolgenden Prozessen wieder. Die Vorgänge vervielfachen sich und werden von unterschiedlichen Stellen angestoßen, so wie es in Abbildung 30 die Linien mit den Markierungen 2 und 4 demonstrieren, was häufig zu unkoordinierten Mehrfachbelegungen von Ressourcen führt. Kundenkontakte und Kundeninformationen verteilen sich auf drei Prozesse. Der Produktvermarktung fehlen die Informationen zu den Aufträgen, welche direkt über die Auftragsrealisierung und den Kundendiensten einfließen.

Den Kundendiensten stehen die Informationen aus den beiden anderen Prozessen nicht zu Verfügung, denn diese beschränken sich auf ihren Teil der Auftragsrealisierung und dazu gehört in diesem Fall nicht, Daten für den Kundendienste bereitzustellen. Für den Fall, dass die Vereinfachung Vorgänge hat wegfallen lassen, schlägt sich das z.b. in Fehllieferungen nieder, wenn eine Prüfung der Aufträge ausgespart wurde, oder lässt große nicht abgerechnete Bestände entstehen, wenn die Vorgänge der Auftragsabschlüsse ungenügend behandelt werden.

2.5.6 Vom Personalwesen zur Personalwirtschaft.

Definierte Prozesse hat es nicht nur für die eigentlichen Unternehmensaufgaben zu geben, sondern sie müssen auch bei den Funktionen vorliegen, welche den Unternehmensaufgaben zur Unterstützung dienen. An einem Beispiel zum Personalwesen soll hier demonstriert werden, dass auch Unterstützungsaufgaben über Struktursicht und Verhaltenssicht systematisch zu erfassen als auch abzubilden also hier ebenso definierte Prozesse herzuleiten sind. Das Beispiel zeigt, wie sie die Wertschöpfungsbeiträge als auch die Ergebnisse der Dienstleistungen im Personalsektor augenscheinlich machen und damit eine Prozesskostenrechnung ermöglichen, was das Personalwesen dann praktisch zu einer prozessorientierten Personalwirtschaft wandelt.

2.5.6.1 Ausgangssituation

Mit seinen Aufgaben kommt das Personalwesen im Grunde einem Service Center gleich. Es behandelt alle Personalthemen, die in den Unternehmen anfallen und geht dementsprechend den Bereichen, welche die eigentlichen Unternehmensaufgaben wahrnehmen, mit den unterschiedlichsten Dienstleistungen zur Hand, wenn Personalfragen anstehen.

Für die Unternehmen muss es letztlich eine Zielsetzung sein, aus dem Personalwesen herkömmlicher Art, in dem Verwaltungsaspekten vorherrschend sind, zukünftig ein Service & Cost Center zu machen, um so von den Verwaltungsaspekten des Personalwesens zu einer Kunden- und Kostenorientierung zu kommen, was der neuerdings dafür gebräuchliche Begriff der Personalwirtschaft ausdrückt. Allerdings ist heute in den Unternehmen noch weitgehend das herkömmliche Personalwesen zu finden und weniger die anzustrebenden Service Center geschweige denn Cost Center, was recht unterschiedliche Gründe hat, die Teils auch historisch bedingt sind.

So ist das Personalwesen in den Unternehmen noch überwiegend organisatorisch geprägt. Es verteilt sich üblicherweise auf die Personalabteilungen für angestellte und gewerbliche Arbeitnehmer sowie auf die Abteilungen für die Gehalts- und Lohnabrechnung. Diese Abteilungen sehen ihre Beiträge heute noch vorwiegend unter dem Aspekt Verwaltung und weniger Wertschöpfung, was dann auch die Kostenorientierungen hinten anstehen lässt. So beschafft und pflegt dann jede dieser Organisationseinheiten die Daten, welche sie benötigen, auch weitgehend selbst. Hier kommt es schon einmal zu Kostenverschwendungen, denn es geht dabei um weitgehend gleiche Daten, welche die Organisationseinheiten getrennt voneinander ermitteln, sichten, filtern, bewerten, abgleichen und aufnehmen. Gliedert sich ein Unternehmen in unterschiedliche Produktbereiche, erfahren die Organisationseinheiten des Personalwesens dann gar noch eine Vervielfachung, was letztlich nochmals die Schnittstellen, Ausführungen und Kosten vermehrt.

Bei den Dienstleistungen des Personalwesens geht es vorwiegend um administrative Belange. Der Anstoß dazu kommt von einer Vielzahl unterschiedlichster Ereignisse. Darum wird dem Personalwesen vielerorts auch eine Ad-hoc-Aufgabenabwicklung zugebilligt, welche allerdings Vorgehensweisen nach sich zieht, die sehr stark vom Ausführenden also subjektiv geprägt sind, was häufig zu Kommunikationsproblemen an den Schnittstellen führt. Ein Großteil dieser Dienstleistungen fällt zudem nur gelegentlich an, d.h. hier können die Ausführenden keine Routine entwickeln. Da in der Regel keine Aufzeichnungen bestehen, sind die Vorgänge und Ergebnisse zu jenen Dienstleistung immer wieder neu zu ergründet, was zwangsläufig zusätzliche Zeit verbraucht, zumal unter den Umständen auch immer wieder Korrekturen anfallen. Alle diese Gegebenheiten schlagen sich letztlich in längere Bearbeitungszeiten und höhere Kosten nieder.

Vielerorts werden administrative Beiträge pauschal den Gemeinkosten zugeschlagen, anstatt die Kosten den Nutznießern direkt in Rechnung zu stellen, was auch bei den Dienstleistungen des Personalwesens gegeben ist. Eine solche Kostenverrechnung zieht zwangsläufig nach sich, dass einige Unternehmensaufgaben verdeckt subventioniert und andere Unternehmensaufgaben wiederum ungerechtfertigt belastet werden.

Eine direkte Kostenverrechnung verlangt, dass Prozesskostenrechnungen auszuführen sind, was wiederum definierte Wertschöpfungen und Ergebnisse erfordert, wofür die Personalthemen prozessorientiert zu betrachten sind. Das ist Inhalt dieses Beispieles. Es zeigt, wie sich die Aufgaben des Personalwesens frei von jeglicher Organisationszugehörigkeit als Prozesse wiedergeben lassen und letztlich nur über die Ausführenden eine Verbindung zur Organisation erfahren, wie es die Tabelle in Abbildung 28 für das Beispiel der Organisationszuordnung zeigt. Auf diese Art sind die Prozesse mit beliebigen Organisationsformen zu verbinden und bleiben dennoch von jeglichen Organisationsänderungen unbeeinflusst, was für die Prozesse Kontinuität als auch Stabilität sicherstellt und darüber Qualität schafft.

2.5.6.2 Struktursichten schaffen Aufgabentransparenz

Prozesse beziehen sich auf Ergebnisse und so sind anstehende Personalthemen grundsätzlich erst einmal in ihre Ergebnisse aufzulösen, was mit Hilfe der Struktursicht im Top-Down-Verfahren geschieht. Auf diesem Weg werden auch die funktionellen Zweige hergeleitet, in welche sich eine Funktion also hier die Personalwirtschaft untergliedert. Die Struktursicht sorgt für eine systematische Abbildung aller Einzelheiten, kategorisiert die anfallenden Zweige und schafft darüber Aufgabentransparenz.

Die Inhalte der Struktursicht zu erarbeiten, setzt natürlich Kenntnisse in den Personalbelangen voraus. Hier kann die Struktursicht keinen Beitrag leisten. Sie hilft aber, die Wissensbeiträge systematisch zu ordnen und zu präsentieren. Sie macht so augenscheinlich, was an Terminologie und Gliederung festgeschrieben wird. Sie beschreibt darüber die Funktionen und liefert die Ansätze für den Fortgang der Gliederung. Unter diesen Aspekten gibt die Struktursicht einen Leitfaden ab und wirkt zudem als Kommunikationshilfe, vor allen Dingen wenn es darum geht, allgemeine Übereinstimmung zu Terminologie und Gliederung herbeizuführen.

In der Abbildung 31 werden einmal die ersten beiden Gliederungsebenen wiedergegebenen, welche der Funktion der Personalwirtschaft aus Abbildung 6, Teil 2, nachfolgen. Da die Personalwirtschaft in der Struktursicht des Unternehmens eine Funktion 2. Ordnung darstellt, entsprechen diese beiden nachfolgenden Gliederungsebenen Funktionen 3. und 4. Ordnung. Die erste Ebene mit Funktionen 3. Ordnung zeigt Einzelheiten, welche für Personalbelange im Grunde recht naheliegend sind. Es hat eine Personalbereitstellung und Personalverwaltung zu erfolgen. Dazu sind alle zeitlichen Belange zu erfassen, welche für das Personal relevant sind, was in Abbildung 31 unter Personalzeitwirtschaft angeführt wird. Für die leistungsrelevanten Zeiten hat das Personal eine Vergütung zu erhalten, was eine Personalabrechnung verlangt. Über all diese Funktionen, ihre Inhalte und Trends sollte Auskunft zu gegeben und Berichte anzufertigen sein, wofür eine Personalstatistik zu sorgen hat. So umreißen in der Abbildung 31 die Funktionen 3. Ordnung, was unter Personalwirtschaft grundsätzlich zu verstehen ist. Eine Struktursicht macht so augenscheinlich, was an einer Stelle, hier ist es die Abbildung 31, an Funktionen, Terminologie und Gliederung festgeschrieben wird. Damit ermöglicht sie anderen Stellen davon Kenntnis zu nehmen sowie an Hand dieser Information zuzustimmen oder Einspruch zu erheben und Gegenvorschläge zu unterbreiten. Die Struktursicht leistet hier Kommunikationshilfe.

Für die Fortführung der Gliederung liefern die Funktionen 3. Ordnung der ersten Ebene von Abbildung 31 den Gliederungsansatz für die nachfolgenden Funktionen der 4. Ordnung. So verlangt eine Personalbereitstellung eine Personalplanung, die aufzuzeigen hat, welches Personal zur Verfügung stehen bzw. eingestellt werden muss, was eine Personalbeschaffung erfordert. Andererseits ist aber auch dafür Sorge zu tragen, bewährtes Personal zu halten, dieses Human Capital an das Unternehmen zu binden, was die Aufgabe der Personalbindung ist. Einhergehend mit der Evolution der Produkte hat es auch eine Personalevolution zu geben, damit die Unternehmen für Technologiewechsel bzw. neue Marktanforderungen gerüstet sind. Im Fall der Personalbereitstellung ergeben diese Funktionen die nachfolgende Ebene, welche erläutert, was eine Personalbereitstellung ausmacht. Für die übrigen Funktionen der 3. Ordnung aus Abbildung 31 wird die Gliederung in Funktionen 4. Ordnung auf die gleiche Weise vorgenommen. Die Funktionen 4. Ordnung beschreiben hier einmal die Funktionen 3. Ordnung, verfeinern darüber hinaus aber auch die Beschreibung der Personalwirtschaft als Funktion 2.Ordnung.

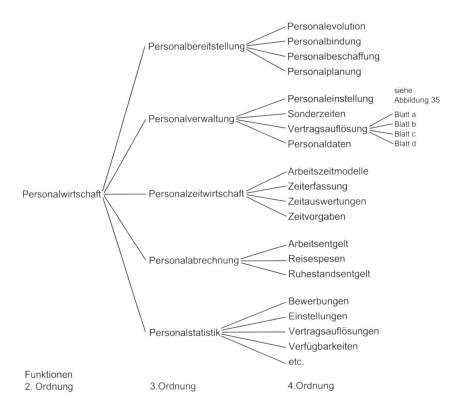

Abbildung 31
Kategorien der Personalwirtschaft

Im Grunde geben die Funktionen der 3. Ordnung von Abbildung 31 die Hauptzweige der Personalwirtschaft in ihren Kategorien wieder. Vergleichbar stellen die Funktionen der 4. Ordnung dann die Kategorien dar, in welche sich die Hauptzweige weiter unterteilen. Die in Abbildung 31 bei der Funktion Vertragsauflösung sich fortsetzende Gliederung in Blatt a bis d dient einem später nachfolgendem Beispiel.

In den Abbildungen 32 bis 34 wird behandelt, wie mit der Aufgliederung weiter fortzufahren ist. Ausgehend von den Funktionen der 3. Ordnung von Abbildung 31 wird hier gezeigt, wie sich die Funktionen der 4. Ordnung weiter in Funktionen 5. Ordnung und in Funktionen weiter nachfolgender Ordnungen aufgliedern. Dabei gestaltet sich die Gliederung je nach Zweig auch hier unterschiedlich tief. Wie in den Abbildungen zu sehen ist, liegt die Gliederungsspanne mit den vorangehenden Ebenen aus Abbildung 6 zwischen 5 bis 7 Gliederungsebenen. Die Zielsetzung, bis zu den Ergebnissen hin aufzulösen, bestimmt die Gliederungstiefe. Aus Platzgründen sind einige der Zweige allerdings nicht vollständig aufgegliedert.

Im Nachfolgenden soll auf einige der Einzelheiten aus den Abbildungen 32 bis 34 eingegangen werden.

Die angeführte Personalevolution, welche in der Abbildung 32 weiter aufgegliedert wird, gewinnt für die Personalbereitstellung zunehmend an Bedeutung. Viele Unternehmen, welche z.B. früher nur mechanische und elektrische Komponenten gefertigt haben, brauchen heute Elektroniker und Informatiker. Die Personalevolution, welche sich einstmals über die Personaleinstellung von Nachwuchskräften praktisch von selbst ergeben hat, ist bei den sich stetig verkürzenden Evolutionszyklen zukünftig gezielt anzugehen. Die Funktion der Personalevolution weiter aufgegliedert, zeigt an Hand der nachfolgenden Funktionen, dass es dafür die Evolution der Produkte abzuwägen gilt, um darüber die Qualifikationen zu ermitteln, die zukünftig gegeben sein müssen. Von diesem Ergebnis lassen sich dann Anforderungsprofile herleiten, welche in die Bedarfsprognosen einzugehen haben, die unter den Aspekten zukünftige Qualifikation, Personalbestand und Verfügungszeitpunkt Vorgaben für die Personalbedarfsplanung abgeben, welche wiederum die Personalentwicklung und die Personalwerbung steuert.

So trägt die Funktion der Personalentwicklung mit ihren Funktionen der Einarbeitung, Weiterbildung, Umschulung und Führungskräfteentwicklung direkt zur Personalevolution bei. Vergleichbar der Personalevolution werde in Abbildung 32 dann auch die übrigen Funktionen der 4. Ordnung weiter aufgegliedert. Dabei zeigt sich, dass die Schulungsprogramme der Personalentwicklung auch noch von der Funktion der Personalbindung zum Zweck der Personalförderung genutzt werden. Wie dieses Beispiel zeigt, führt die Strukturierung also nicht immer nur zur Aufgliederung der Funktionen, sondern macht auch Verknüpfungen augenscheinlich, was z.B. auch bei den internen Ausschreibungen gegeben ist, welche sowohl der Personalentwicklung als auch der Personalwerbung dienen. Die Funktionen Personaldaten und Zeitauswertung in Abbildung 33 geben hierzu weitere Beispiele ab.

Bei der Funktion der Bewerbungsabwicklung wird die nachfolgende Ebene dann schon von den Vorgängen gebildet, welche diesen Subprozess ausmachen. Sie sind dafür über die Ergebnisse untereinander zu verknüpfen, was den Wechsel zur Verhaltenssicht

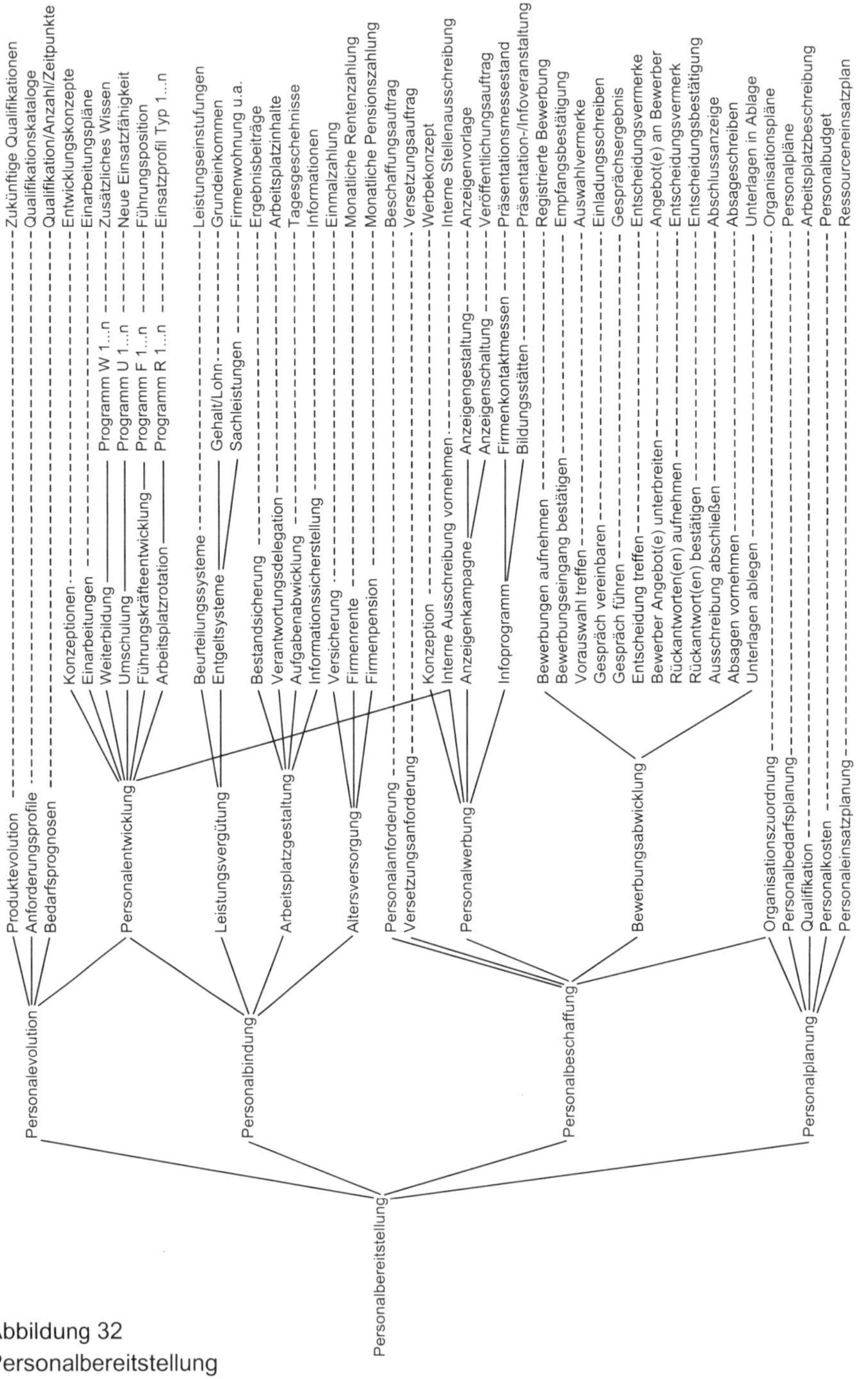

Abbildung 32
Personalbereitstellung

Personalbereitstellung

- **Personalevolution**
  - Produktevolution
  - Anforderungsprofile
  - Bedarfsprognosen
  - **Personalentwicklung**
    - Konzeptionen
      - Zukünftige Qualifikationen
      - Qualifikationskataloge
      - Qualifikation/Anzahl/Zeitpunkte
      - Entwicklungskonzepte
    - Einarbeitungen
      - Einarbeitungspläne
    - Weiterbildung
      - Programm W 1...n
    - Umschulung
      - Programm U 1...n
      - Zusätzliches Wissen
      - Neue Einsatzfähigkeit
    - Führungskräfteentwicklung
      - Programm F 1...n
      - Führungsposition
    - Arbeitsplatzrotation
      - Programm R 1...n
      - Einsatzprofil Typ 1...n

- **Personalbindung**
  - **Leistungsvergütung**
    - Beurteilungssysteme
      - Leistungseinstufungen
    - Entgeltsysteme
      - Gehalt/Lohn
      - Grundeinkommen
    - Sachleistungen
      - Firmenwohnung u.a.
  - **Arbeitsplatzgestaltung**
    - Bestandsicherung
      - Ergebnisbeiträge
      - Arbeitsplatzinhalte
    - Verantwortungsdelegation
      - Tagesgeschehnisse
    - Aufgabenabwicklung
      - Informationen
    - Informationssicherstellung
      - Einmalzahlung
  - **Altersversorgung**
    - Versicherung
      - Monatliche Rentenzahlung
    - Firmenrente
      - Monatliche Pensionszahlung
    - Firmenpension
      - Beschaffungsauftrag
      - Versetzungsauftrag

- **Personalanforderung**
- **Versetzungsanforderung**

- **Personalwerbung**
  - Konzeption
    - Werbekonzept
  - Interne Ausschreibung vornehmen
    - Interne Stellenausschreibung
  - Anzeigenkampagne
    - Anzeigenvorlage
    - Anzeigengestaltung
    - Veröffentlichungsauftrag
  - Infoprogramm
    - Firmenkontaktmessen
    - Präsentationsmessestand
    - Bildungsstätten
    - Präsentation-/Infoveranstaltung

- **Bewerbungsabwicklung**
  - Bewerbungen aufnehmen
    - Registrierte Bewerbung
  - Bewerbungseingang bestätigen
    - Empfangsbestätigung
  - Vorauswahl treffen
    - Auswahlvermerke
  - Gespräch vereinbaren
    - Einladungsschreiben
  - Gespräch führen
    - Gesprächsergebnis
  - Entscheidung treffen
    - Entscheidungsvermerke
  - Bewerber Angebot(e) unterbreiten
    - Angebot(e) an Bewerber
  - Rückantwort(en) aufnehmen
    - Entscheidungsvermerk
  - Rückantwort(en) bestätigen
    - Entscheidungsbestätigung
  - Ausschreibung abschließen
    - Abschlussanzeige
  - Absagen vornehmen
    - Absageschreiben
  - Unterlagen ablegen
    - Unterlagen in Ablage

- **Personalplanung**
  - Organisationszuordnung
    - Organisationspläne
  - Personalbedarfsplanung
    - Personalpläne
  - Qualifikation
    - Arbeitsplatzbeschreibung
  - Personalkosten
    - Personalbudget
  - Personaleinsatzplanung
    - Ressourceneinsatzplan

ausmacht. Die Verknüpfung der Ergebnisse lässt die Ablaufdarstellung der Produktionslinie dieses Subprozesses entstehen, wie noch in einem gesondertem Beispiel dargelegt wird. Bei der Ergebnisverknüpfung ist der Ausführende ein weiteres Mal mit seinem Wissen gefordert. Die Struktursicht kann hierzu nichts mehr beitragen. Zum Leitfaden wird hier jetzt auch der Ergebnisfluss mit seiner Ergebnis- und Wertschöpfungsfolge.

Bei der Funktion der Vertragsauflösung in der Abbildung 33 haben die Funktionen der nachfolgenden Ebene den Charakter von Funktionsvarianten, wie sie an und für sich bei vielen Funktionen anzutreffen sind. Eine Vertragsauflösung kann unter den Aspekten Altersteilzeitvertrag, Aufhebungsvertrag, Kündigung oder Ruhestand geschehen. Geht es um die Prozessgestaltung, werfen die Varianten die Frage auf, ob für sie eigenständige Subprozesse erforderlich sind oder ob sie sich über einen gemeinsamen Subprozess abhandeln lassen, bei dem die Varianten als Parameter in die Vorgabe eingehen, welche einzelne Vorgänge aktivieren bzw. deaktivieren. Dafür gibt es keine allgemeingültige Regel, sonder dies ist von Fall zu Fall abzuklären, da es oft auch noch andere Varianten als Parameter zu berücksichtigen gilt. So ist in aller Regel auch zu differenzieren in angestellte oder gewerbliche Beschäftigte, in Vollzeit- und Teilzeitbeschäftigte, in Aushilfen, Schwerbehinderte, Auszubildende oder Praktikanten.

Steht eine solche Frage an, gilt es für jede Funktionsvariante erst einmal die Vorgänge zu ermitteln, wie es bei der Vertragsauflösung für den Altersteilzeitvertrag gegeben ist. Mit einem Vergleich der Vorgänge ist anschließend der Grad der Gemeinsamkeiten zu ermitteln. Ein hoher Grad an gemeinsam zu nutzender Vorgänge macht einen gemeinsamen Subprozess sinnvoll, da sich die Parametersteuerung auf wenige Vorgänge beschränkt. Verlangt dagegen die Mehrheit der Vorgänge eine Parametersteuerung, kann das den Subprozess erheblich ausweiten, wenn viel Vorgänge zu aktivieren und zu deaktivieren sind. Bestätigt sich dies bei einer ersten Gestaltung des Subprozesses, sind eigenständige Subprozesse zu nutzen. In den Ausführungen zur Verhaltenssicht wird weiter auf die Variantenhandhabung eingegangen.

So wie ein Mangel an Details eine Aufgabe undurchsichtig macht, können auch viele Details eine Aufgabe undurchsichtig werden lassen. Auch in einem solchen Fall kann die Struktursicht Abhilfe schaffen. Als Werkzeug genutzt, dient sie hier dem systematischen Ordnen der Details. Sie hilft ebenso, wenn es darum geht, alleinstehende Funktionen oder Vorgänge einzuordnen, die z.B. durch die EDV vorgegeben oder in der Praxis eingebürgert sind. Hier lassen sich über die Struktursicht im Bottom-Up-Verfahren die Zweige ermitteln, zu welchen die Vorgänge und Funktionen Beiträge liefern.

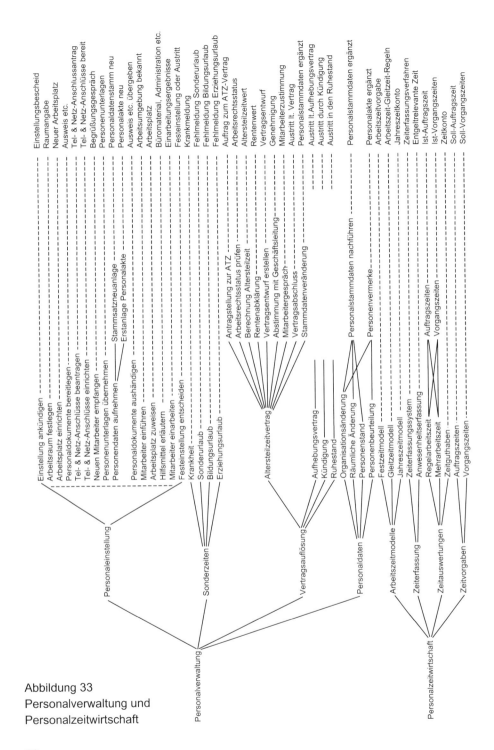

Abbildung 33
Personalverwaltung und
Personalzeitwirtschaft

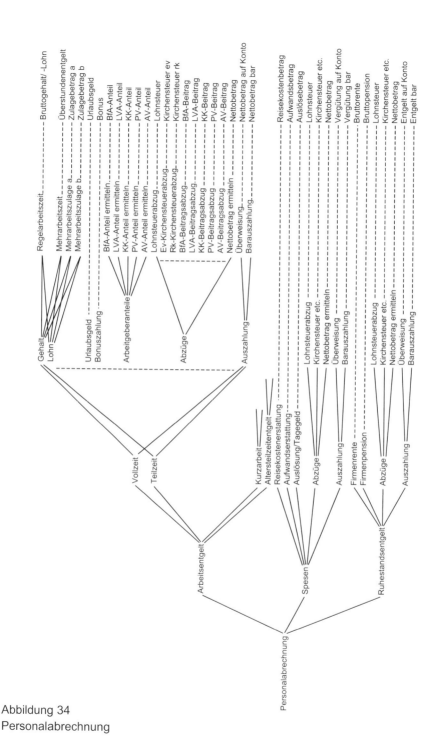

Abbildung 34
Personalabrechnung

Wie die Abbildung 32 bis 34 augenscheinlich machen, schafft eine detaillierte Darstellung schnell eine große Zahl an Ergebnisse, die es geordnet anzuzeigen gilt. Obwohl in den drei Abbildungen aus Platzgründen darauf verzichtet wurde, alle funktionellen Zweige bis auf ihre Vorgänge und Ergebnisse herunter aufzugliedern, geben die drei Abbildungen zusammen dennoch schon mehr als 100 Ergebnisse wieder. Werden die Zweige auf alle Vorgänge aufgegliedert, bringt das ein Mehrfaches an Ergebnissen, was eine zusammenhängende Darstellung der Struktursicht, wie sie in den Abbildungen gegeben ist, dann nicht mehr zulässt.

So ist im Fall umfangreicher Ergebnisbestände die Darstellung der Struktursicht ganz zwangsläufig auf mehrere Blätter zu verteilen. Hierfür liefert die Struktursicht ebenfalls Unterstützung. Sie erlaubt gestaffelte Darstellungen anzulegen, welche einmal die Funktionen der oberen Ebenen wiedergeben, an deren Zweige sich dann Hinweise auf die weiterführenden Blätter anschließen, wie die Abbildung 31 mit Blatt a bis d ein Beispiel gibt. Im Fall einer einfachen Aufgliederung können die Vorgänge und Ergebnisse auf den weiterführenden Blättern zudem in Listen geführt werden. Auf den Blättern der so verteilten Darstellung wird umgekehrt auf die Zweige und Funktion der oberen Ebene Bezug genommen, an welche die Liste anschließt und darüber die verteilte Darstellung zusammengehalten. Die Liste in Abbildung 35 setzt hier z.B. die Gliederung des Zweiges der Personalverwaltung im Anschluss an die Vertragsauflösung mit dem Altersteilzeitvertrag fort. Für die anderen Anlässe der Vertragsauflösung sind vergleichbare Listen anzulegen.

Vertragsauflösung (siehe Abbildung 31)

Blatt a	(Vorgänge)	(Ergebnisse)
Altersteilzeit	Antragstellung zur ATZ	Auftrag zu ATZ-Vertrag
	Arbeitsrechtsstatus prüfen	Arbeitsrechtsstatus
	Berechnung der Altersteilzeit	Altersteilzeit
	Rentenabklärung	Rentenwert
	Vertragsentwurf erstellen	Vertragsentwurf
	Abstimmung mit Geschäftsleitung	Genehmigung
	Mitarbeitergespräch	Mitarbeiterzustimmung
	Vertragsabschluss	Austritt lt. Vertrag
	Stammdatenveränderung	Personalstammdaten ergänzt

Abbildung 35
Struktursicht über Listen wiedergegeben

Über die sukzessive Untergliederung der Funktionen schafft die Struktursicht praktisch eine Beschreibung. Da sie alle Funktionen mit ihren Zuordnungen wiedergibt, zeigt sie auf, wie sich die Funktionen zusammensetzen und was die vorgeordneten Funktionen in Summe leisten. Nur für die Vorgänge selbst wird noch eine mehr oder weniger umfangreiche verbale Beschreibung notwendig, die aber weitgehend über die Beschreibung der Wertschöpfungsbeiträge gegeben ist, welche aus der Differenz der Inhalte der festgelegten Vorgaben und dem geforderten Ergebnisinhalt herzuleiten ist.

Den Struktursichten können weitere Ordnungs- bzw. Selektionskriterien überlagert werden. Für Service Center sind damit z.b. Dienstleistungspakete anzulegen, die sich unter dem Aspekt Grund- oder Kernleistungen, Standardleistungen und Sonderleistungen schnüren lassen.

2.5.6.3 Die Produktionslinie für administrative Aufgaben

Generell entsprechen die Leistungen administrativer Aufgaben auch Wertschöpfungen und geben unter dem Aspekt eine Produktion ab, was für sie folglich auch eine Produktionslinien anstehen lässt. Demgemäß ist auch für administrative Aufgaben das Prozessmodell mit seiner Produktionslinie und Steuerlinie gegeben, was Beispiele zu den Produktionslinien der Funktionen Personalwerbung, Bewerbungsabwicklung und Personaleinstellung demonstrieren sollen. An Hand der Beispiele wird gezeigt, was mit den Vorgängen aus der Struktursicht in der Produktionslinie der Verhaltenssicht zum Ablaufgeschehen und Ergebnisfluss augenscheinlich zu machen ist.

Beispiel 1: Personalwerbung

In Anwendung auf das Thema wird hier auf Verfahrenseinzelheiten zum Gestaltungsverlauf und zur Parameternutzung eingegangen. So wird gezeigt, dass bei der Gestaltung von Prozessen im Grunde Iterationen nicht zu vermeiden, sondern hier sogar förderlich sind. Beim Herleiten der Struktursicht geht es erst einmal darum, die Kategorien für die Zweige zu ermitteln und in die Funktionen zu gliedern, die sich offensichtlich anbietenden. So ist in der Struktursicht zur Personalbereitstellung der Abbildung 32 die Verzweigungsfolge Personalbereitstellung, Personalbeschaffung, Personalwerbung mit den dann noch nachgeordneten Funktionen, Vorgängen und Ergebnissen entstanden.

Steht eine erste Struktursicht zur Verfügung, sind in einem nachfolgenden Schritt die unteren Ebenen der Struktursicht dann noch zu verfeinern. Dafür gilt es, das Terrain nach weniger offensichtlichen Funktionen, Vorgängen und Ergebnissen abzusuchen, was zusammen mit einigen Wissensträgern über ein Brainstorming vor sich gehen kann. Von Nutzen ist hier auch ein erster Entwurf zur Produktionslinie. Ein solcher Entwurf ermöglicht über den Ergebnisfluss fehlende Ergebnisse und damit weitere Vorgänge aufzudecken. An Hand eines solchen iterativen Vorgehens ist auch die verfeinerte Struktursicht zur Personalwerbung der Abbildung 36 entstanden.

So haben sich bei einer genaueren Abwägung der Funktionen, die für die Personalwerbung in Frage kommen, neben der Anzeigenkampagne, der Infoprogramme und der internen Ausschreibung als weitere Funktionen noch die Agenturen und das Arbeitsamt ergeben. Im Fall der Infoprogramme in Abbildung 32 wurde zudem die Gliederung zurückgenommen, um eine Zergliederung zu vermeiden. Wenn es bei einer Funktion im Verlauf der Auslegung offensichtlich wird, dass sie nur zwei oder drei nachfolgende Funktionen hat, besteht in der Regel kein Bedarf für eine vorgeordnete Funktion als übergeordneter Titel. Oft kommt dies erst in der Verhaltenssicht beim Entwurf der Produktionslinie zutage, wie es noch zu sehen ist. Für die Funktionen Kontaktmesse und Bildungsstätte weist die Produktionslinie letztlich nur eine Vorgangsfolge aus, was die übergeordnete Funktion Infoprogramme erübrigt, wie die bereinigte Struktursicht in Abbildung 36 wiedergibt.

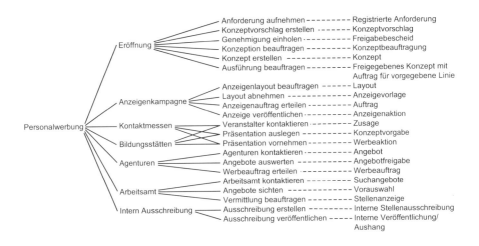

Abbildung 36
Parameter der Personalwerbung

Für den Übergang von der Struktursicht zur Verhaltenssicht als nächsten Schritt ist zu den Ergebnistiteln der Struktursicht eine Sammlung von Ergebnismustern anzulegen, aus welchen die Ergebnisinhalte zu ersehen sind. Die Angaben hierzu erfahren in der Regel beim Übergang zur Verhaltenssicht noch Ergänzungen. Eine solche Sammlung ermöglicht beim Entwurf der zugehörigen Produktionslinie festzustellen, was ein Vorgang an Wertschöpfungen erbringen muss, um von den vorgegebenen Ergebnissen zu seinem Ergebnis zu kommen. Dies erlaubt zu prüfen, ob die Wertschöpfung mit der Vorgangsbezeichnung in Übereinklang steht und einen angemessenen Umfang besitzt. Weist die Wertschöpfung einen geringen Umfang aus, deutet das auf eine Zergliederung hin. Hat die Wertschöpfung eines Vorganges

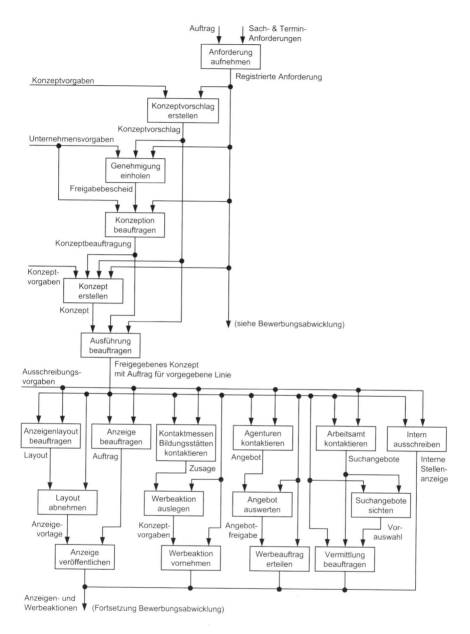

Abbildung 37
Personalwerbung

einen zu großen Umfang, kann dies heißen, dass es dem Vorgang an Vorgaben mangelt, die er dann selbst erarbeiten muss, weil an anderer Stelle Vorgänge und somit Ergebnisse fehlen. Bei zu umfangreichen Wertschöpfung besteht zudem immer das Problem, den Vorgang zeitlich unter Kontrolle zu halten. Ein weiterer Aspekt, für einen angemessenen Umfang der Wertschöpfungen Sorge zu tragen.

Die Struktursicht der Personalwerbung zeigt mit der Anzeigenkampagne bis hin zur internen Ausschreibung eine Anzahl unterschiedlicher Werbemaßnahmen. Hier handelt es sich im Grunde um Funktionsvarianten, wie sie bei der Struktursicht hinsichtlich der Funktion der Vertragsauflösung schon angesprochen werden. Wie ausgeführt wird, ist in einem solchen Fall zu ermitteln, ob die Funktionsvarianten über eine gemeinsame Produktionslinie abzuhandeln sind oder eigenständige Produktionslinien verlangen. Im Fall der Personalwerbung kommt eine Mischlösung zur Anwendung. Die Produktionslinie der Personalwerbung umfasst bei dieser Lösung zwar alle in der Struktursicht angeführten Funktionen der Personalwerbung, sie weist aber nur für die Vorgänge, welche die Eröffnung der Personalwerbung abhandeln, eine gemeinsame Produktionslinie aus. Für die Funktionsvarianten, welche die Werbemaßnahmen selbst ausmachen, verzweigt sich Produktionslinie dann in eigenständige Vorgangsfolgen.

Wie die Produktionslinie in Abbildung 37 ausweist, findet die Eröffnung der Personalwerbung über einen Auftrag verbunden mit entsprechenden Sach- & Terminanforderungen statt. Diese Anforderungen aufzunehmen und zu registrieren, der anschließende Konzeptvorschlag für die Genehmigung und letztlich die Konzeptfertigstellung machen zusammen die Eröffnung aus. Über die beiden Vorgänge, welche zum einen die Genehmigung einholen und zum anderen die Konzeption beauftragen, kann dabei unter Aspekten von Unternehmensbelangen steuernd eingegriffen werden. Für das Werbekonzept, was letztlich aus den Vorgängen zur Eröffnung der Personalwerbung hervorgeht, kommen zwei Parameterkategorien zum Tragen. Das sind die Werbemaßnahmen selbst und die gegebenen Personalkreise wie kaufmännisch oder technisch bzw. angestellte oder gewerbliche Beschäftigte, Vollzeit- und Teilzeitbeschäftigte, Aushilfen, Schwerbehinderte, Auszubildende oder Praktikanten, welche die Werbemaßnahmen mitbestimmen. Alle Einzelheiten zu beiden Parameterkategorien sowie die dazu anstehenden Unternehmensvorgaben gehen über die Konzeptvorgaben letztlich in den weiteren Verlauf ein. Über die Vorgaben wird festgeschrieben, welche Werbemaßnahmen hinsichtlich der Personalkreise zu wählen sind.

Die Eröffnung der Personalwerbung schließt damit ab, die Ausführung der Personalwerbung zu beauftragen. Das freigegebene Konzept gibt die Funktionen der Personalwerbung und damit die Werbemaßnahmen vor, die es zu beauftragen gilt. Dafür sind Aufträge auszustellen und zusammen mit dem freigegebenen Konzept den betreffenden Funktionen zuzustellen, wie es der Ergebnisfluss ausweist. Die

Produktionslinie wird auf diese Weise in ihrem weiteren Fortgang aus den Anforderungen des Konzeptes heraus gesteuert. Es bestehen keine vordefinierten Entscheidungsraster. Das Prozessgeschehen ist den Anforderungen gemäß immer wieder frei zu gestalten. Die Funktionen lassen sich in der Produktionslinie beliebig zusammenstellen. So können sowohl eine Anzeigenkampagne als auch Werbeaktionen auf Kontaktmessen oder an Hochschulen parallel zu einander vor sich gehen, es kann aber auch eine Agentur beauftragt werden.

Beispiel 2: Bewerbungsabwicklung

Der Personalwerbung schließt sich die Bewerbungsabwicklung an, auf welche hier das Beispiel 2 eingeht. Die in Abbildung 38 dargestellten Produktionslinie zur Bewerbungsabwicklung basiert auf den Vorgängen und Ergebnisse, welche in der Struktursicht der Abbildung 32 den Zweig Personalbereitstellung, Personalbeschaffung, Bewerbungsabwicklung abschließen. In Verbindung damit wird auf die EDV-Beiträge der Maßnahme der IT-Unterstützung und die Bedeutung des Ergebnisflusses eingegangen.

Mit den Bewerbungsunterlagen fließen hier Ergebnisse als Vorgaben in die Produktionslinie ein, welche von Inhalt und Inhaltspräsentation als auch von der Struktur und von der Weiterführung her erst einmal den Unternehmensbelangen anzupassen sind. Dies geschieht im Vorgang Bewerbungen aufnehmen. Dieser Vorgang hat zum einen die eingehenden Bewerbungsunterlagen zu registrieren, d.h. ansprechbar zu machen, zum anderen sie für die Bewerbungsabwicklung bereitzustellen, was über zwei grundsätzliche Vorgehensweisen geschehen kann. Entweder werden die Bewerbungsoriginale in eine Umlaufakte gegeben oder die Inhalte der Bewerbungsoriginale finden Aufnahme in die EDV. Für eine Erfassung und Präsentationen relevanter Personaldaten über die EDV stehen am Markt entsprechende SW-Systeme zur Verfügung, so z.B. das System R/3 HR von SAP.

Insofern eine Umlaufakte gegeben ist, durchläuft die Umlaufakte die Produktionslinie und wird hier mit weiteren Ergebnisbeiträgen angereichert, so z.B. beim Vorgang zur Vorauswahl mit der Aufzeichnung der hier zu Grunde gelegten Auswahlkennungen, beim Vorgang zur Entscheidung mit den Entscheidungsvermerken.

Im Fall einer Erfassung über EDV erhalten die Ausführenden der Vorgänge zur Bewerbungsabwicklung dann über die EDV Einblick in die erfassten Bewerbungsdaten und bringen im Gegenzug ihre Ergebnisbeiträge in die EDV ein. Dabei erübrigen aber die Systeme, welche hier für die Eingabe und Präsentation der Bewerberdaten eingesetzt werden, in keinem Fall eine Aufzeichnung der Produktionslinie, was in der Praxis häufig angenommen wird.

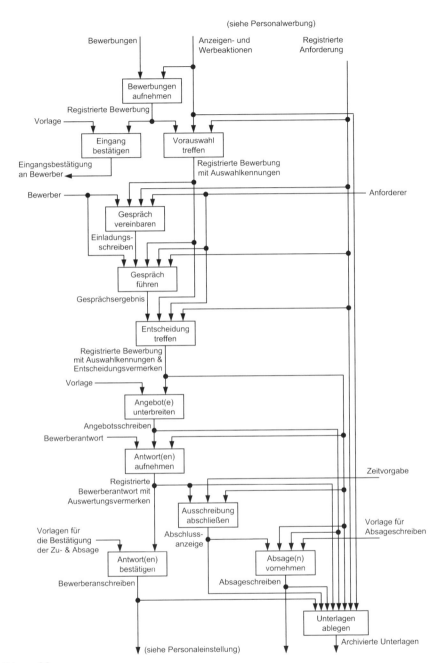

Abbildung 38
Bewerbungsabwicklung

Da diese Systeme in der Regel für die Plausibilität und Konsistenz der Daten Sorge tragen, haben die Systeme für die Eingabe als auch für die Präsentation bestimmte Anforderungen und entsprechend auch festgeschriebene Folgen, die aber in keiner Weise einer Produktionslinie gleichkommen. Denn die Folgen sagen nichts dazu aus, welche Vorgänge die Daten letztlich einzugeben und zu nutzen haben. Sie machen auch keinerlei Angaben dazu, wie die Wertschöpfungsschritte als auch der Ergebnisfluss beschaffen sein müssen und welche Stellen letztlich Schreib- und Leseberechtigung zu erhalten haben. So kommt es durchaus vor, dass Vorgänge auf mehrere Ein- und Ausgabemasken zugreifen müssen. Unterstützt das System gleichzeitig ein Workflow Management, enthält es Masken zur Statuseingabe und zum Statusreporting hinsichtlich des Fortschrittes, auf die schließlich alle Vorgänge zuzugreifen haben.

Die Erfassung und Präsentation der Daten über die EDV ist ein Teilprozess, welcher sich der Produktionslinie überlagert und sie in der Darstellung der Verhaltenssicht in der Regel verdichtet wiedergibt, wie es die Abbildung 17 für einige anderen Teilprozesse stilisiert wiedergibt. Er erübrigt also nicht, die Produktionslinie aufzuzeichnen. Ein Ergebnisfluss ist nun einmal nur über die Produktionslinie darzulegen. Ebenso kann die Zuordnung der Ausführenden also die Verbindung mit der Organisation auch nur an Hand einer definierten Produktionslinie vorgenommen werden, wie das Beispiel aus Abbildung 28 wiedergibt.

Im weiteren Verlauf der Produktionslinie gilt es nach der Vorentscheidung zu den eingegangenen Bewerbungen ein Vorstellungsgespräch zu vereinbaren, dann das Gespräch zu führen und aufgrund des gewonnenen Eindruckes eine Entscheidung zu treffen. Dem Vorgang, welcher das Gespräch zu vereinbaren hat, müssen die Bewerbungsunterlagen zur Verfügung stehen. Sie signalisieren dem Ausführenden den Bedarf eines solchen Gespräches und geben ihm vor, mit welchem Bewerber das Gespräch zu vereinbaren ist. Er muss ferner auch die registrierte Anforderung haben, um zu wissen, wer anfordert. Letztlich muss er die freien Termin vom Anforderer und vom Bewerber wissen, um zu einen Gesprächstermin zu kommen. Alle Ergebnisse, welche diese Vorgaben liefern, laufen auf den Vorgang zu, wie der Ergebnisfluss in der Produktionslinie ausweist. Der Ergebnisfluss der Produktionslinie macht für die Hersteller der Ergebnisse augenscheinlich, welche Vorgänge Bedarf an ihren Ergebnissen haben, umgekehrt erfahren die Vorgänge, von welchen Vorgängen sie die Ergebnisse zu erwarten haben. So verhält es sich dann auch bei allen anderen Vorgängen der gezeigten Produktionslinie. Hier wird offensichtlich, welche Bedeutung ein definierter Ergebnisflusses hat. Nur an Hand eines definierten Ergebnisflusses kann sich ein Prozess eigenständig und effizient abwickeln.

Beispiel 3: Personaleinstellung

Für eine Personaleinstellung lässt sich vieles im Voraus erledigen, so dass dann der Arbeitsplatz mit allen Ausstattungen, Informationsschriften und Personaldokumenten komplett ausgestattet ist, wenn der neue Mitarbeiter eintrifft. Das gibt die Produktionslinie zur Personaleinstellung in Abbildung 39 vor. Sie macht augenscheinlich, was sich für eine Personaleinstellung im Vorfeld alles tun lässt, um den Einstellvorgang selbst effektiv und effizient abzuwickeln, was letztlich auch dem neuen Mitarbeiter vermittelt, dass ihm angemessene Aufmerksamkeit gewidmet wird und dass bei seinem neuen Arbeitgeber effektiv und effizient gearbeitet wird.

Für die Vorgehensweise wesentliche ist, dass der Einstelltermin kurzfristig nach Zusage des Bewerbers angekündigt wird, um die zur Verfügung stehende Zeit angemessen nutzen zu können. Unter den Umständen lässt sich rechtzeitig die Platzfrage klären, der Arbeitsplatz mit Telefon und den in Frage kommenden Netzwerkanschlüssen sowie anderen relevanten Hilfsmittel ausstatten als auch alle Dokumente zur Einführung und Einarbeitung bereitlegen. Entsprechend sind auch die Personaldokumente hinsichtlich Arbeitsordnung, Zeiterfassungssystem, Sozialeinrichtungen etc. bereitzulegen.

Trifft der neue Mitarbeiter ein und hat sein Empfang mit Begrüßung sowie die Information über den weiteren Verlauf seiner Einstellung stattgefunden, können alle noch ausstehenden Vorgänge der Einstellung zügig durchlaufen und mit der Einarbeitung des neue Mitarbeiters begonnen werden.

In der Praxis vollzieht sich die Einstellung vielerorts allerdings etwas anders, wie an einzelnen Geschehnissen einmal augenscheinlich gemacht werden soll. Ob die Einzelheiten so im Zusammenhang auftreten, sei einmal dahingestellt. So wird in der Praxis in der Regel mit allen Einstellaktivitäten gewartet, bis der neue Mitarbeiter eintrifft. Dies ist das eigentliche auslösende Ereignis für die Einstellaktivitäten. Sie werden dann ad hoc in das Tagesgeschehen eingefügt. So hapert es dann schon oft mit dem Empfang und der Begrüßung. Der zuständige Personalreferent sei terminlich leider verhindert, lässt die Sekretärin wissen, und kündigt einen Stellvertreter an, welcher dann nach einer gewissen Zeit kommt. Mit der Feststellung, dass er unvorbereitet sei, reicht der Stellvertreter den neuen Mitarbeiter erst einmal an die Organisationseinheit weiter, welche den neue Mitarbeiter angefordert hat, mit dem Vermerk, dass man später auf ihn zukommen werde. Bei der Organisationseinheit kann sich vergleichbares wiederholen. So ist dann die Platzfrage in aller Regel nicht gelöst. Der neue Mitarbeiter wird gebeten, erst einmal mit dem Platz eines Kollegen vorlieb zu nehmen, der gerade abwesend ist, und bekommt erst einmal irgendwelche Firmen- und Produktschriften zu lesen. Unter den Umständen fühlt sich ein neuer Mitarbeiter abgestellt. So wie es die Tagesgeschehnisse dann ermöglichen, wird der

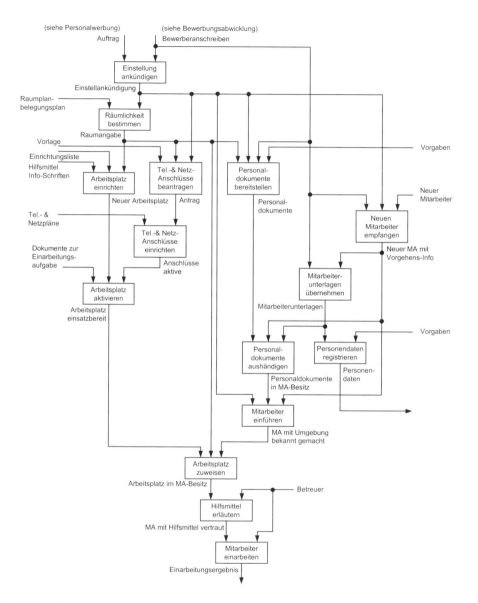

Abbildung 39
Personaleinstellung

neue Mitarbeiter angesprochen, erhält schließlich auch seine Personaldokumente, wird oft erst nach Tagen an seine Einarbeitungsaufgabe herangeführt und hat häufig erst nach einigen Wochen einen angemessen ausgestatteten Arbeitsplatz zur Verfügung. Hier kommt dann bei so manchen neuen Mitarbeiter schon bei der Einstellung der Gedanke auf, bei diesem Unternehmen bleibe ich nicht lange.

2.5.6.4 Die Teilprozesse der Steuerlinien administrativer Prozesse

Für die Steuerlinie der administrativen Prozesse kommen grundsätzlich die gleichen Teilprozesse zum Einsatz wie bei den Unternehmensaufgaben selbst. Es kann hier aber sein, dass für den einen oder anderen Teilprozess kein Bedarf besteht. Darum gilt es die Steuerlinie von Fall zu Fall auf die Bedürfnisse der administrativen Prozesse auszurichten.

Eine ganz besondere Bedeutung bei der Personalwirtschaft hat die Vorgabe von Ergebnismustern, da die Personalwirtschaft eine Vielzahl an Ergebnissen aufweist. Hier haben die Vorgaben zusätzlich auch noch Muster für Standardbriefe und andere Standardtexte mit einzubeziehen. Ergebnismuster zu erstellen, nachzuführen und zuzuordnen ist darum für Personalwirtschaft ein ganz wesentlicher Teilprozess.

Was die Ergebnisinspektion betrifft, weist die Personalwirtschaft viele Ergebnisse aus, die sehr stark strukturiert sind und geringen Umfang haben. Hier lässt sich die Plausibilität und Konsistenz der Inhalte über einen direkten Vergleich von Ergebnismuster und Quellendokumente vom Ausführenden direkt inspizieren. Für andere Ergebnisse wie z.B. Anstellungsverträge, Auflösungsverträge, Zeugnisse, Anzeigentexte, Arbeitsplatzgestaltungen, Einarbeitungs- und Schulungsprogramme etc. sind eigenständige Ergebnisinspektionen angebracht.

Auch die Fortschrittsverfolgung und die dafür vorhergehende Planung kommen zum Einsatz. Einer Personalwerbung und der Bewerbungsabwicklung hat eine Planung zu Grunde zu liegen. Beide sind dann auch einer Fortschrittsverfolgung zu unterziehen. Bei der Planung handelt es sich hier um eine rein zeitliche Planung also eine Projektplanung. Bei der Personaleinstellung gilt es so z.B. den Ablauf der Probezeit unter Kontrolle zu halten und rechtzeitig anzukündigen. Für andere Tätigkeiten wie z.B. Datenerfassungen, Statistiken und Abrechnungen jeglicher Art sind neben der Zeitplanung auch Mengenplanungen angebracht.

Ebenso geht auch die Organisation als Steuermittel für die Verbindung von Prozess und ausführende Linienfunktionen mit in die Steuerlinie ein. Ferner tragen hier auch Anleitungen sowie Schulungen und die IT-Unterstützung zur Steuerlinie bei. Das Beispiel 2 zur Bewerbungsabwicklung zeigt mit seinen Ausführungen zum EDV-Einsatz, wie die IT-Unterstützung als Teilprozess zu handhaben ist.

Im Grunde kommen also auch bei den Unterstützungsaufgaben, wie sich hier am Beispiel der Personalwirtschaft zeigt, all jene Teilprozesse zum Einsatz, welche im Verbund die Steuerlinie der Prozesse für die Unternehmensaufgaben ausmachen und über welche die Prozesse dann letztlich auch gehandhabt werden.

3 Prozesse handhaben

3.1 Prozesseinsatz

Prozesse verlangen im Unternehmen eine durchgehende und überzeugte Prozessorientierung. Für ein solche Unternehmenskultur zu sorgen, ist eine ganz wesentliche Führungsaufgabe des Management. Über seine Handlungen und verbalen Äußerungen hat das Management immer wieder herauszustellen, dass es auf geordnete Geschehnisse also auf definierte Prozesse besonderen Wert legt. Dementsprechend hat es dann auch auf geordnete und tatsächlich praktizierte Prozesse zu achten. Geschieht das nicht und wird darüber hinaus vom Management gar geduldet oder häufig selbst veranlasst, den Prozessvorgaben unter dem Aspekt kurzfristiger und partieller Vorteile wegen nicht nachzukommen, ist den Prozessen auf Dauer kein Erfolg beschieden. Unter solchen Gegebenheiten verlieren sie mit der Zeit jegliche Wirkung, was dann die Geschehnisse in den Unternehmen schnell auf den Grad 1 abgleiten also wieder formlos und ad hoc abhandeln lässt, wie es die Tabelle der Tauglichkeitsgrade aus Abbildung 1 ausweist.

Auch der richtige Prozesseinsatz ist hier von Bedeutung. So ist bei der Ausrichtung an Prozessen zu berücksichtigen, dass der Pflege und dem Erhalt bestehender Märkte andere Anforderungen zu Grunde liegen als sie bei der Erschließung neuer Märkte anstehen, so wie z.b. bei der Pflege und dem Erhalt von Kulturland auch andere Vorgehensweisen zu Grunde liegen als bei der Erschließung von Neuland. Prozesse, die unter dem Aspekt der Pflege und des Erhaltes bestehender Märkte konzipiert sind, werden darum sicher nicht so ohne weiteres der Erschließung neuer Märkte gerecht. Das soll aber nicht heißen, dass die Erschließung neuer Märkte eine Ausrichtung an Prozessen grundsätzlich ausschließt. Für die Erschließung eines neuen Marktes eine Strategie zu entwickeln, heißt im Grunde genommen einen Prozess zu gestalten. Die Strategie als Prozess augenscheinlich dokumentiert, schafft den roten Faden, welcher Abweichungen erkennen lässt und ermöglicht, neu gewonnene Erkenntnisse zur Strategie allgemein ersichtlich festzuhalten. Der Prozessaspekt sorgt auch hier für ein systematisches und somit für ein effizientes Vorgehen.

3.2 Prozesspflege

Auf Dauer sind bei Prozessen Veränderungen nicht auszuschließen. Die eine oder andere Korrektur oder Verbesserung kann anstehen, aber auch Zuordnungen zur

Aufbauorganisationen können sich ändern. Das macht Nachträge erforderlich, die es vorzunehmen gilt, damit die Prozesse mit der Zeit nicht «abwirtschaften». Darum ist es ganz wichtig, für die Prozesse Zuständige zu benennen, welche als Ansprechpartner anstehende Veränderungen aufnehmen und deren Umsetzung in die Wege leiten. Sie sind im Grunde einem Projektmanager gleichzusetzen, der eben statt für Projekte für Prozesse zuständig ist. Er läuft allgemein unter der Bezeichnung «Process Owner» und hat zur Aufgabe, die richtige Anwendung also die Wirksamkeit seines Prozesses im Auge zu behalten, bei Bedarf für die Einführung innovativer Technologien zu sorgen als auch präventive Maßnahmen zur Absicherung seines Prozesses zu veranlassen sowie das Änderungsmanagement sicherzustellen.

3.3 Prozessmanagement

Gleich anderen Systemen zeichnen sich auch Prozesse durch ihren Wirkungsgrad als Maß ihres Leistungsvermögens aus. Indem die Produktionslinien der Prozesse die Unternehmensaufgaben abhandeln, liefern sie eine Leistung, verlangen dafür als Gegenleistung aber auch Beiträge für ihre Handhabung also für ihre Steuerung. Um so geringer die Leistung für diese Beiträge ist, welche der Steuerung der Produktionslinie der Prozesse dienen, um so besser ist der Wirkungsgrad und damit der Nutzen der Prozesse.

Dass der Aufwand für die Beiträge zur Steuerung der Produktionslinie gering bleibt, dafür hat ein angemessenes Prozessmanagement Sorge zu tragen, was aber nicht heißen soll, dass die Prozesse eine intensive Überwachung und Steuerung durch den «Process Owner» voraussetzen. Er hat in erster Linie auf einen angemessenen Prozesseinsatz zu achten und so dann eben auch den Einsatz der Teilprozesse sicherzustellen. Denn in Summe nehmen die Teilprozesse über ihre Vorgangszuständigen im Wesentlichen das Prozessmanagement wahr und lassen so die Prozesse eigenständig wirken. Dafür haben die Teilprozesse dann entsprechende Steuergrößen vorzugeben, wie sie die Abbildung 4 wiedergibt, die es von Fall zu Fall auch immer wieder zu aktualisiere gilt, wofür die Vorgaben teilweise an Hand von Metriken aus den Geschehnissen herzuleiten sind. Auch das ist Aufgabe der Ausführenden, welche für die Vorgänge der Teilprozesse sowie ihren Vorgaben und Ergebnissen zuständig sind. Die Wirksamkeit der Prozesse und so auch das aus den Prozessen heraus wirkende Prozessmanagement gilt es natürlich im Auge zu behalten, was über Qualitätsaudits als auch über die an Hand von Metriken ermittelten Trendwerte sowie über die Teilprozesse selbst vor sich geht. Zusammen handelt es sich hier um die Inhalte, welche zum Grad 4 der Tabelle der Tauglichkeitsgrade aus Abbildung 1 angeführt werden. Auf sie wird anschließend noch eingegangen. Die Wirksamkeit der Teilprozesse auf Dauer zu erhalten, setzt angemessene Erhaltungspflege als auch Neuerungen voraus, so wie es der Grad 5 anzeigt, was beides der Prozesseigner im Rahmen der Prozesspflege veranlassen muss.

3.4 Teilprozesse als flankierende Maßnahmen

3.4.1 Ergebnisvorlage

3.4.1.1 Zweck und Beschaffenheit

Über die Ergebnistitel allein lassen sich die Ergebnisse der Vorgänge nicht abgrenzen, denn für eine effiziente Weiterverwendung im Prozess heißt es, für sie eine Mehrzahl an Einzelheiten sicherzustellen, wie sie die Abbildung 40 zu erkennen gibt.

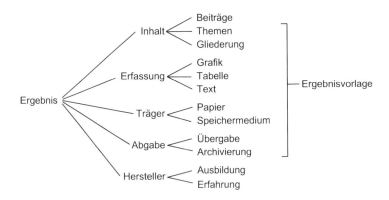

Abbildung 40
Ergebniseinzelheiten

Bei der Dokumentierung von Ergebnissen ist grundsätzlich zwischen den eigentlichen Inhaltsbeiträgen und den Rahmenvorgaben zu Inhalt, Erfassung, Träger und Abgabe der Inhaltsbeiträge zu unterscheiden. Die Rahmenvorgaben haben zur Aufgabe, die Ergebnisdokumentation in ihren Besonderheiten abzugrenzen. Da entgegen der Inhaltsbeiträge, die immer wieder neu zu erbringen sind, die Rahmenvorgaben für jede Ergebniskategorie in der Regel unverändert bleiben, sind sie im Grunde nur einmal in einer allgemeingültigen Ergebnisvorlage festzuhalten und nicht bei jeder Dokumentation eines neuen Ergebnisses immer wieder neu abzuklären, worin sich schon einmal ein erster Nutzen der Ergebnisvorlagen zeigt.

Für Ergebnisse mit geringem Umfang ist es recht einfach, Ergebnisvorlagen zu erstellen, da es für sie oft schon genügt, nur Formulare oder Eingabemasken also Muster oder Schablonen anzulegen. Im englischen Sprachraum laufen solche Ergebnisvorlagen darum auch unter der Bezeichnung «Template». Ganz klassische Beispiele hierfür sind z.B. Auftragserteilungen, Bestellscheine, Freigabemeldungen, Stücklisten, Lieferscheine, Rechnungen, Aufwandserfassungen, Terminpläne. Oft existieren in den Unternehmen schon solche Vorlagen, welche praktisch nur noch um die eine oder andere Ergebniseinzelheit ergänzt und dann an entsprechender Stelle als Ergebnisvorlage angeführt werden müssen.

Von besonderer Bedeutung sind Ergebnisvorlagen für sehr umfangreiche Ergebnisse. Dazu gehören Dokumente wie z.b. Angebote, Anlagenprojektierungen, Spezifikationen, Verträge, Produktbeschreibungen u.ä. Hier können selbst Vorlagen zum Schriftbild und zum allgemeinen Aussehen von Nutzen sein. Solche Vorgaben mögen simpel erscheinen, aber wer es noch nicht erlebt hat, kann sich nicht vorstellen, zu welchen Variationen es bei vergleichbaren Ergebnissen kommen kann. Eine klare und einheitliche Linie im Erscheinungsbild der Ergebnisse wirkt für ein Unternehmen wie ein Markenzeichen und kann für ein Unternehmen hinsichtlich Angebots-, Vertrags- und Produktdokumentation zum Gütezeichen werden, was sich über die Vorgaben der Ergebnisvorlagen erreichen lässt.

Hinsichtlich der Inhaltsbeiträge haben die Ergebnisvorlagen die verlangten Themen anzuführen und die gewünschte Gliederung vorzugeben, was über Muster geschehen kann, welche praktisch das Inhaltsverzeichnis vorgeben. Zusätzlich muss dann noch an Hand von Stichwörtern zu jedem Thementitel ein Rahmen für die Beiträge abgesteckt werden.

Für die Erfassung der Inhaltsbeiträge selbst gibt es drei grundsätzliche Regeln, die generell für alle Ergebnisvorlagen gelten. Sie lauten:

- Grafisch darzustellen sind alle Struktursichten, d.h. System-, Funktions- und Leistungsmerkmalgliederungen, sowie alle Verhaltenssichten, d.h. Funktions- und Ablauffolgen. Mit Hilfe von Beispielen lassen sich in den Ergebnisvorlagen konkrete Vorgaben zu den Diagrammen machen.

- Tabellarisch wiederzugeben sind Leistungsparameter, Bedingungen, Zustandsangaben und Zuordnungen. Bei einfachen hierarchisch gestaffelten Struktursichten lässt sich auch noch mit einer gestaffelten tabellarischen Darstellung arbeiten. Für alle Tabellen sind unter dem Aspekt, sie fortschreiben zu können, Muster vorzugeben. Beispiele hierzu zeigen die Tabellen in Abbildung 1 und 28.

- Text ist nur dafür zu nutzen, grafische Darstellungen und Tabellen zu erläutern sowie allgemeine Einführungen und Übersichten zu geben, denn textliche Beiträge sind zu interpretieren und werden auch interpretiert, geben demzufolge keine zweifelsfreien Vorgaben ab.

In Bezug auf den Träger haben die Ergebnisvorlagen zu bestimmen, ob ein Ergebnis als Papierkopie, auf einen Datenträger oder auf beiden Trägermedien zu liefern ist. Dazu sind dann auch noch Angaben zum Träger selbst zu geben, z.B. welche Art von Papier, welche Größe, welcher Datenträgertyp etc. Zur Ablage gilt es wiederum

Vorgaben zu machen, auf welche Weise das Ergebnis an andere Vorgänge zu übergeben und wie es zu archivieren ist.

In der Praxis zeigt sich, dass von Fall zu Fall eine Erläuterung zur Umsetzung der Vorgaben von Nutzen sein kann, so z.b. wie über Diagramme und Tabellen an Stelle von Text die Inhaltsbeiträge zu erfassen sind. Für solche zusätzliche Erläuterungen haben sich Anwendungsbeispiele in Form detaillierter Ergebnismustern bewährt, welche recht augenscheinlich die Realisierung der Vorgaben präsentieren können. Dafür bieten sich folgende Alternativen an:

♦ Eine gut Umsetzung wird als Muster herangezogen, welche alle Anforderungen augenscheinlich wiedergibt.

♦ Ein entsprechendes Ergebnismuster wird erstellt, welches über Beispiele die Erfassung über Diagramme, Tabellen und Text demonstriert.

♦ Eine Nachschlagewerk mit detaillierten Ergebnismustern und Erläuterungen wird angelegt.

Ergebnisvorlagen kommen praktisch Warenmustern gleich, welche von den Nutzern in Augenschein genommen werden können, um dabei zu prüfen, ob die angebotenen Ergebnisse ihren Ansprüchen entsprechen, so wie es bei jedem Einkauf üblich ist. Unter einem solchen Aspekt geben die Ergebnisvorlagen eine Plattform ab, über welche sich die Nutzer und die Hersteller der Ergebnisse gegenseitig abstimmen können, was die Ergebnisvorlagen dann auch zum Maßstab für die Ergebnisabnahme macht. Trifft die Ergebnisvorlage nicht alle Vorstellungen der Nutzer, liegt es ausschließlich in der Verantwortung der Nutzer, die Ergebnisvorlage entsprechend erweitern oder einschränken zu lassen, was ein Thema der Prozesspflege ist. Über Ergebnisvorlagen ist es also gegeben, jede Veränderung systematisch und bleibend festzuhalten, was eine wesentliche Voraussetzung für die kontinuierliche Verbesserung der Prozesse ausmacht, für welche die Grade 4 und 5 in der Tabelle der Tauglichkeitsgrade aus Abbildung 1 stehen.

3.4.1.2 Nutzen

Eine angemessene Ergebnisgestaltung birgt nennenswerte Optimierungspotentiale in sich und die Ergebnisvorlagen schaffen die Voraussetzung, die Optimierungen vornehmen zu können. In Betracht kommen dafür die

♦ Aufgabenstellung und Ergebnisanforderungen,

♦ Terminplanung und Terminverfolgung,

♦ Ergebnisinspektion und Abnahme

♦ Prozesskostenrechnung und Zielkostenrechnung.

Ergebnisvorlagen, welche die Vorgaben zu den Aufgaben und Ergebnissen allgemeingültig festhalten, erübrigen den sonst immer wieder anfallenden Aufwand für eine erneute Formulierung. Durch die wiederholte Nutzung unterliegen die Vorgaben der Ergebnisvorlagen zudem noch einer stetigen Kontrolle und Ergänzung, insofern Unklarheiten oder Neuerungen anstehen, was insgesamt für einwandfreie, vollständige und aktuelle Vorgaben sorgt. Zudem stellen die Ergebnisvorlagen als Checkliste lückenlose Vorgaben sicher. All das verspricht geordnete Ergebnisse, die weitgehend frei von Mängel sind. Unter den Umständen reduziert sich so auch der Aufwand für die Ergebnisinspektionen sowie der Umfang an Nacharbeiten für die Ergebnisse, was die Prozesskosten verringert sowie dem Prozessgeschehen und damit den Terminen der Planung Stabilität verleiht, zur Gesamtqualität beiträgt.

Auf den Ergebnisvorlagen lassen sich differenzierte Zeit- und Kostenmodelle aufsetzen, welche bei der Planung und für die Kostenrechnungen wie Schablonen zu nutzen sind. Sie ermöglichen eine strukturierte Aufwanderfassung, woraus dann für die Ergebnisse entsprechend ihres Umfanges differenzierte Angaben zu Arbeitsaufwand und Kosten hergeleitet werden können, was für alle eingebundenen Vorgänge Effizienz und Sicherheit schafft. Die so bestimmten Aufwände und Kosten sind in Katalogen festzuhalten, worüber ein allgemeiner Zugriff gegeben ist.

Die Ergebnisse finden in den Vorgängen, in welche sie eingehen, mehr oder weniger eine Weiterverwendung. Entweder wird auf ihnen direkt aufgesetzt und sie fortgeschrieben oder es werden Teile von ihnen übernommen und als Beitrag in das nachfolgende Ergebnis eingebaut. Die Vorgaben aus den Ergebnisvorlagen schaffen dafür die Voraussetzung, dass die Ergebnisse für eine effiziente Weiterverwendung ausgelegt werden, was ebenfalls Effizienz in die Prozesse bringt. Ein Beispiel dafür geben später noch die Ausführungen zu Abbildung 47.

In Summe können alle diese Maßnahmen den Arbeitsaufwand bemerkenswert verringern und damit Zeiteinsparungen als auch Kosteneinsparungen nach sich ziehen, denn was die Ergebnisse angeht, verbergen sich in den Unternehmen bemerkenswerte Aufwandsverschwendungen. Die sich anschließende einfache Prognoserechnung macht einmal die Größenordnungen der Mittel augenscheinlich, welche von Fall zu Fall einzusparen wären.

Für den Fall, dass aufgrund angemessener Vorgaben zum Inhalt und zur Gestaltung der Ergebnisse in dieser Hinsicht an einem Arbeitstage im Mittel jeweils eine halbe Stunde Klärungs- und Suchzeit je Mitarbeiter einzusparen wäre, vermeidet das bei 200 Arbeitstagen im Jahr 100 Stunden oder je nach Stundensatz Kosten in Höhe von 10.000,- bis 25.000,- DM pro Mitarbeiter an Aufwendungen. Das bedeutet bei einer Belegschaft von 100 Personen ein verdecktes Optimierungspotential von 1 bis 2,5 Millionen DM pro Jahr. In der Praxis wird vielerorts allerdings weit mehr Zeit als nur eine halbe Stunde je Arbeitstag dafür verschwendet, relevante Ergebnisbeiträge immer wieder suchen, sichten, filtern, bewerten, abgleichen und neu fassen zu müssen, die über Protokolle und andere wenig übersichtliche Textdokumente verstreut sind oder sich praktisch bei den Experten verbergen. Bei einem Unternehmen mit 100 Mitarbeitern können sich diese Verschwendungen durchaus einem zweistelligen Millionenbetrag nähern, der bei angemessener Ergebnisgestaltung und Ergebnishandhabung zu vermeiden wäre. Bei größeren Belegschaftszahlen kann es zu hohen zweistelligen Millionenbeträgen kommen. Abgesehen davon verlängern solche Verschwendungen natürlich auch die Durchlauf- und Reaktionszeiten, was sich sowohl im Time-to-Market als auch in der Auftragsabwicklung und damit bei den Lieferzeiten sowie bei den Kundendiensten nennenswert niederschlägt. Was bei dieser Prognoserechnung gänzlich unberücksichtigt geblieben ist, sind die Aufwände für Nacharbeiten aufgrund ungenügend vorgegebener Inhalte, welche die Einzelheiten über interpretierbare Texte beschreiben anstatt sie über Grafiken oder Tabellen wiederzugeben. Hier stellen sich dann Fehlleistungen ein, die teilweise umfangreiche Nacharbeiten erforderlich machen, was zusätzlich erhebliche Aufwendungen nach sich ziehen kann.

3.4.2 Ergebnisinspektion

3.4.2.1 Die ersten Fehler können teuer werden

Je später bei einer Produktentstehung oder Anlagenlieferung ein Fehler entdeckt wird, um so größer sind die Aufwendungen für die Fehlerbehebung. Unter dem Aspekt stehen auch hier nennenswerte Verbesserungspotentiale für das Time-to-Market als auch für die Lieferzeiten und die Kosten an. Die Abbildung 41 gibt schematisch einmal wieder, was es später in den nachfolgenden Subprozessen für Kosten nach sich ziehen kann, wenn bei der Einführung eines neuen Produktes ein Fehler bei der Erfassung der Anforderungen gemacht wird. Vergleichbares gilt natürlich auch bei der Projektierung oder bei der Lieferung von Anlagen, wenn die Ausschreibung, das Angebot oder der Auftrag unerkannte Fehler enthält.

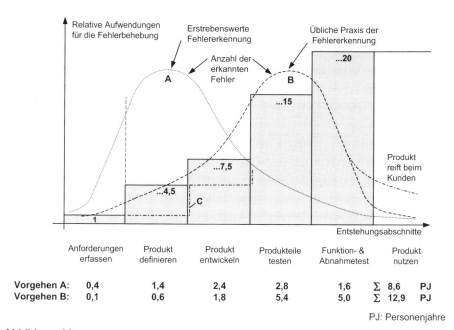

Abbildung 41
Frühe Fehlererkennung bedeutet weniger Aufwand für die Fehlerbehebung

Die Anforderungen zu einem neuen Produkt zu ermitteln und zu erfassen, stellen den ersten Subprozess zu einer Produktentstehung dar, der im Prozess der Produktvermarktung angesiedelt ist. In diesem ersten Subprozess kann es schon zu Fehlern kommen. Sie noch in diesem Subprozess aufzuspüren und zu beheben, ist mit dem geringsten Aufwand verbunden. In Abbildung 41 ist dafür der relative Aufwand von 1 angesetzt. Die nachfolgenden Aufwandssäulen zeigen mit ihren Höhen den relativen Aufwand an, der anfallen kann, wenn ein Fehler aus dem ersten Subprozess erst später in einem der nachfolgenden Subprozesse wahrgenommen, analysiert und behoben wird. Der Aufwand der Fehlerbehebung wächst von Subprozess zu Subprozess, wie entsprechende Statistiken zeigen. Einen Fehler aus dem ersten Subprozess «Anforderungen erfassen» im Verlauf des nachfolgenden Subprozesses «Produkt definieren» zu beheben, verlangt hier einen Aufwand, der schon bis auf das 4,5-fache ansteigen kann. Für Fehler, zu welchen es in den nachfolgenden Subprozessen kommt, gelten natürlich vergleichbare Aufwandssäulen, wie die strichpunktierte Abgrenzungslinie C in Abbildung 41 andeutet.

Bei einer Produkteinführung oder einer Auftragsabwicklung kommt es in aller Regel in den Anfangsphasen zu den meisten Fehlern, da hier erst einmal nur Ergebnisse mit grafischen, tabellarischen und textlichen Inhalten entstehen, welche bestehende Fehler nicht von sich aus augenscheinlich machen wie z.B. der Testbetrieb einer Anlage oder einer Dienstleistung. Die Kurve A in der Abbildung 41 gibt schematisch die Verteilung der anfallenden Fehler über die verschiedenen Phasen wieder. Dabei geht es darum, dass einmal Einzelheiten fehlen und zum anderen Funktionen und Parameter falsch vorgegeben sind.

Um die Fehler letztlich ausmachen zu können, werden den ersten Phasen dann Testphasen nachgeschaltet. Obschon die Mehrzahl der Fehler ihren Ursprung in einem der Subprozesse der frühen Phasen haben, wird bei diesem Vorgehen erst in den letzten Subprozessen ernsthaft nach Fehlern Ausschau gehalten und so die meisten Fehler auch hier erst gefunden, wie die Kurve B zeigt. So führt dann die hohe erkannte Fehlermenge, mit den hohen Einzelaufwendungen der beiden letzten Subprozesse beaufschlagt, auch zu entsprechend hohen Gesamtaufwendungen. Der höhere Aufwand für eine Fehlerbehebung in den nachfolgenden Subprozessen hat mehrere Gründe, wie im Folgenden angeführt wird:

♦ Die Fehleranalyse wird mit zunehmenden Details langwieriger und damit aufwendiger.

♦ Der Änderungsaufwand nimmt mit fortgeschrittener Produktentstehung in der Regel zu. Eine Änderung kann sich über mehrere Produktkomponenten erstrecken. Ferner müssen auch Ergebnisse vorangegangener Vorgänge auf den geänderten Stand gebracht werden.

♦ Aufgrund einer Änderung kann es zu neuen Definitionen kommen, was in anderen Produktkomponenten Folgeänderungen nach sich ziehen kann.

♦ Neben den Tests, welche die Änderung selbst auf ihre Richtigkeit hin prüfen, müssen alle schon einmal ausgeführte Tests wiederholt werden, um sicherzustellen, dass die Änderung nicht auch auf andere Bereiche unerkannt einwirkt. Die Wiederholung der Tests schlägt sich vor allen Dingen in den letzten Subprozessen nieder, wo das Produkt geprüft, integriert und zum ersten Mal als komplettes Produkt genutzt wird.

Unter den Gegebenheiten ist grundsätzlich anzustreben, die Ergebnisse am Ort ihrer Entstehung schon weitgehend fehlerfrei zu machen, wofür die Kurve A steht. Das setzt voraus, dass die Ergebnisse spätestens bei der Abnahme geprüft also ernsthaft inspiziert und die dabei entdeckten Fehler hier schon behoben werden. Das verlangt zwar für die frühen Subprozess einen etwas höheren Aufwand, der aber immer noch unter dem Wert bleibt, welcher bei einer Behebung der Fehler in einem der nachfolgenden Subprozessen anfallen würde. In Summe führt es aber immer zu einem niedrigeren Gesamtaufwand, der neben den Kostenersparnissen auch einen Zeitgewinn für das Time-to-Market bringt.

Die unter Vorgehen A und B in Abbildung 41 angeführten Zahlenbeispiele geben einmal zu beiden Vorgehensweisen, für welche die Kurve A und B stehen, konkrete Aufwendungen wieder, die sich aus den Vorgaben beider Kurven und den Aufwandssäulen ergeben. Ein Vergleich zeigt, dass es bei A für die frühen Subprozesse zu höheren Aufwendungen kommt als bei B und es sich bei den Subprozessen der Testabschnitte dann umgekehrt verhält. Der anfängliche Mehraufwand bei A wird durch die späteren geringeren Aufwendungen gegenüber B insgesamt wettgemacht. Der Vergleich von A und B zeigt, dass im Zahlenbeispiel beim Vorgehen A in Summe ein drittel weniger Aufwand als beim Vorgehen B anfallen.

Die Aufwandsreduzierung spricht für das Vorgehen A, das sich allerdings nicht von allein ergibt. Auch eine Absichtserklärung des Management, das Vorgehen A anzustreben, stellt es noch nicht sicher, denn das Vorgehen A verlangt eine Anzahl konkreter Maßnahmen. Dazu gehören die ergebnisorientierten Ablaufbeschreibungen, die Ergebnisvorlagen und schließlich auch eine Ergebnisinspektionen. Wie die Auflistung zeigt, ist das Vorgehen A also nur mit einem Verbund an Maßnahmen möglich. Häufig belässt es die Praxis aber nur bei Ergebnisinspektionen, die auf einzelne Ergebnisse angesetzt werden. Zweifellos bringt das auch einen gewissen Nutzen, da es aber in keiner Weise dem Vorgehen A entspricht, bleibt das mögliche Maß an Optimierung aus.

Von der Summe an Maßnahmen bleibt in der Praxis oft auch nur die Forderung übrig, für die frühen Phasen mehr Ressourcen zur Verfügung haben zu müssen. Das ist aber eine schlimme Verstümmelung des eigentlichen Ansatzes, welcher damit auch ganz zwangsläufig zum Scheitern verurteilt ist, was dann immer dem Ansatz angelastet wird und nicht dem Management, welches im Grunde den eigentlichen Ansatz verstümmelt.

3.4.2.2 Ergebnisse abnehmen

Ergebnisse in Form von Dokumenten, gleich welchen Inhalt sie haben, geben nicht immer so ohne weiteres zu erkennen, ob sie die Erwartungen erfüllen, die in sie gesetzt werden. Eine Ergebnisabnahme in Form einer Ergebnisinspektion sichert ab, dass die gelieferten Ergebnisse den Anforderungen der nachfolgenden Vorgänge auch entsprechen. Den Maßstab für die Inspektion liefern die Ergebnisvorlagen. Sie geben die Einzelheiten vor, welche bei einer Inspektion dann auch in Augenschein zu nehmen sind, ob sie auch zweifelsfrei vorliegen. Je nach Umfang und Bedeutung der Ergebnisse sind solche Ergebnisinspektionen auf verschiedene Weise auszuführen.

Bei Ergebnissen, die einem großen Kreis von Nutzern zur Verfügung zu stehen haben oder die für die Produktentstehung bzw. Auftragsabwicklung von besonderer Bedeutung sind, müssen für die Inspektion gesonderte Vorgänge mit entsprechenden Experten angesetzt werden. Das betrifft Ergebnisse wie z.B. Spezifikationen, Beschreibungen, Ausschreibungen, Angebote, Verträge, Aufträge, Ausführungs- und Abnahmevorgaben, welche in Einzelheiten die Anforderungen zu Produkten, zur Auftragsrealisierung, zum Kundendienst oder zu Unterstützungen wiedergeben.

Ergebnisse, welche nur zu einem Vorgang weitergereicht werden oder welche sich inhaltlich über einfache Formulare u.ä. vorgeben lassen, sind vom Nutzer bei der Ergebnisübernahme einer Inspektion zu unterziehen.

Sofern bei den Vorgängen sichergestellt ist, dass die Ergebnisse schon während ihrer Entstehung kontinuierlich auf die Anforderungen der Ergebnisvorlagen abgestimmt werden, kann sich die Inspektion im Grunde auf die Ergebnisvorlage beschränken. Die Nutzer haben dann nur zu Beginn einmal die Ergebnisvorlagen unter dem Aspekt zu inspizieren, ob die vorgegebenen Inhalte und die Form der Ergebnisse ihre Belange erfüllen. Unter den Umständen kommt die Qualität über die Vorgänge selbst und nicht durch Prüfungen zustande, wie es eigentlich auch sein sollte.

Mit der Inspektion und der damit einhergehenden Ergebnisabnahme wird der Vorgang entlastet, welcher das Ergebnis liefert. Ein üblicher Geschäftsvorgang zwischen Hersteller und Kunde, der an und für sich auch für interne Geschäftsvorgänge zu gelten hat. Die Handlung scheint trivial, da sie selbstverständlich sein sollte, was aber oft nicht gegeben ist, denn Ergebnisabnahmen unterbleiben sehr oft, wofür es mehrere Gründe gibt.

- ♦ Das Ergebnis existiert nicht oder liegt nur als Ergebnishülse vor, welche nicht zu gebrauchen ist. Die Nutzer, welcher das Ergebnis abzunehmen haben, müssten jetzt eigentlich reklamieren, tun es aber nicht. Das ist ein Zeichen, dass sich die Nutzer also die internen Kunden aufgrund der Gegebenheiten schon autark gemacht haben. Sie sind dazu übergegangen, sich die Vorgaben, welche eigentlich das Ergebnis zu liefern hätte, aus den unterschiedlichsten Informationsquellen als auch aus eigenen Annahmen heraus selbst zusammenzustellen. Hier tritt dann der bekannte Effekt auf, ein Würfel ist bestellt, eine Kugel wird geliefert.

- Das Ergebnis existiert zwar, eine Ergebnisabnahme findet aber dennoch nicht statt. Es gibt hier eine Palette von Ursachen, warum es nicht geschieht. Sie spannt sich von der Gegebenheit, nicht zu wissen, was eigentlich benötigt wird, bis hin zur Einstellung, das Ergebnis sowieso noch einmal überarbeiten zu müssen. Solche überarbeiteten Vorgaben können aber von den eigentlichen Anforderungen abweichen und so mangelhafte ja sogar falsche Ergebnisse entstehen lassen. Gegebenheiten dieser Art machen jeden Prozess zur Farce und zeigen an, dass keine wirkliche Prozessorientierung vorliegt.

Darum müssen, um Inspektionen effektive und effizient umsetzen zu können, über die angeführten Maßnahmen hinaus einige weitere grundsätzliche Voraussetzungen gegeben sein. Dazu gehören,

- die uneingeschränkte Managementunterstützung,
- angemessene Ressourcen für die Inspektionen,
- Ergebnisse, die sich inspizieren lassen,
- Ergebniskorrektur gemäß der Inspektionsresultate,
- die Ausführung selbst, was bedeutet, dass die Inspektionen
  - tatsächlich vorgenommen werden und
  - nicht nur als reine Pflichtübungen formell ablaufen.

Inspektionen machen selbst augenscheinlich, wie ernsthaft sie umgesetzt werden. Eine wirkliche Inspektion ist unter folgenden Gegebenheiten z.B. nicht gegeben:

- Es wird kein Maßstab angewendet, d.h. es wird weder auf Anforderungen, noch Ergebnisvorlagen, Standards o.ä. zurückgegriffen.
- Die Ergebnisse sind einer Inspektion praktisch nicht zugänglich. Das ist z.B. der Fall, wenn Ergebnisbeiträge über Text wiedergegeben werden, wo nur Grafiken und Tabellen zu einer zweifelsfreien Aussage führen. Texte lassen sich interpretieren, haben nicht die Eindeutigkeit grafischer, tabellarischer als auch numerischer Darstellungen.
- Auf der Abschlussbesprechung zur Inspektion werden statt der Inspektionsergebnisse die zu inspizierenden Ergebnisse erläutert, was nicht sein darf. Die Ergebnisinhalte müssen vorher inspiziert und erkannte Fehler soweit wie möglich korrigiert werden. Die Abschlussbesprechung darf nur noch die Bestätigung der ausgeführten Korrekturen sowie problematische Korrekturanforderungen und Ausführungsentscheidungen zum Thema haben.

3.4.3 Organisation

3.4.3.1 Eigentlicher Zweck und übliche Gliederung

Für Organisationen gilt die Zielsetzung, Unternehmenskomplexe wie z.b. Bereiche, Aufgaben, Märkte, Beschäftigte, Zuständigkeiten, Finanzen, Anlagegüter, Warenbestände u.a.m. in ihren Einzelheiten ansprechbar zu machen, um sie einer Verwaltung unterziehen zu können. Nach Abbildung 42, die einmal eine solche Organisation schematisch zeigt, lassen die Organisationseinheiten, die hierarchisch über unterschiedliche Ebenen angeordnet sind, Strukturen entstehen, welche den Struktursichten der Unternehmensaufgaben äußerlich ziemlich gleichkommen, zumal sie auch Funktionsbezeichnung anführen, wie es die Abbildung 43 zeigt, welche den Bezeichnungen der Unternehmensaufgaben in den Struktursichten vergleichbare sind.

Im Gegensatz zu den Strukturen der Unternehmensaufgaben, welche sich zwangsläufig aus der sukzessiven Untergliederung der Funktionen herleiten, handelt es sich bei den Organisationen aber um Verwaltungsstrukturen, die sich zum Zweck der Leitung und Beaufsichtigung nach Gutdünken gestalten lassen. Darum sind die Strukturen von Organisationen in keinem Fall den Struktursichten der Funktionen gleichzusetzen.

So stellt die Abbildung 42 auch nur eine von vielen möglichen Verwaltungsstrukturen dar, denn es gibt auch Organisationen, welche noch zusätzliche Ebenen z.B. mit Unterabteilungen und Untergruppen enthalten, die aber auch Unternehmensbereiche, Fachbereiche und Hauptabteilungen in einer Ebene zusammenfassen oder sie überhaupt nicht enthalten. Wie nachfolgende an einigen Beispielen gezeigt wird, lassen sich die Organisationen darüber hinaus auch noch an vielen anderen Gegebenheiten ausrichten, wobei es eben im freien Ermessen der Ausführenden liegt, für die Verwaltung vorzugeben, nach welchen Gegebenheiten sie zu geschehen hat.

Ein Unternehmen, welches z.B. Personen- als auch Lastkraftwagen herstellt, weist in aller Regel die beiden Unternehmensbereiche Personen- und Lastkraftwagen bzw. Nutzfahrzeuge auf. Sind nur Personenkraftwagen im Programm, entfällt die Ebene der Unternehmensbereiche, welche für die Produktkategorien Personen- und Lastkraftwagen steht.

Die Ebene der Fachbereiche orientiert sich in der Praxis mehr oder weniger genau an den Unternehmensaufgaben. Es gibt hier z.B. die Bereiche Marketing, Vertrieb, Produktmanagement, Entwicklung, Order Management, Kundendienste etc., welche allerdings in der Praxis von Anwendung zu Anwendung eine recht unterschiedliche Abgrenzungen erfahren können.

Größere Unternehmen untergliedern die Fachbereiche nachfolgend noch mit hierarchischen Verwaltungseinheiten wie z.B. Hauptabteilungen, Abteilungen und Gruppen. Ein Entwicklungsbereich kann sich so z.B. weiter in Hauptabteilungen oder Abteilungen

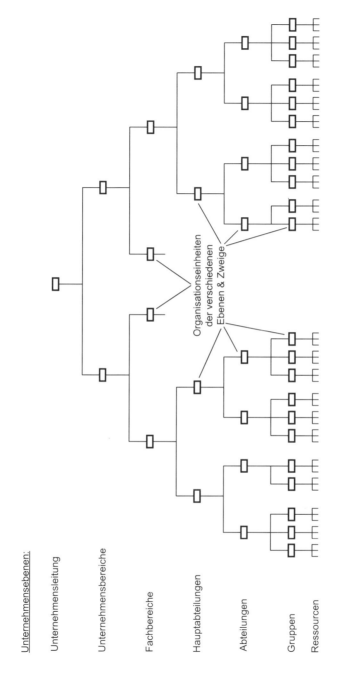

Abbildung 42
Struktursicht der Verwaltungseinheiten einer Organisation

für Hardware-Entwicklung und Software-Entwicklung unterteilen. Bei kleineren Unternehmen kann es anstatt eines Fachbereiches auch nur eine Hauptabteilung oder eine Abteilung dafür geben. Im Grunde bestimmt die Menge der Ressourcen, die es zu verwalten gilt, welche Verwaltungseinheiten in der Hierarchie anstehen, ob Hauptabteilungen vorliegen und was es an Abteilungen und Gruppen gibt. Die Abteilungen und Gruppen nehmen dann unter den Aspekten Produkt, Funktion, Fähigkeit und Menge letztlich die Aufgabe wahr, für die erforderlichen Ressourcen Sorge zu tragen, sie bereitzuhalten also zum Einsatz für bestimmte Funktionen und Produkte zu reservieren.

Die Organisationen erfahren darüber hinaus oft auch noch eine Gliederung nach Großkunden und Märkten. Es kommt dann unter den Aspekten Firma A und Firma B sowie Export- und Inlandsmarkt oder anderen Marktbereichen, wie z.b. Europa, Nord- und Südamerika, Asien etc., zu eigenständigen Verwaltungen, was von Fall zu Fall auf einige Ebenen beschränkt bleibt oder sich über alle Organisationsebenen erstreckt und so eine durchgehend Verwaltungslinie abgibt.

Organisationen lassen sich so mehr oder weniger zentral oder dezentral gestalten. Als zentral gilt eine Organisation, wenn sie zu jeder Aufgabe nur eine Organisationseinheit aufweist, die dann für alle Produkte und Märkte zuständig ist. Eine dezentrale Organisation besitzt im Gegensatz dazu für jedes Produkt eine Organisationseinheit für die entsprechende Aufgabe.

Zu jeder Organisationseinheit, gleich auf welcher Ebene sie sich befindet, gehört letztlich auch eine Managementposition, die unter dem Aspekt Leitung und Beaufsichtigung für die Zuständigkeiten der Organisationseinheit verantwortlich ist, wobei es hier um die Entscheidungs- und Verfügungskompetenzen zu Finanzmitteln, Anlagegütern, Beschäftigten etc. geht.

Den so nach Funktionen und Produkten sowie Markt- und Verwaltungsbelangen ausgerichteten Organisationen überlagert sich dann sehr häufig noch ein Controlling, dass über eine eigenständigen Struktur die Fachorganisation kommerziell unter Kontrolle hält. Für den Zweck ist das Management an das Controlling berichtspflichtig und hat es auch bei kommerziellen Entscheidungen mit einzubeziehen, was dem Controlling ermöglichen soll, die Budgets und das Finanzgebaren der Organisationseinheiten unter Kontrolle zu halten.

3.4.3.2 Geläufige Nutzung

Da in der Praxis die organisatorischen Aspekte überwiegen, herrscht in der Praxis auch die Gepflogenheit vor, bei der Beschreibung von Ablaufgeschehnissen auf die Organisationseinheiten zurückzugreifen, obwohl die Organisationen die Ressourcen

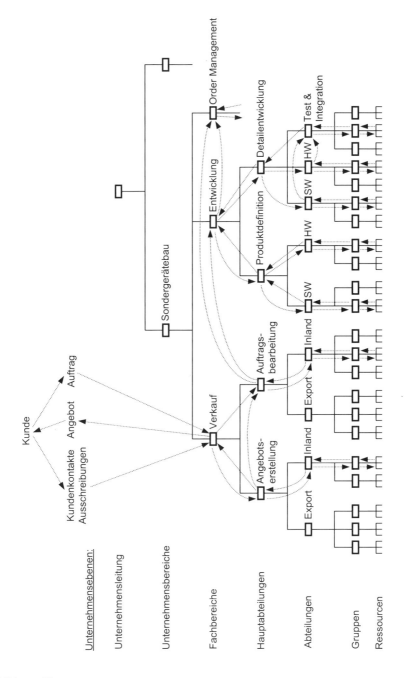

Abbildung 43
Ablaufübersicht aber keine Prozessdarstellung

eigentlich nur ansprechbar machen und verwalten sollen. Dabei werden nicht nur die ausführenden Organisationseinheiten sondern auch die Hierarchieeinheiten mit einbezogen, was für die Ablaufgeschehnisse zusätzliche Komplexität bringt. Die Aufzeichnung in Abbildung 43 demonstriert einmal eine solche über eine Sequenz von Organisationseinheiten wiedergegebene Ablaufbeschreibung. Vielerorts werden solche Sequenzen von Organisationseinheiten mit Prozess betitelt. Hier zeigt sich eine ganz und gar falsche Nutzung der Organisation, wie die nachfolgenden Betrachtungen belegen.

Die Organisationseinheiten tragen üblicherweise die Bezeichnungen, welche die Funktionen, Technologien und Marktbereiche wiedergeben, für die sie zuständig sind. Von Fall zu Fall existieren dazu noch Beschreibungen, in welchen die Details der Tätigkeiten aufgelistet und erläutert werden. Das grenzt die Organisationseinheiten vergleichbar den Funktionen ab, da die Bezeichnungen und Beschreibungen zu den Organisationseinheiten ebenfalls nur vorgeben, «wie» die Tätigkeiten lauten und im Einzelnen beschaffen sind, kaum aber erwähnen, «was» alles an Ergebnissen zu liefern ist. Folglich trifft auch für Organisationseinheiten zu, was schon für die Funktionen festgestellt wurde, dass nämlich ihre Tätigkeiten inhaltlich nicht zweifelsfrei abzugrenzen und darum zu interpretieren sind, was auch geschieht. Dabei bringen die Zuständigen der Organisationseinheiten hauptsächlich ihr Verständnis ein. Sie interpretieren aber nicht nur den Inhalt ihrer Organisationseinheiten, sondern tun es auch für die anderen Organisationseinheiten. Die Folge ist, dass anstehende Aufgaben unerledigt bleiben, weil jede Organisationseinheit dafür eine andere Organisationseinheit als zuständig erklärt. Die Ergebnisse der nicht erledigten Aufgaben fehlen dann im Ablaufgeschehen, was in der Regel aber erst zutage tritt, wenn sie gebraucht werden, was dann Nacharbeiten verlangt, die zusätzlich Ressourcen binden und Verzögerungen bewirken.

Insofern ist das Beispiel in Abbildung 43 vergleichbar mit den beiden Beispielen in Abbildung 8, wo mit Sequenzen von Funktionen Ablaufgeschehnisse wiedergegeben werden, die zu Ebenen gehören, welche den Vorgängen mit ihren konkreten Ergebnissen vorgeordnet sind. Wie zu den Beispielen ausgeführt wird, haben die Sequenzen der Funktionen einen geringen Aussagewert, sind im Grunde nur als Übersichten anzusehen, was für die Sequenzen der Organisationseinheiten ebenso gilt, da ihre Funktionsbezeichnungen aus vergleichbaren Ebenen herrühren. Auf der Ebene von Organisationseinheiten gibt es keine umfassenden Aussagen, was an Ergebnissen anzufallen hat, noch weniger wird hier etwas über den Ergebnisfluss ausgesagt. Die Sequenzen der Organisationseinheiten belassen es in aller Regel bei recht allgemeinen Aussagen, die sehr ungenaue Vorgaben zu den Ablaufgeschehnissen liefern, was ganz und gar ausschließt, über Sequenzen von Organisationseinheiten verbindliche und damit nachvollziehbare Prozesse gestalten zu können.

3.4.3.3 Organisationsprobleme

Ablaufgeschehnisse über Sequenzen von Organisationseinheiten wiederzugeben und die damit einhergehenden ungenauen Vorgaben zu den Einzelheiten führt in der Praxis zwangsläufig immer wieder zu Problemen, was die Zuständigkeiten, die zu liefernden Ergebnisse und die Ergebnisweitergabe also den Ergebnisfluss angeht. Obwohl diese Probleme mangels einer Ausrichtung an Prozessen entstehen, ordnet die Praxis die Ursache dieser Probleme überwiegend immer wieder den Organisationen zu, macht dafür mangelnde Kommunikation und die daraus sich ergebenden sprichwörtlichen Mauern zwischen den Organisationseinheiten verantwortlich. Demgemäß begegnet die Praxis den Problem dann auch immer wieder mit organisatorische Maßnahmen, wie die folgenden Betrachtungen zeigen.

So werden die anstehenden Organisationen einmal in sich verändert oder gar die Organisationsform gewechselt, wird z.B. von zentralen Organisationen auf dezentrale Organisationen oder auf Teams übergegangen. Alle diese Maßnahmen bleiben im Grunde aber unwirksam, da es nur Strukturänderungen sind, die sich der Problematik der ungenauen Vorgaben nicht annehmen. Genaue Vorgaben zu den Ablaufgeschehnissen kann es nun einmal nur über Prozesse geben, die auf Vorgänge als auch Ergebnisse aufsetzen und den daraus resultierenden Ergebnisfluss auch erst augenscheinlich machen.

Und so bleibt es in der Praxis vielerorts bei dem Kreislauf, dass es zwischen den Organisationseinheiten immer wieder die Zuständigkeiten und die Frage zu klären gilt, welche Ergebnisse zu liefern sind, welchen Inhalt und welche Form sie haben müssen und wer die Ergebnisse letztlich zu erhalten hat. Die Klärungen kommen in der Regel über Absprachen zu Stande, die nirgendwo festgehalten werden, sonder über die nur die unmittelbar Beteiligten Bescheid wissen und was dann die Betriebserfahrung ausmacht. Teils werden die Absprachen auch wieder vergessen oder gehen bei einem Wechsel der Zuständigen also bei Umorganisationen verloren, was dann erneut zu Störungen im Ablaufgeschehen führt und erneute Absprachen erforderlich macht. Für neue Projekte und Aufträge wird das vielerorts als Maßnahme sogar zur festen Einrichtung, die dann z.B. unter der Bezeichnung Kick-off-Meeting läuft.

Wegen der oft tief gegliederten hierarchischen Struktur der zentralen Organisationen sowie ihren mehr oder weniger verdeckten Produktlinien kommt die Problematik der mangelnden Prozessausrichtung bei zentralen Organisationen vermehrt zum Tragen, was sie dann undurchsichtig und unbeweglich erscheinen lässt. Darum gelten zentrale Organisationen auch als besonders problemanfällig. Mit dem Zweck, sie sachbezogen unter Kontrolle zu halten, wird den zentralen Organisationen darum häufig ein Projektmanagement überlagert. Hier handelt es sich vergleichbar dem Controlling um eine eigenständige Organisation, die losgelöst von der fachbezogenen Organisation ist, auf die sie übergreifend einzuwirken hat. In einem solchen Fall ist dann auch von einer Matrixorganisation die Rede, weil sich das Projektmanagement übergreifend über die fachbezogene Organisation legt. Diese Maßnahme soll die Hemmschwellen der Organisationseinheiten abbauen, die Kommunikation verbessern und eine Gesamtverantwortung schaffen, eigentlich alles Zielsetzungen der Prozesse. Im Abschnitt zum Projektmanagement wird noch darauf eingegangen.

Den Problemen der zentralen Organisationen wird öfters auch mit dezentralen Organisationen begegnet. Es handelt sich hierbei um keinen grundsätzlich neuen Ansatz. Die Organisationseinheiten der zentralen Organisationen werden praktisch nur in die vorhandenen Produktlinien aufgetrennt. Zentrale Organisationen nach Produktlinien unterteilt, führen zunächst immer erst einmal zu weniger tief gegliederten Organisationen mit kleineren Organisationseinheiten. Diese sind natürlich besser zu überschauen, auf sie ist auch besser Einfluss zu nehmen und über sie lassen sich für ein Produkt auch die Ressourcen besser reservieren, was insgesamt den Eindruck von mehr Beweglichkeit und auch einer besseren Verfügbarkeit der Ressourcen hinterlässt.

Ohne Zweifel entsteht darüber zu Beginn der Anschein einer Verbesserung. Auf Dauer garantieren dezentrale Organisationen aber auch keine absolute Abhilfe, denn ihre Organisationseinheiten unterliegen der gleichen falschen Nutzung wie bei zentralen Organisationen. Auch bei dezentralen Organisationen werden die Ablaufgeschehnisse über Sequenzen von Organisationseinheiten beschrieben. Die Vorgaben sind damit nach wie vor ungenau, übergreifende Ergebnisse bleiben auch hier weitgehend unerwähnt und die Zuständigen der Organisationseinheiten fühlen sich hier ebenfalls nicht für die Gesamtheit verantwortlich. Mit der Zeit und vor allen Dingen mit zunehmender Ressourcenzahl zeigen sich auch bei dezentralen Organisationen die Probleme zentraler Organisationen. In dem Fall werden auch bei den dezentralen Organisationen ein Projektmanagement oder alternativ Teams eingerichtet.

Teams sind eine weitere organisatorische Maßnahme, mit der die Praxis den Problemen der ungenauen Vorgaben in den Organisationen begegnet. Auch sie entsprechen Organisationseinheiten, welche für bestimmte Tätigkeiten die Ressourcen bereithalten. Bei zentralen Organisationen sollen Teams die Gliederung flacher machen, bei dezentralen Organisationen kommen sie zum Einsatz, um wieder größere Einheiten zu schaffen also um wieder zu zentralisieren. Denn so wie eine tief gegliederte zentrale Organisation unübersichtlich werden kann, so kann auch bei einer zu breit gegliederten dezentralen Organisation die Übersicht und die Gesamtverantwortung verloren gehen, wofür in der Praxis die Teambildung dann als Gegenmaßnahme eingesetzt wird.

Eine Teambildung allein ändert aber noch nichts an der eigentlichen Problematik. Die Tätigkeiten verschiedener Organisationseinheiten in Teams zusammengeführt, reduzieren zwar dem Augenschein nach die Anzahl der Organisationseinheiten und Schnittstellen, lassen damit die Produktlinien einfacher erscheinen und schaffen auch wieder übergreifende Zuständigkeiten, aber davon bleiben die ungenauen Vorgaben zu den Ergebnissen und dem Ergebnisfluss nach wie vor unberührt. Dieser Mangel wird erst einmal nur in das Team hinein verlagert und so zum internen Teamproblem gemacht. Der Problematik angemessen zu begegnen, wird hier vom Management bewusst an das Team delegiert. Übernimmt das Team für seine internen und externen Ablaufgeschehnisse die übliche Praxis, sie vergleichbar zu den Organisationseinheiten nur über Sequenzen von allgemein umrissenen Funktionen festzuhalten, sieht sich das Team kurz über lang auch mit den Problemen der Organisationen konfrontiert. Im Abschnitt zur Teamarbeit wird noch darauf eingegangen.

3.4.3.4 Organisation und Prozess

Entgegen der geläufigen Nutzung haben Organisationen im Zusammenhang mit Prozessen einzig und allein ihrer eigentlichen Aufgabe nachzukommen, für die Prozesse die Ressourcen bereitzustellen und zu verwalten: Dafür setzen die Prozesse keine bestimmte Organisationsform voraus, da sie davon unabhängig sind. So ist es für die Prozesse ohne Belang, über welche Organisationsform ihnen die Ressourcen zukommen, ob das über zentrale oder dezentrale Organisationen oder über eine Teamorganisationen geschieht, da den Vorgängen der Prozesse letztlich nur die Organisationseinheiten gegenüber stehen, wie es das Beispiel der Abbildung 28 aufzeigt, welche den Vorgängen die Ressourcen zur Verfügung stellen.

Folgerichtig wirken die Prozesse und Organisationen so auch nur über die Ressourcen aufeinander ein. Die Prozesse nehmen über ihre Anforderungen zur Quantität und Qualität Einfluss auf die Zahl der Ressourcen und Fachbereiche der Organisationen, umgekehrt können die Organisationen über das Maß, wie sie die Anforderungen der Prozesse erfüllen, die Ausführung der Prozesse positiv als auch negativ beeinflussen.

So kommt z.B. eine Organisation ihrer Aufgabe in keiner Weise nach, wenn sie unter dem gängigen Motto, dass keiner unersetzlich ist und jeder alles können muss, den Prozessen über die Planung einfach nur Ressourcen zuordnet, die zufällig zum Bedarfszeitpunkt gerade zur Verfügung stehen. Ressourcen angemessen bereitstellen zu können, setzt voraus, die Fähigkeiten der Ressourcen zu kennen. Das erfordert von der Leitung der Organisationseinheiten, sich mit den Leistungsfähigkeiten ihrer Ressourcen vertraut zu machen, um sie gegebenenfalls auf den Stand der Anforderungen bringen zu können. Nur so kann das Management den Anforderungen und den damit einhergehenden Verantwortungen entsprechen. Das

Management muss hier als Coach agieren, denn die Effizienz von Prozessen steht und fällt mit den Ressourcen, die ihnen zur Verfügung gestellt werden.

Bei der Ausrichtung an Prozessen ist also nicht gleich zu Anfang die bestehende Organisation aufzugeben und dafür sogenannte prozessgerechte oder schlanke Organisationen zu schaffen. Die Prozesse lassen sich Schritt für Schritt gestalten und mit den Ressourcen der gegebenen Organisationen verbinden, bei der nach wie vor noch die Verantwortung für die Geschehnisse in den Unternehmen liegt. So sind Unternehmen ganz ohne Risiko für ihre Geschäftstätigkeiten auf Prozesse auszurichten.

Mit den Prozessen findet dann praktisch ein weiteres Ordnungsprinzip Anwendung auf die Organisationen. Prozesse machen die Organisationseinheiten augenscheinlich, die in der Zusammenstellung ihrer Tätigkeiten nicht ablaufgerecht also nicht prozessgerecht sind, was z.B. gegeben ist, wenn bei einer Produktionslinie von Vorgang zu Vorgang stets die Organisationseinheit wechselt und auch immer wieder Organisationseinheiten angesprochen werden, welche schon in früheren Stadien des Ablaufes aktiv waren. Als ablaufgerecht haben Organisationseinheiten nur dann zu gelten, wenn sie sich einer Vorgangsfolge annehmen und dafür die Ressourcen bereitstellen, was die Anzahl der organisatorisch bedingten Schnittstellen ganz wesentlich verringert. Ob so ausgelegte Organisationseinheiten dann Abteilung, Gruppe oder Team heißen, ist im Grunde zweitrangig.

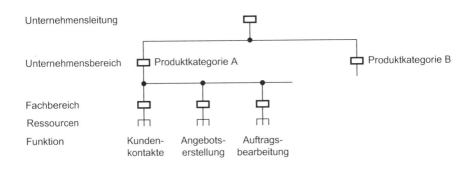

Abbildung 44
Beispiel einer auf Poolfunktionen zurückgeführten Organisation

Mit der Ausrichtung an den Prozessen werden die Organisationen auf ihre eigentlich Aufgabe zurückgenommen, nämlich über ihre Organisationseinheiten als Pool für die Ressourcen der Prozesse Sorge zu tragen, sie zu verwalten und bereitzuhalten. Das kann eine ganz Anzahl von Organisationseinheiten in ihrer Eigenschaft als

Verwaltungseinheiten zusammenzufassen oder auch ganz entfallen lassen und so die Hierarchie abflachen, wofür Abbildung 44 ein Beispiel gibt. An die Stelle der vielen Verwaltungseinheiten von Abbildung 43 sind hier unter Funktionsbezeichnungen wenige Pools getreten, die sich an Vorgangsfolgen oder Subprozessen orientieren. Sie haben die Aufgabe und damit die Verantwortung, für einen angemessenen fachlichen Stand der Ressourcen zu sorgen und Ressourcen im angemessenen Umfang für die anfallenden Arbeiten bereitzuhalten. Diese Struktur findet sich auch in Teams wieder, welche übergreifend ein Produkt oder eine Dienstleistung mit allen Leistungen abzudecken haben, wie noch ausgeführt wird. In der Praxis verlagern sich dann Funktionen des Projektleiters zum Teamleiter.

Bei solchen Neugliederungen stellt sich in der Praxis allerdings immer wieder die Frage, wohin die Befugnisse der herausgenommenen Organisationsebenen tatsächlich wandern. Sofern diese einfach nur in eine übergeordnete Hierarchieebene verlagert werden, verändert das an und für sich nicht viel an den Gegebenheiten. Der Entscheidungsstau der Organisation verlagert sich in einem solchen Fall nur auf eine andere Ebene der Hierarchie. Das erfüllt nicht die eigentliche Zielsetzung, die Organisation für ein Lean Management abzuflachen, um darüber kurze Entscheidungswege zu bekommen, welche die Zeitvergeudung in der Entscheidungsfindung herabsetzen sollen. Das ist nur zur erreichen, wenn die Befugnisse an die Ausführenden delegiert werden. Das setzt allerdings ganz klar abgegrenzte Vorgänge mit eindeutig definierten Ergebnissen voraus, was eben nur Prozesse mit ihren ergebnisorientierten Abläufen und Ergebnisvorlagen ermöglichen.

Eine Organisation nicht an Prozessen auszurichten, sondern einfach nur auszudünnen und dann von einer schlanken Organisation zu sprechen, was vielerorts getan wird, ist schlicht Mogelei. Eine genauere Betrachtung solcher Fälle zeigt, dass hier nach Gutdünken einfach nur Ebenen wie z.B. Gruppen, Abteilungen, Hauptabteilungen zusammengefasst werden und so die Organisation dann nur noch eine Ebene anstatt drei Ebenen aufweist. Oft bleiben in solchen sogenannten flachen Organisationen die Hierarchien erhalten, sie werden nur nicht mehr ausgewiesen. In Folge davon müssen die Außenstehenden sich die Hierarchie erfragen, anderenfalls bleiben Aufgaben liegen, wenn dann mangels Wissen über die Hierarchie ein Bearbeiter der falschen Ebene angesprochen wird, da sich dieser stillschweigend für nicht zuständig erklärt, was häufig erst zutage tritt, wenn ein ausstehendes Ergebnis angemahnt wird. Schlanke Organisationen dieser Art lassen kurz über lang die bekannten Organisationsprobleme wieder aufkommen, und zwar häufig verstärkt, denn die Neuorganisation hat die Verbindungen weitgehend aufgelöst, welche aus Ad-hoc-Maßnahmen zur Beseitigung von Mängeln heraus mit der Zeit entstanden sind, die aber nur den direkt Beteiligten bekannt waren. Damit steht die neue Organisation praktisch wieder ganz am Anfang, denn ohne eine Ausrichtung an Prozessen sind die neuen Zuständigkeiten, Befugnisse und Verantwortungen den Ausführenden aus Mangel an klaren Vorgaben nicht zweifelsfrei zu vermitteln.

3.4.4 Planung

3.4.4.1 Einsatz

In Bezug auf die Produktionslinien, welche hinsichtlich Vorgänge, Ergebnisse und Ergebnisfluss die sachlichen Soll-Vorgaben liefern, werden bei der Planung als Maßnahme die zeitlichen Soll-Vorgaben erarbeitet, und zwar was den Arbeitsaufwand für die Erstellung der Ergebnisse, die daraus resultierende Durchlaufdauer und die Ergebnistermine angehen. Im Rahmen der Planung findet auch die Zuordnung der Ressourcen zu den Vorgängen der Prozesse statt. Die Planung hat also auf recht unterschiedliche Belange einzugehen. So wird bei ihr darum auch in Ressourcendisposition sowie Projekt-, Auftrags- oder Aufgabenplanung unterschieden.

Eine Planung, welche nicht auf den Produktionslinien der Prozesse mit ihren definierten Ergebnissen aufsetzt, ist wenig schlüssig, da ihr dann die sachlichen Soll-Vorgaben fehlen. Ohne die zeitlichen Soll-Vorgaben der Planung bringt wiederum die Ausrichtung an Prozessen kaum einen Nutzen und andererseits lässt jede Planung wieder zu wünschen übrig, wenn sie nicht auf angemessenen Ressourcen aufsetzt. Das zeigt, wie die Maßnahmen hinsichtlich ergebnisorientierter Ablauf, Ergebnisvorlagen, Organisation und Planung ineinander zu greifen haben, wenn aus ihnen Nutzen gezogen werden soll. Eine Planung als Einzelmaßnahme, wie sie oft nur praktiziert wird, um Ablauf und Termine festzulegen, reicht allein nicht aus.

In Unternehmen, die ihre Geschehnisse nur an der Organisation ausrichten, bleibt es den Zuständigen für die Planung überlassen, die Geschehnisse weiter in Details zu untergliedern, da die Aneinanderreihungen von Organisationseinheiten oder Funktionen kaum Details zeigen, wie es bei den Beispielen der Abbildung 8 zu sehen ist. Unter solchen Gegebenheiten werden die Detailvorgaben dann von Fall zu Fall immer wieder neu ermittelt und für die Projektplanung zu einer Art Produktionslinie zusammengestellt. Unter solchen Umständen lässt dann aber jeder Planer und jeder Projektleiter hinsichtlich Vorgänge, Ergebnisse und Ergebnisfluss in der Regel seine spezifischen Produktionslinien entstehen, was bei der Abstimmung auf andere Planungen und bei der Zuordnung der Ressourcen immer wieder zu Konflikten führen kann.

Setzt die Planung ausschließlich auf Organisationseinheiten oder Funktionen auf, sind für die zeitlichen Soll-Vorgaben mangels Einzelheiten nur grobe Abschätzungen gegeben. Folglich sind die zeitlichen Soll-Vorgaben im Verlauf der Geschehnisse auch immer wieder zu korrigieren, was sich in entsprechende Terminverzüge niederschlägt. Vielerorts wird dazu angeführt, dass die Unternehmensgeschehnisse zu komplex seien, um genauere Vorgaben machen zu können, was dann gleich weiter dazu verwendet wird, die Planung ganz in Frage zu stellen, weil sie unter solchen Umständen ja doch keinen Sinn macht und darum die Aufwendungen dafür eigentlich eingespart werden können. Es wird in solchen Fällen dann ad hoc gearbeitet.

3.4.4.2 Planungsablauf

Einen übergreifenden Terminplan zu erstellen, setzt eine ganze Anzahl von Planungsschritten voraus, die sich in einer entsprechenden Vorgangsfolge niederschlagen. Die Abbildung 45 demonstriert, wie für die Planung über die Ergebnisse eine logische Folge von Vorgängen und damit ein Routineablauf zu schaffen ist, welcher überflüssige Planungsschleifen ausschließt und so für Effizienz bei der Planung sorgt. Insofern gibt die Abbildung 45 ein Umsetzbeispiel wieder, wie auch bei der Planung die Geschehnisse ergebnisorientiert anzugehen sind. In Abbildung 47 wird eine Ausführung mit allen Ergebnissen dazu gezeigt.

Mit der Beauftragung wird die Planung angestoßen. Für eine jede Planung haben dann konkrete Vorgaben anzustehen. Im Beispiel der Abbildung 45 hat so der Vorgang «Vorgaben bestimmen» die Aufgabe, aus den anstehenden Vorgaben von Beauftragung, Spezifikation bzw. Auftrag und Unternehmensbelange die Projektvorgaben herzuleiten. Aus der Spezifikation bzw. aus dem Auftrag geht hervor, welche Leistungen und Ergebnisse letztlich zu liefern sind. Bei den Unternehmensbelangen handelt es sich z.B. um Angaben zur Auftragsabhandlung, zu Prioritäten u.ä. Die Projektvorgaben als Ergebnis dieses Vorganges umfassen dann unter dem Projekt- oder Auftragstitel die Angaben zu den angeforderten Leistungen und Ergebnissen sowie zu den Lieferterminen und Prioritäten. Der Projekt- oder Auftragstitel liefert die Referenz, über die sich alle weiteren Vorgaben und Ergebnisse einem Projekt zuordnen lassen.

Die bestehenden Prozesse geben die Gesamtmenge an Vorgängen und Ergebnissen vor. Unter dem Aspekt kommen sie hier ihrer Eigenschaft als Checkliste nach und stellen für die Planung sicher, dass keine Vorgänge und Ergebnisse übersehen werden, womit sie für die Qualität der Planung sorgen. Bei vorgegebenen Prozessen gilt es nur noch zu klären, welche Prozesse für die angeforderten Leistungen und Ergebnisse relevant sind, welche Vorgänge und Ergebnisse daraus in Betracht kommen bzw. entfallen können, welche Untermenge letztlich zu nutzen ist. Die «Prozesse zuordnen» stellt damit den nächsten Vorgang dar. Sein Ergebnis sind die Prozessvorgaben, welche insgesamt die benötigten Vorgänge und Ergebnisse sowie die logische Ergebnisfolge angeben. Mit den Prozessvorgaben liegt die Basis für die weiteren Planungsschritte vor.

An Hand der Vorgangszuständigkeit werden den Vorgängen der Prozesse die zuständigen Organisationseinheiten vermittelt, was im Beispiel über den Vorgang «Zuständigkeit vorgeben» geschieht. Er adressiert dafür die Organisationseinheiten, welche für die Vorgänge jeweils die Ressourcen bereitstellen müssen. Es können hier Verwaltungseinheiten wie z.B. Hauptabteilungen, Abteilungen oder Gruppen aber auch Teams angezogen werden. Hier wechselt die projektbezogene Planung in die Ressourcendisposition der einzelnen Organisationseinheiten über. Die Organisationseinheiten haben qualitativ und quantitativ die Ressourcen vorzugeben, die für die

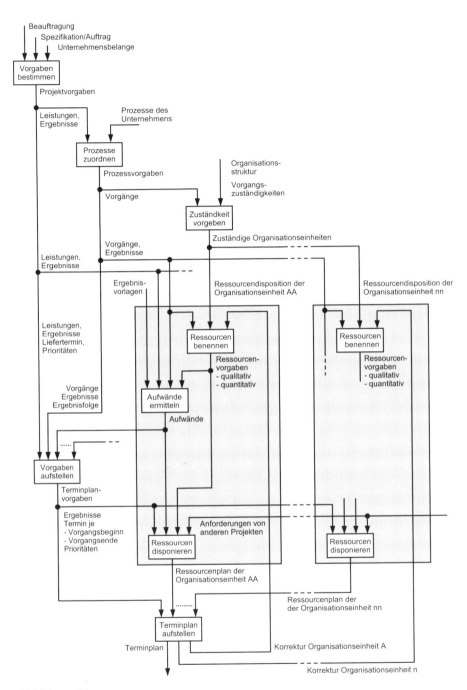

Abbildung 45
Ergebnisorientierte Ablaufdarstellung zur Terminplanerstellung

Vorgänge aufgrund der Planvorgaben in Frage kommen. Das geschieht unter dem Vorgang «Ressourcen benennen». Das Ergebnis dieses Vorganges ist mit eine Voraussetzung, für die Ergebnisse den Aufwand ermitteln zu können, was sich als weiterer Vorgang «Aufwände ermitteln» anschließt. Er erhält dazu noch die Vorgaben zu den Vorgängen, Ergebnissen, Ergebnisvorlagen und dem Ergebnisumfang.

Erst mit den Arbeitsaufwänden, welche der Vorgang «Aufwände ermitteln» liefert, lassen sich realistische Vorgaben zum Projekt aufstellen, was dann über den Vorgang «Vorgaben aufstellen» geschieht. In der Praxis wird hier oft gesündigt. Die Projektleiter sparen sich die vorangegangenen Vorgänge und setzen die Vorgänge und Arbeitsaufwände nach ihrem Gutdünken fest oder beschränken sich einfach nur auf Terminvorgaben ohne Rücksicht, ob diese sich realisieren lassen. Unrealistische Vorgaben auf biegen und brechen in die Ressourcendisposition hineinzudrücken und Termineinhaltung zu fordern, führt bei den Organisationseinheiten zum Überbuchen der Ressourcen. Die Folge sind Terminverzüge oder die Gegebenheit, dass die Arbeiten einfach abgeschlossen werden, wenn der Plantermin erreicht ist. Das Problem der überbuchten Ressourcen wird einfach mit reduzierten Ergebnisinhalten gelöst, was dann später an einer anderen Stelle als plötzlicher Terminverzug zutage tritt, weil dort die benötigten Inhalte fehlen. Unter solchen Umständen können Prozesse nur Abhilfe bringen, wenn sie auch wirklich praktiziert werden, d.h. mit Ergebnisvorlagen und Inspektionen sind solche Gegebenheiten offen zu legen und dann dafür Sorge zu tragen, dass sie bleibend abgestellt werden.

Die eigentliche Ressourcendisposition der Organisationseinheiten setzt auf den Terminplanvorgaben des Vorganges «Vorgaben aufstellen» auf. In der Regel gehen in die Ressourcendisposition der Organisationseinheiten auch Anforderungen von anderen Projekten mit ein. Das kann dazu führen, dass die Projekte im Vorgang «Ressourcen disponieren» der Organisationseinheiten dann eine andere zeitliche Zuordnung erfahren, was allerdings erst im Vorgang «Terminplan aufstellen» zum Vorschein kommt, wenn hier für das betreffende Projekt die Ressourcenvorgaben der verschiedenen Organisationseinheiten zusammengefasst werden. Zeigt sich hier, dass die zeitlichen Terminplanvorgaben nicht erfüllt werden, ist eine Korrektur der Ressourcenvorgaben also eine Iterationsschleife angesagt. Ein Planungsteam, welches sich aus Vertretern der Projekte und Organisationseinheiten zusammensetzt, kann hier die Zeit für die Planung nennenswert herabsetzen.

Die Korrektur kann einmal durch einen Austausch von Ressourcen zwischen den Projekten vor sich gehen oder zum anderen durch die Bereitstellung zusätzlicher Ressourcen erfolgen. Es können aber auch Vorgänge und somit bestimmte Ergebnisse des Projektes oder aufgrund der Projektpriorität auch Vorgänge und damit Ergebnisse anderer Projekte zurückgestellt werden. Beide Maßnahmen verlangen, die Auswirkungen auf andere Vorgänge abzuprüfen, was aber nur mit definierten Prozessen zu machen ist, denn hierfür muss die logische Ergebnisfolge bekannt sein.

3.4.4.3 Ressourcendisposition

In den Unternehmen stehen den Geschehnissen nur begrenzt Ressourcen zur Verfügung. Das verlangt, die Anforderungen nach Ressourcen zu koordinieren. Über die Zuordnung und den Auslastungsgrad der Ressourcen muss praktisch Buch geführt werden, was die Ressourcendisposition zur Aufgabe hat. Sie muss jeweils von den Organisationseinheiten vorgenommen werden, welche die Ressourcen bereitstellen.

Wie aus der Terminplanerstellung hervorgeht, unterteilt sich die Ressourcendisposition in zwei Abschnitte. Im ersten Abschnitt werden unter Berücksichtigung der Ressourcen die Arbeitsaufwände bestimmt, welche sich für die anstehenden Ergebnisse ergeben, und im zweiten Abschnitt werden dann die Ressourcen unter den zeitlichen Vorgaben den verschiedenen Projekten zugeordnet. Die Bestimmung der Arbeitsaufwände ist dabei von besonderer Bedeutung. Mangelt es hier an der nötigen Sorgfalt, wird die Planung zur Farce, da es den zeitlichen Soll-Vorgaben an Genauigkeit fehlt. Das stellt jedes geordnete Geschehen in Frage und nimmt damit der Ausrichtung an Prozessen jeglichen Nutzen. Die Geschehnisse verlaufen weitgehend wieder formlos und ad hoc.

Das soll nun aber nicht heißen, sich bei der Ressourcendisposition in ständige Aufwandsberechnungen verlieren zu müssen. Definierte Prozesse ermöglichen es an Hand der Ergebnisse, und hier zeigt sich ein weiterer Nutzen definierter Prozesse, für jeden Vorgang unter Berücksichtigung der Leistungsfähigkeit der Ressourcen und des Ergebnisumfanges Aufwandswerte einmalig zu ermitteln, welche dann in einem Zeit- und Kostenkatalog zusammengefasst die Planungsgrundlage für die Ressourcendisposition abgeben und dann nur im Rahmen der Ergebnisinspektion bei Bedarf zu aktualisieren sind. Zu den Prognosen für die Arbeitsaufwände kann es dabei auf zweierlei Art kommen. Entweder es wird auf Werte schon ausgeführter Ergebnisse zurückgegriffen oder der Prognose zum Arbeitsaufwand liegen Bezugswerte zur Leistungsfähigkeiten L der Ressourcen und zum Ergebnisumfang U zu Grunde.

Orientiert sich die Ressourcendisposition am Arbeitsaufwand für schon ausgeführte Ergebnisse, setzt das natürlich Ergebnisse gleicher Kategorie und vergleichbaren Umfanges voraus, die aber nicht immer geben sind. Ein Bezug auf Ergebnisse mit abweichenden Umfang ist hier mangels Bezugswerte nur begrenzt möglich. Unter den Umständen kommt es bei dieser Vorgehensweise dann zu mehr oder weniger zutreffenden globalen Prognosen. Im Gegensatz dazu erlauben Bezugswerte zum Ergebnisumfang U und zur Leistungsfähigkeit L der Ressourcen weit besser auf die Gegebenheiten einzugehen und dadurch weit bessere Prognosen abzugeben.

Beide, der Umfang U der Ergebnisse und die Leistungsfähigkeit L der Ressourcen, bestimmen den Arbeitsaufwand A, welcher letztlich für das Ergebnis eines jeden Vorganges anfällt. Der Arbeitsaufwand A (Pt) gibt vor, was eine Person P an

Zeiteinheiten t in der Größenordnung von Monaten, Wochen oder Tagen für ein Ergebnis benötigt und dementsprechend wird das Maß Pt für den Arbeitsaufwand in Personenmonate PM, Personenwochen PW oder Personentage PT angegeben. Bleibt es bei einer Person für die Umsetzung, ergibt sich daraus eine Bearbeitungsdauer BD(t) = A(Pt)/1 Person, welche dann auch der Durchlaufdauer DD(t) entspricht. Wenn es das Ergebnis zulässt, kann es auch von zwei Personen erstellt werden. Das setzt die Bearbeitungsdauer und infolgedessen auch die Durchlaufdauer herab. Im günstigsten Fall halbieren sich die beiden Zeiten aufgrund von BD(t) = A(Pt)/2 Personen.

Im Grunde wird der Ergebnisumfang U durch die Anzahl der einzelnen Bearbeitungsfälle bestimmt, die folglich auch als Bezugswert für den Ergebnisumfang zu gelten haben. Jede Ergebniskategorie hat natürlich ihre spezifischen Bearbeitungsfälle, die sich aber über die Ergebnisvorlagen zweifelsfrei vorgeben lassen. Geht es darum, für eine Produkteinführung die Anforderungen zu spezifizieren, entsprechen die angeforderten Leistungsmerkmale den Bearbeitungsfällen. Steht eine Beschreibung an, können die Seiten die Bearbeitungsfälle abgeben. Bei einer Auftragsdisposition geben die Einzelteile die Bearbeitungsfälle vor. Im Fall von Schadensregulierungen zu Versicherungen stellen die Einzelschäden die Bearbeitungsfälle dar, welche für die Schadensberichte und die anderen nachfolgenden Arbeiten die Arbeitsaufwände bestimmen. Unter Nutzung der Bearbeitungsfälle lässt sich dann auch vom Arbeitsaufwand schon ausgeführter Ergebnisse über Interpolation oder Extrapolation der Bearbeitungsfälle mit angemessener Genauigkeit der Arbeitsaufwand für Ergebnisse mit einem anderen Umfang herleiten. Die Vorgabe der Bearbeitungsfälle machen auch während der Ausführung einen Vergleich zwischen den Prognosewerten und den tatsächlich anfallenden Bearbeitungsfällen möglich. Hier handelt es sich um eine wichtige Steuermaßnahme, die frühzeitig Abweichungen zwischen den Soll- und Ist-Werten aufdeckt und damit rechtzeitig gegensteuern lässt.

Ebenso sind auch allgemeingültige Bezugswerte zur Leistungsfähigkeit L der Ressourcen zu schaffen. Eine in der Praxis gängige Vorgehensweise ist, die Gliederung in unterschiedliche Leistungsfähigkeiten über unterschiedliche Arbeitsplätze vorzunehmen. Die Arbeitsplätze können sich unter den Aspekten von Berufsanfänger und neue Mitarbeiter bis hin zur Einstufung zu routinierten sowie besonders leistungsstarken Mitarbeitern gliedern. Dabei ist der Schwerpunkt der Leistungsfähigkeit L immer unter einem Arbeitsplatzwert zu führen. Im Beispiel ist es der Arbeitsplatz II. Neben diesem Arbeitsplatz, welcher den allgemeinen Bezugswert vorgibt, sollte es unter dem Aspekt der Leistungsfähigkeit L mindestens noch einen Arbeitsplatz mit einem Faktor a < 1 und b > 1 zum Bezugswert geben, was in der Tabelle der Abbildung 46 dann die Arbeitsplätze I und III sind, welche hier die Spanne der gegebenen Leistungsfähigkeit abstecken. Für erste Planungsansätze kann dann zuerst einmal der allgemeine Bezugswert der Leistungsfähigkeit von Arbeitsplatz II genutzt werden. Bei der Einsatzplanung der Ressourcen selbst sind dann die Werte des tatsächlich anstehenden Arbeitsplatzes einzusetzen.

Die Bezugswerte für die Leistungsfähigkeit L der Ressourcen sind einmal aus den Ist-Werten der täglichen Arbeit herzuleiten, zum anderen kann aber auch die Selbsteinschätzung der Ausführenden herangezogen werden. Es geht dabei immer um die anzusetzenden Arbeitsaufwände A(Pt) für eine bestimmte Anzahl von Bearbeitungsfällen n. In jedem Fall sind hier die Führungskräfte der Organisationseinheiten gefordert, sich mit der Leistungsfähigkeit der Ressourcen vertraut zu machen, denn die Leistungsfähigkeit L der Ressourcen einer Sachdisziplin kann nennenswert differieren. Ein Faktor 3 ist zumindest gegeben. In der Literatur werden Abweichungen bis zu einem Verhältnis von 10:1 angeführt. Hier sind die Führungskräfte der Organisation angehalten, zum einen für eine breite Basis angemessener Leistungsfähigkeit Sorge zu tragen, um so das Verhältnis der Abweichungen gering zuhalten, und zum anderen einen angemessenen Einsatz der Ressourcen zu garantieren.

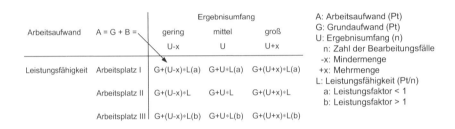

Abbildung 46
Beispiel einer Vorgehensweise zur Aufwandsbestimmung

Der Arbeitsaufwand A für ein Ergebnis ergibt sich grundsätzlich aus einem Grundaufwand G und dem Bearbeitsaufwand $B = U * L$ für die Bearbeitungsfälle, wie es in der Tabelle von Abbildung 46 bei Arbeitsplatz II für einen mittleren Ergebnisumfang gezeigt wird. Der Grundaufwand G ist ein pauschaler Wert, welcher zwischen den Ergebniskategorien variieren kann und von ausgeführten Ergebnissen herzuleiten ist. Er umfasst den Bearbeitungsaufwand, der nicht von den Bearbeitungsfällen also vom Ergebnisumfang U bestimmt wird. Der Bearbeitungsaufwand B leitet sich dann von der Summe der anstehenden Bearbeitungsfälle n also vom Ergebnisumfang U und der Leistungsfähigkeit L der Ressourcen her. Der Wert zu L kann für einen Bearbeitungsfall oder für mehrere Bearbeitungsfälle angegeben werden.

Die Werte der Planungsvorgaben fordern eine ständige Überprüfung auf ihre Stimmigkeit hin. Das verlangt, dass die Führungskräfte über die Planung und die Ergebnisinspektionen dafür eine konsequente Auswertung der angefallenen Arbeitsaufwände einfordern, um so für die Bezugswerte eine stetige Aktualisierung sicherzustellen. Es muss mit Inhalt der Ergebnisinspektionen sein, auch die Arbeitsaufwände zu inspizieren. Hier sind die prognostizierten Soll-Werte den tatsächlich angefallenen Ist-Werten gegenüberzustellen. Das hat sowohl unter dem Aspekt Arbeitsaufwand als auch Ergebnisumfang und Leistungsfähigkeit zu geschehen, was ein Thema für Metriken ist. Dabei geht es hauptsächlich darum, Trends hinsichtlich der Prognosen und der Termine zu erkennen. Pendeln diese in einer begrenzten Spanne um die Zielwerte, zeigt das eine realistische Planung an. Bei einer so ausgewogenen Planung stehen dann geplante, aber nicht ganz ausgeschöpfte Aufwendungen zur Verfügung, die sich an anderer Stelle für eine Korrektur nutzen lassen. Regelmäßige Punktlandungen können das Ergebnis einer guten Planung sein, aber auch dadurch zustande kommen, dass die prognostizierten Aufwände einfach ausgeschöpft werden oder dass zum Termin mit der Arbeit einfach aufgehört wird, was dann wenig abgesicherte oder gar unvollständige Ergebnisse zur Folge hat. Hier zeigt sich die Bedeutung von nachvollziehbaren Statusabfragen und Ergebnisinspektionen bei umfangreichen Ergebnissen.

Die Erfüllung der Soll-Werte der Planung gilt es in angemessenen Intervallen unter Beobachtung zu halten. Diese Statusabfrage ist eine Folgeaufgabe zur Planung, die unter Fortschrittsabfrage oder Workflow Management läuft. Die Gliederung der Ergebnisse in Bearbeitungsfälle sichert dafür zweifelsfreie Maßstäbe. Bei Vorhaben von längerer Dauer hat sich in der Praxis für die Statusabfragen ein Intervall von 1 bis 2 Wochen bewährt. Bei einem solchen Abfrageraster sind die meisten Abweichungen schon in 2 bis 3 Wochen nach ihrem Beginn zu erkennen. Sie haben zu diesem Zeitpunkt ein Ausmaß, welches in der Regel noch eine kurzfristige Aufarbeitung der Abweichungen erlaubt. Andererseits wird auch erreicht, dass grundsätzlich fehl angesetzte Soll-Werte gleich zu Beginn ihrer Umsetzung wahrgenommen werden. Das ermöglicht, zum frühest möglichen Zeitpunkt mit Maßnahmen dagegen zu steuern.

Wird der Ressourcendisposition nicht die nötige Aufmerksamkeit gewidmet, entwickelt sie sich zum absoluten Schwachpunkt der Unternehmensgeschehnisse. Bei ausgebuchten Ressourcen können fehl angesetzte Arbeitsaufwände, die nicht rechtzeitig erkannt werden, die Ressourcendisposition und in Folge davon die Projektplanung regelrecht sprengen.

Im Bestreben, den Planungsaufwand gering zu halten, nimmt die Praxis aber öfters Vereinfachungen vor. Häufig plant sie nur über den viel zitierten «Daumen», was aber den Unternehmensgeschehnissen und der Übersichtlichkeit wenig dienlich ist. Die Praxis begründet ihr Vorgehen mit dem hohen Aufwand und dem angeblich geringen Nutzen der Planung. Das gleiche Argument wird auch für die Erfassung und Auswertung der Ist-Werte angeführt. Solchen Einwänden ist entgegenzuhalten, dass fehlende fundierte Basisdaten natürlich nur über den «Daumen» zu planen erlauben, und das bringt tatsächlich wenig Nutzen. Der gern angeführte hohe Planungsaufwand hat seine Ursache im Mangel von Bezugswerten. Fehlen für eine Planung allgemeingültige Bezugswerte, fallen dann natürlich auch immer wieder hohe Aufwendungen für die Planung, Erfassung und Auswertung an, da es unter den Umständen zuerst ja immer wieder die Bezugswerte zu ermitteln gilt. Bei einer fundierten Planung erfordern die Erfassung und Auswertung der Ist-Werte dagegen nur einen Bruchteil des Aufwandes einer ernsthaften Ergebnisinspektion. Einsparungen an der Planung ziehen immer Folgeaufwendungen nach sich, welche die vermeintlich gemachten Einsparungen aufzehren und darüber hinaus gar noch zusätzliche Aufwendungen verlangen.

3.4.4.4 Projektplanung

Planungen orientieren sich, wie schon erwähnt, in zweierlei Weise an Ergebnissen. So einmal unter dem Aspekt, welche Ergebnisse es für ein Projekt oder einen Auftrag geben muss und somit der Planung zu unterziehen sind. Zu welchen Ergebnissen und Ergebnisinhalten es hier letztlich kommen muss, hat allerdings nicht die Planung zu bestimmen, das geht von den relevanten Vorgängen und Ergebnisvorlagen aus. Zum anderen geht es hinsichtlich der Planung aber auch darum, was aus dem Planungsablauf heraus alles an Planungsergebnissen anfallen muss.

Im Hinblick auf die Planungsergebnisse, welche aus dem Planungsablauf der Ablaufdarstellung von Abbildung 45 hervorgehen, gibt die Abbildung 47 ein Beispiel, wie die Ergebnisse unter 1 bis 8 von Vorgang zu Vorgang inhaltlich immer weiter fortzuschreiben sind und sich so bei der Planung zum Projektplan entwickeln. Wie schon angeführt, wird die eigentliche Projektplanung mit den Projektvorgaben aus dem Vorgang «Vorgaben bestimmen» eröffnet. Er macht die Vorgaben, was an Leistungen, Ergebnisse, Liefertermin und Prioritäten angefordert ist. An Hand der hier gemachten Projektvorgaben zu den Leistungen und den zu liefernden Ergebnissen bestimmt der Vorgang «Prozesse zuordnen» dann über die Aufgaben die Prozesse, auf denen aufzusetzen ist. Aus den Prozessen leiten sich dann die Angaben zu den Vorgängen, den einzelnen Ergebnissen und der logischen Ergebnisfolge her. Die Prozessvorgaben zu den Vorgängen und Ergebnissen liefern die Grundlage für die hier entstehende Liste, welche in den sich anschließenden Vorgängen mit den Angaben zu den Organisationseinheiten, Ressourcen und Arbeitsaufwänden fortgeschrieben wird, wie in Abbildung 47 zu verfolgen ist. Mit den Vorgaben zu den Aufwänden schließt der erste Teil der Ressourcendisposition ab. Aus den Projektvorgaben, Prozessvorgaben und den Arbeitsaufwänden stellt dann der Vorgang «Vorgaben aufstellen» die Terminplanvorgaben für den zweiten Abschnitt der Ressourcendisposition zusammen, der mit dem Vorgang «Ressourcen disponieren» beginnt.

Der Terminplan aus dem Vorgang «Terminplan aufstellen» umfasst schließlich als Endergebnis der Planung alle relevanten Planungsvorgaben und so auch Beiträge aus den Ergebnissen der vorangegangenen Vorgänge. Dazu gehören Leistungen, Ergebnisse, Aufwände, zuständige Organisationseinheiten, vorgegebene Ressourcen,

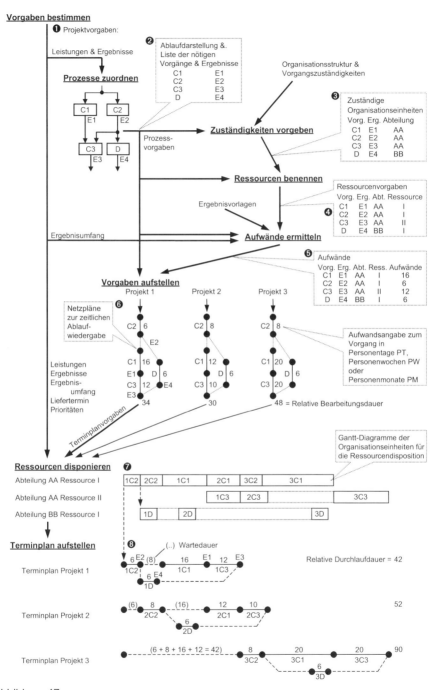

Abbildung 47
Beispiel zu Vorgängen und Ergebnisfluss im Planungsablauf

Prioritäten sowie die zeitliche Ergebnisfolge mit ihren Zwischenterminen und dem Liefertermin.

Die zeitlichen Festlegungen stützen sich auf Gantt-Diagramme und Netzpläne als Hilfsmittel ab. Mit den Gantt-Diagrammen, auch Balkendiagramme genannt, wird über die zeitliche Belegungsfolge der Ressourcen praktisch Buch geführt. Die zeitliche Umsetzung der vorgegebenen logischen Ergebnisfolge geschieht über Netzpläne.

In der Praxis werden Gantt-Diagramme und Netzpläne allerdings oft nur als zwei unterschiedliche Planungsdarstellungen missverstanden und in Folge davon die Planung häufig nur über Gantt-Diagramme ausgeführt. Liegen wenige Vorgänge vor, ist das noch machbar. Bei größeren Planungsvorhaben werden Gantt-Diagramme schnell unübersichtlich. Die übliche Abhilfe, die Vorgänge in Gruppen als Aktivitäten zusammenzufassen, macht die Planung im Grunde noch unübersichtlicher, da solche Gruppierungen Einzelheiten verdecken. Die Wiedergabe des zeitlichen Ablaufgeschehens hat darum stets über Netzpläne zu geschehen.

Bei ihrer Aufstellung durchlaufen die Netzpläne zwei Ausleschritte. Einen ersten Entwurf liefert der Vorgang «Vorgaben aufstellen». Er setzt auf den Prozessvorgaben, den benannten Ressourcen sowie den dazu ermittelten Aufwänden auf und stellt aus diesen Vorgaben über die Netzpläne die Terminplanvorgaben zusammen. Die Arbeitsaufwände werden dabei je nach Umfang der Vorgänge in Personentagen PT, Personenwochen PW oder Personenmonaten PM vorgegeben.

Unberücksichtigt bleibt in diesen ersten Entwurf allerdings, dass auf die Ressourcen in der Regel auch noch andere Projekte zugreifen. Das ist Aufgabe der Organisationseinheiten, welche die Ressourcen bereitzustellen haben, die zeitliche Verfügbarkeit der Ressourcen hinsichtlich der Auslastung der Ressourcen durch die schon anstehenden Projekte vorzugeben. Das geschieht dann im Vorgang «Ressourcen disponieren». Sie haben hier unter Berücksichtigung der anstehenden Prioritäten und Zeiten die Beiträge ihrer Ressourcen den Projekten zuzuteilen. Für die Ressourcen werden zu dem Zweck mit Hilfe der Gantt-Diagramme die Vorgänge der Projekte zusammengestellt. Aus der hier vorgenommenen Reihung der Vorgänge ergibt sich dann die zeitliche Verfügbarkeit der Ressourcen für die Projekte.

Über die Gantt-Diagramme wird recht augenscheinlich, dass jede Änderung nicht nur auf das betroffene Projekt sonder auch andere Projekte beeinflusst, insofern die Ressourcen ausgelastet sind. Das hebt die Bedeutung hervor, welche einwandfreien Aufwandsprognosen und damit der Ergebnisorientierung mit ihren Ergebnisbenennungen und Ergebnisvorlagen sowie der Erfassung der angefallenen Arbeitsaufwände als Bezug für nachfolgende Planungen zukommen.

Die Ressourcendisposition löst die Ablaufdarstellung zu den vorgegebenen Prozessen, welche sich in den Netzplänen noch widerspiegelt, praktisch auf, wie es das Beispiel in Abbildung 47 mit den Gantt-Diagrammen zu den Ressourcen der Abteilungen AA und BB veranschaulicht. Nicht nur, dass die Ressourcendisposition die verschiedenen Projekte vermischt, sonder jedes Projekt wird dazu auch noch auf mehrere Gantt-Diagramme aufgeteilt, da sich die Ressourcendisposition ja auf die Organisationseinheiten und deren Ressourcen verteilt. Das Projekt 1 findet sich im Beispiel mit 1C1, 1C2, 1C3 und 1D so bei unterschiedlichen Ressourcen und Abteilungen wieder. Jede Organisationseinheit überblickt folglich immer nur eine begrenzte Anzahl von Vorgängen. Den Organisationseinheiten fehlt damit jeglicher Überblick zu den Projekten. Für sie ist über die Gantt-Diagramme nicht ersichtlich, wie sich ihre Vorgaben auf die Ressourcendisposition anderer Organisationseinheiten und damit auf die Projektplanung auswirken. Hier zeigt das Beispiel, warum es zu keinem schlüssigen und störungsfreien Ablauf kommen kann, wenn unter der Bezeichnung Prozess einfach nur Organisationseinheiten aneinandergereiht werden.

Aufgrund des Zugriffes mehrere Projekte auf die gleichen Ressourcen verändert die Ressourcendisposition von Fall zu Fall die ursprünglichen zeitlichen Vorgaben der Terminplanvorgaben zu den einzelnen Projekte, wie ein Vergleich der Netzpläne für die Terminplanvorgaben mit den Netzplänen für die Terminpläne augenscheinlich macht. Beim Vorgang «Vorgaben aufstellen» weist der Netzplan, der hier für das Projekt 1 aufgezeigt ist, eine relative Bearbeitungsdauer von 34 Zeiteinheiten auf. Die Bearbeitungsdauer entspricht der kürzesten Durchlaufdauer. Es können PT, PW oder PM sein, was hier für die Betrachtung aber nicht relevant ist. Das Beispiel zeigt im Weiteren, dass nach der Ressourcendisposition der Terminplan für das Projekt 1, welcher im Vorgang «Terminplan aufstellen» entsteht, eine relative Durchlaufdauer von 42 Zeiteinheiten aufweist, es durch die Zuordnung der Ressourcen für das Projekt 1 also zu einer Streckung von 8 Zeiteinheiten gekommen ist. Bei Projekt 2 kommt es zu einer Streckung von 22 Zeiteinheiten, denn hier verändert sich die Dauer von 30 auf 52 Zeiteinheiten. Das Projekt hat zu Beginn gleich eine Wartedauer von 6 Zeiteinheiten und im Verlauf noch einmal eine Wartedauer von 16 Zeiteinheiten. Im Fall von Projekt 3 kommt es gar zu einer Streckung von 42 Zeiteinheiten, weil für das Projekt schon zu Beginn eine Wartedauer von 42 Zeiteinheiten anfallen. Berührt die zeitliche Streckung wesentliche Projektforderungen, gilt es die Ressourcendisposition zu überarbeiten. Projektplanung und Ressourcendisposition verlaufen also mehr oder weniger iterative.

3.4.4.5 Netzplan kontra Ablaufdarstellung

In der Praxis herrscht weit verbreitet die Gewohnheit vor, die Abläufe ausschließlich im Rahmen der Projektplanung über die Netzpläne darzustellen. Zweifellos können Netzpläne Abläufe wiedergeben, dabei fließt aber stets das subjektive Ablaufverständnis des jeweiligen Projektmanager ein. Ferner werden hier die Abläufe unter den Aspekten der Planung vorgegeben, für die mehr die zeitlichen und organisatorischen Belange der Projekte sowie die Verfügbarkeit der Ressourcen im Vordergrund stehen als die allgemeingültigen Vorgaben, welche ergebnisorientierte Ablaufdarstellungen geben. Die Abläufe erfahren über die Planung dementsprechend immer wieder Anpassungen an die besonderen Gegebenheiten der Projekte. So kann für ein Projekt z.B. nur eine Untermenge der anstehenden Prozesse in Frage kommen und folglich enthält der Netzplan dann nur einen Teil der gegebenen Vorgänge und Ergebnisse. Es können auch Liefertermine gelten, welche die kurze Durchlaufzeit der logischen Ergebnisfolge nicht verlangen und das Projekt folglich die zur Verfügung stehende Zeit ganz in Anspruch nehmen kann, was dann Vorgänge, die sonst parallel zueinander ablaufen, nacheinander abzuarbeiten erlaubt. Unter den Umständen kommt es von Projekt zu Projekt zu Ablaufvarianten. Die Abbildung 48 demonstriert einmal an Hand der Varianten 1 bis 4, zu welch unterschiedlichen Ablauffolgen es unter solchen Umständen für ein und dieselben Vorgänge kommen kann.

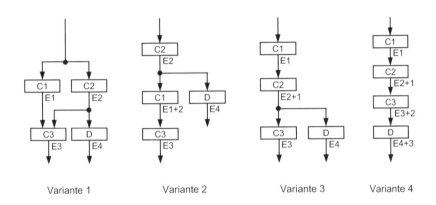

Abbildung 48
Ablaufvariation

Die Variante 1 gibt einen allgemeingültigen ergebnisorientierten Ablauf wieder. Es handelt sich hier um den Prozessausschnitt aus dem Beispiel der Abbildung 47. Die Varianten 2, 3 und 4 präsentieren Abläufe, wie sie für die gleichen Vorgänge unter zeitlichen, funktionellen und organisatorischen Belangen zustande kommen können. Über die Bildung zeitlicher Folgen wandelt sich der ergebnisorientierte Ablauf der Variante 1 über die zunehmend seriell verlaufenden Vorgangsfolgen der Varianten 2 und 3 in den ausschließlich seriellen Ablauf der Variante 4, welcher die eigentliche logische Ergebnisfolge nicht mehr erkennen lässt, die Pfeilverbindungen hier wie bei einer funktionsorientierten Darstellung nur noch die zeitliche Folge ausweisen.

Dass trotz der angeführten Probleme dennoch immer wieder Netzpläne anstelle von Ablaufdarstellungen für die Wiedergabe von Abläufen genutzt werden, hat unterschiedliche Ursachen. So ist der Mangel an allgemeingültigen Ablaufbeschreibungen selbst eine Ursache. Häufig wird der Schritt, definierte Prozesse zu schaffen, auch einfach als überflüssig erachtet. Es wird geglaubt, die Geschehnisse überschaubar im Gedächtnis parat zu haben, was aber nicht gegeben ist. Jedes Projekt setzt unter den Umständen an Hand der Netzpläne auf seiner eigenen Ablaufbeschreibung auf, bestimmt von dem Ablaufverständnis des Projektmanagers. Daraus resultiert eine Vielzahl unterschiedlicher Darstellungen vergleichbarer Geschehnisse, die in der Praxis wenig Vertrauen zu den wiedergegebenen Abläufen schaffen, sondern eher für den Eindruck sorgen, dass es sich bei den Ablaufdarstellungen um subjektive willkürliche Wiedergaben der Geschehnisse handelt. Bei den Varianten 2, 3 und 4 ist im Vergleich zu Variante 1 ein solcher Eindruck auch nicht von der Hand zu weisen, denn für ihr Entstehen gibt es wirklich keine nachvollziehbaren Regeln, welche im Gegensatz dazu für die ergebnisorientierte Ablaufdarstellung der Variante 1 gegeben sind.

Im Grunde dürfen also allgemeingültige Ablaufdarstellungen nicht über Netzpläne wiedergegeben werden, da Netzpläne für die Planung konzipiert sind, und dementsprechend darf eine neu Projektplanung auch nicht auf Netzplänen bestehender Projekte aufsetzen, sonder hat stets von einer allgemeingültigen ergebnisorientierten Ablaufdarstellungen der Prozesse auszugehen. Die Ablaufdarstellungen übernehmen hier praktisch die Aufgabe von Straßenkarten, welche für die Projekte die Route bestimmen. Wenn es Not tut, sind allein über sie die Abkürzungen der Route also des Prozessablaufes zu bestimmen, den nur sie geben zu erkennen, was dabei ausgelassen wird, ob dadurch Problem entstehen, wie die ausgelassenen Leistungen also die Route später noch zu absolvieren ist.

3.4.5 Projektmanagement

3.4.5.1 Was es soll

Sowohl Auftragsabwicklungen der unterschiedlichsten Art als auch Produkteinführungen können ein Projekt abgeben. Unter diesem Aspekt greifen Projekte dann immer auf eine Mehrzahl von Prozessen und so auch auf eine Mehrzahl von Organisationseinheiten zu. Sie treffen hier auf andere Projekte, welche die gleichen Ressourcen beanspruchen oder sie schon belegt haben. Für die Routinegeschehnisse ist zwar die Zuordnung der Zuständigkeiten und Ressourcen geregelt, aber durch außerplanmäßige Ereignisse können auch Routinegeschehnisse immer wieder in Frage gestellt werden. Damit sind Interessenkollisionen angesagt. Sie lassen sich in der Regel nicht von den Organisationseinheiten klären, welche die Ressourcen bereitstellen. Sie haben nicht den Überblick zu den Geschehnissen und ihren Prioritäten. Die Organisationseinheiten sind auch häufig selbst Partei, wenn sie zu anderen Projekten und Routinegeschehnissen Zusagen gemacht haben, hier also Verpflichtungen eingegangen sind, die sie gegenüber anderen Projekten selbst in eine Interessenkollision bringen. Für die Regelung bedarf es darum einer übergeordneten und übergreifenden Instanz, welche mit dem Projektmanagement gegeben ist.

Allerdings sollte sich ein Projektmanagement im wesentlichen nur außerplanmäßiger Geschehnisse annehmen, wozu z.B. Sonderaufgaben bzw. Sonderanfertigungen, sehr umfangreiche oder kurzfristige Lieferungen gehören. Hier hat das Projektmanagement einmal die Projektverfolgung wahrzunehmen, was in Form einer Fortschrittsverfolgung oder eines Workflow Management vor sich geht, und zum anderen hat es auf die Interessenkollisionen und Hemmnisse einzugehen, in welche die Projekte geraden.

Natürlich dürfen auch Routinegeschehnisse sich nicht selbst überlassen bleiben, sondern sind ebenso einer Fortschrittsverfolgung oder einem Workflow Management zu unterziehen. Das hat aber unter dem Aspekt eines Order Management abzulaufen, was zwar auch unter der Obhut eines Projektmanagements geschehen kann, aber in der Regel eben ohne intensive Beiträge durch das Projektmanagement vor sich zu gehen hat. Lassen sich Auftragsabwicklungen zu gängigen Produkten und Dienstleistungen dagegen nur noch mit Hilfe eines intensiven Projektmanagement sicherstellen, ist das ein Symptom, dass in den Prozessen Probleme bestehen.

So umfasst ein Projektmanagement in Summe
- ♦ das Konfliktmanagement,
- ♦ die Projektplanung für die zeitliche Ablauffolge sowie des kritischen Pfades und
- ♦ die Projektverfolgung, d.h. Fortschrittsverfolgung oder Workflow Management.

Unter diesen Aspekten hat das Projektmanagement dann die Projektgeschehnisse zu beobachten und in die Projektgeschehnisse einzugreifen, wenn sich Abweichungen vom Projektplan zeigen. Das verlangt vom Projektmanagement im Rahmen der Maßnahmen dann noch:

- Statusabfragen,
wobei hier der Status der Ergebnisse einzuholen ist und die Ist-Werte mit den Soll-Werten des Projektplanes zu vergleichen sind. Beides hat in Intervallen zu geschehen, welche Planungsabweichungen schon im Anfangsstadium erkennen lassen. Die Statusangaben müssen nachvollziehbar und plausibel sein, was eine ergebnisorientierte Planung und Ergebnisvorlagen voraussetzen, was vom Projektmanagement sicherzustellen ist. Eine Statusaussage, wie z.b. Ergebnis zu 60% fertig, erfüllt die Anforderungen nicht.
- Ergebnisinspektionen
zu den Ergebnisabnahmen, wozu der Projektmanager für eine ernsthafte Ausführung Sorge zu tragen hat, um die Lieferung von Ergebnishülsen auszuschließen. Die Ergebnisinspektion kann er an den Nutzer der Ergebnisse delegieren, wenn die Ergebnisse nur an einen Nutzer gehen, oder durch ein Inspektionsteam ausführen lassen, wenn die Ergebnisse von allgemeiner Bedeutung sind und viele Nutzer haben.
- Korrekturen und Gegenmaßnahmen,
die bei Abweichungen von den Soll-Werten des Projektplanes, gleich aus welchem Grund, für sofortige Berichtigung sorgen müssen. Das Projektmanagement hat dafür wirksame Gegenmaßnahmen einzuleiten, welche das Projekt nach kurzer Zeit wieder in Übereinklang mit den Soll-Werten bringen.

Die Vorgänge, welche dabei anfallen, wie z.B. die Ressourcendisposition zur Projektplanung oder die Ergebnisinspektionen hat das Projektmanagement nicht gänzlich allein umzusetzen, es kann dafür die Unterstützung der Organisationseinheiten einholen und ein Projektmanager ist gut beraten, das auch zu tun.

3.4.5.2 Was es nicht soll

Für das Projektmanagement darf es nicht zur Regel werden,
- die Vorgaben der Prozesse wegen vermeintlicher Vorteile zu umgehen,
- die Mängel unzureichender Prozesse auf Dauer auszugleichen,
- die vorherrschende Maßnahme zu sein.

Die Ergebnisse der Projekte haben recht unterschiedliche Inhalte und Prioritäten. Das kann im Einzelfall genutzt werden, einen zeitlichen Engpass oder eine Interessenkollision aufzulösen, indem z.B. Ergebnisse zurückgestellt oder in Stufen fertiggestellt werden. Hier ist dann von Phasung die Rede. Ein jedes stabile System und so auch Prozesse gestatten bis zu einem gewissen Grad Abweichungen vom regulären Vorgehen. Das gerade zeichnet stabile Systeme aus, nicht sofort chaotisch zu reagieren. Ein solches Systemverhalten hat aber auch seine Tücken. Es verleitet dazu, die Stabilität des Systems immer wieder auszunutzen und kurzfristiger Vorteile wegen, den Regelablauf zu umgehen. Nehmen solche Abweichungen überhand, kollabiert letztlich jedes noch so stabile System. Darum müssen solche Abweichungen unter Kontrolle gehalten werden, um sie begrenzt zu halten, und es musst bewusst bleiben, welche Ergebnisse und damit Vorgänge ausgespart und verschoben wurden. Das Projektmanagement muss darauf achten, dass ein solches Vorgehen nicht zur Regel wird und dass die Aussparungen auf Bedarf nachgeholt oder durch entsprechende Maßnahmen kompensiert werden. Geschieht das nicht und finden solche Abweichungen der vermeintlichen Vorteile wegen immer öfters statt, verlieren die Prozesse mit der Zeit ihre Wirkung. In Folge davon zeigen sich gravierende Mängel in den Geschehnissen.

Wegen seiner Wirkbreite findet sich das Projektmanagement sehr oft in der Aufgabe wieder, Prozessmängel ausgleichen zu müssen. Das Projektmanagement wird dafür teils sogar für Geschehnisse herangezogen, die an und für sich routinemäßig ablaufen sollten. Zweifellos kann und muss ein Projektmanagement bei Prozessmängeln kurzfristig abhelfen, aber es darf nicht zum Ersatz für ungenügende oder fehlende Ablaufdarstellungen oder mangelhaft umgesetzte Prozesse werden. Erfahrungsgemäß entwickelt dann jeder Projektmanager zu den Prozessen mit der Zeit seine eigene Sicht. Die Ergebnisse und die dafür erforderlichen Ressourcen werden nach Bedarf dann in dafür eingerichtete Projektgesprächen kurzfristig geklärt und der Ergebnisfluss wird ad hoc in Gang gehalten. Die Ausführenden finden sich mit sehr unterschiedlichen Vorgehensweisen konfrontiert. Verwirrung ist angesagt. Es kommt zu umfangreichen Absicherungen zwischen den Organisationseinheiten, die hinsichtlich Berichterstattung, Ergebnisabnahmen und Freigaben einen beträchtlichen aber unnötigen Formalismus schaffen, welcher von den Organisationseinheiten erhebliche Verwaltungsleistungen abfordert. Im Grunde handelt es sich hier um Leistungen ohne echte Wertschöpfung also um Blindleistungen, welche die Bürokratie in den Unternehmen wachsen lässt und so die Kosten erhöht sowie das Time-to-Market als auch die Lieferzeiten hinauszögern.

Verlangt schließlich jedes Geschehnis eine intensive Begleitung durch das Projektmanagement, wird es mehrfach problematisch. Das Projektmanagement entwickelt sich mit seinen Projektgesprächen zur vorherrschenden Maßnahme. Kollisionen zwischen den Projekten sind dann die Regel. Die Zahl der Gespräche, die nur noch der Klärung von Ressourcenverfügbarkeit, Prioritäten, Projektphasungen oder Inhaltsphasungen und Terminen dienen, steigen beträchtlich an. Unter diesen Umständen verlieren Projektgespräche dann letztlich ihre korrigierende und steuernde Wirkung. Sie erschöpfen sich nur noch in Ad-hoc-Entscheidungen, welche schon die Ursache für die nächste Konfliktsituation in sich tragen. Das Projektmanagement bindet beträchtliche Ressourcen, was das Projektmanagement und die Projektgespräche zum nennenswerten wenn nicht gar zum bestimmenden Kostenfaktor werden lässt.

3.4.6 Teams und Teamarbeit

3.4.6.1 Was macht sie aus.

In der Organisation Ressourcen abzugrenzen und sie damit für eine ganz bestimmte Aufgabe abzusichern, ist wohl die offenkundigste Eigenschaft von Teams. Die Ressourcen stehen dann nur den Teams zur Verfügung, für die sie benannt wurden. Die Organisationseinheiten dürfen über die so abgegrenzten Ressourcen nicht mehr anderweitig verfügen. Häufig ist die Reservierung von Ressourcen überhaupt der eigentliche Beweggrund, Teams einzurichten. Ressourcen überwiegend auf die Weise reservieren zu müssen, ist allerdings symptomatisch für Unternehmensgeschehnisse, die außer Kontrolle geraten sind.

Von Teams wird allgemein erwartet, dass sie mehr leisten als eine vergleichbare Anzahl von Einzelpersonen. Wie Teams das zu Stande bringen, darüber herrscht in der Praxis allerdings ein ziemlich unterschiedliches Verständnis, was wohl auch von den Teams selbst herrührt, die sich hinsichtlich ihrer Zusammensetzung und Arbeitsweise recht unterschiedlich darstellen.

So assoziiert Teamarbeit einerseits kollektive Arbeitsweise, andererseits ergibt sich eine Teamleistung aber auch aus einer Summe von Einzelleistungen. Darin liegt an und für sich kein Widerspruch, wie es scheinen mag. Beides steckt im Grunde die Spanne der Arbeitsweise von Teams ab. Gemeinschaftsleistung bedeutet nicht, jedes einzelne Ergebnis immer gemeinsam erarbeiten zu müssen. Denn Ergebnisse im Kollektiv zu erarbeiten, die besser als Einzelleistung zu erbringen wären, kann recht aufwendig werden und die Leistung der Teams ganz wesentlich herabsetzen. Die kollektive Arbeitsweise sollte Aufgaben und Ergebnissen vorbehalten bleiben, denen grundsätzliche Bedeutung zukommt und die besonderes Ideenpotential voraussetzen. Das kann bei Aufgabenstellungen zu speziellen Kundenanforderungen, Projekten oder Unternehmensproblemen gegeben sein.

Im Grunde gibt es für Teams kein Patentrezept. Einfach nur Teams einzurichten, garantiert noch keinen Erfolg. Aus der Aufgabenstellung und den zu liefernden Ergebnissen leitet sich her, welche Arbeitsweise und Gliederung für ein Team effizient sind. Gemessen an der Zusammensetzung sind drei grundsätzliche Teamversionen zu unterscheiden. So gilt es zu unterscheiden in Teams

- mit einer Sachdisziplin,
- mit mehreren ganz unterschiedlichen Sachdisziplinen und
- mit mehreren benachbarten Sachdisziplinen.

Teams mit nur einer Sachdisziplin also die erste Teamversion kommen Pools gleich, die hinsichtlich Beanspruchung und Präsenz der Ressourcen ausgleichend wirken. Von solchen Teams wird erwartet, dass sie die Ressourcen kontinuierliche auslasten und auf diese Weise effizient nutzen und dass sich über sie kurzfristig Ressourcen bereitstellen lassen. Auch Parallelarbeit ist ein Beweggrund, Teams mit nur einer Sachdisziplin entstehen zu lassen. Parallelarbeit ist natürlich nur bei Ergebnissen gegeben, die über eine Anzahl unabhängiger Einzelergebnisse zu erarbeiten sind. Die Entwicklungsdauer eines Softwareprogramms kann in aller Regel verkürzt werden, wenn es sich in Module oder Objekte gliedert, die parallel zueinander zu entwickeln sind. Gleich welche Beweggründe aber letztlich den Anstoß gegeben haben, bleibt es in den Teams mit einer Sachdisziplin bei Einzelleistungen. Die eigentliche Teamleistung ist die kontinuierliche und damit effiziente Nutzung der Ressourcen sowie die Parallelarbeit. Beides schlägt sich in der Zahl der Einzelergebnisse und in kürzeren Durchlaufzeiten nieder.

Geht es um die Realisierung neuer Produkte und Dienstleistungen oder um die Behebung von Problemen in den Unternehmen, werden für die in Frage kommenden Vorgänge häufig Beiträge von ganz unterschiedlichen Sachdisziplinen benötigt, die in unterschiedlichen Unternehmensbereichen angesiedelt sein können. Hier bietet sich an, Teams zusammenzustellen, welche alle benötigten Sachdisziplinen umfassen und folglich interdisziplinär arbeiten können, was die zweite Teamversion mit mehreren unterschiedlichen Sachdisziplinen ausmacht.

Dem Augenschein nach überbrücken interdisziplinär arbeitende Teams die Schwellen und Hemmnisse der Organisation, was den Teams auch immer wieder gern als besonderer Teambeitrag zugeschrieben wird. Genau betrachtet, spiegelt sich in den Teams über die verschiedenen Sachdisziplinen aber nach wie vor die Organisation mit ihren Schwellen und Hemmnissen wider. Hier sind interdisziplinäre Teams echt gefordert. Das Maß, mit dem sie die Schwellen und Hemmnisse der Organisation abbauen, welche über die Sachdisziplinen Eingang in die Teams finden, bestimmt ganz wesentlich den Erfolg der Teams. Interdisziplinäre Teams geben also kein automatisch wirkendes Erfolgskonzept ab.

Der Ansatz Lean Production hat mit zum Inhalt, die Zuständigkeit für Prozessabschnitte insgesamt an Teams zu delegieren. Hier zeigt sich die dritte Teamversion in Form der Prozessteams, welche sich sowohl den Sachbelangen als auch den Verfahrensbelangen zu widmen haben. Neben der sachlichen Zuständigkeit tragen Prozessteams auch die Verantwortung für die optimale Gestaltung und effiziente Umsetzung der Prozessabschnitte, für die sie zuständig sind. Im Grunde arbeiten die Prozessteams auch interdisziplinär, sie heben sich von der Teamversion der interdisziplinären Teams aber insofern ab, dass sie immer nur Sachdisziplinen aus einem Prozessabschnitt also immer nur mehrere benachbarte Sachdisziplinen behandelt.

Ein Subprozess wie z.B. die Produktentwicklung geben mit der Systementwicklung, der Hardware- und Softwareentwicklung sowie dem Test und der Produktintegration einen solchen Prozessabschnitt mit benachbarten Sachdisziplinen ab. Die Mitglieder eines Prozessteams ergänzen sich in diesem Fall dann nicht nur untereinander, sondern können auch selbst benachbarte Sachdisziplinen wahrnehmen. Ein Systementwickler kann in der Hardware- oder Softwareentwicklung tätig werden, um hier die Vorgaben der Systementwicklung in Hardware- oder Softwarelösungen umzusetzen, was ihn die Entwicklung über Sachdisziplinen hinweg kontinuierlich fortführen lässt. Software- und Hardwareentwickler können wiederum übergreifend beim Test als auch bei der Produktintegration mitwirken.

Der Teamgedanke enthält schließlich auch etwas mentales. Für den Einsatz, den ein jeder einzelne erbringt, ist es ungemein förderlich, wenn sich Teams als verschworene Gemeinschaft, als unwiderstehlich und schlagkräftig Einheit fühlen. Gelingt es, das in die Teams einzubringen und übertragen die Teams dies auf Themen wie z.B. Verantwortungsbereitschaft, Eigeninitiative, Ergebnisdisziplin, kommt es zu Hochleistungsteams.

Zwei Erwartungen, welche das Stichwort Teamarbeit sowohl bei Teammitgliedern als auch beim Management öfters weckt, werden aber in keiner Weise erfüllt. Teams kommen keinem «Pool» gleich, in dem die Probleme nur einzukippen sind und aus dem sich dann anschließend ohne eigenes Zutun die Lösungen herausschöpfen lassen. Auch setzen Teams automatisch keinen «Selbstheilungsprozess» in Gang, der aus dem Ruder gelaufene Geschehnisse garantiert unter Kontrolle bringt.

Dem Teamansatz macht aber auch eine andere grundlegende Tatsache zu schaffen, nämlich dass unser Ausbildungssystem zu Einzelleistungen erzieht und kaum den Teamgedanken fördert, denn sonst wäre in der Schule ja Abschreiben erlaubt. Es unterstützt das Bestreben, als einzelner belobigt zu werden, sich als einzelner aus der Gruppe hervorzuheben, denn nur der einzelne erhält Noten. Das zieht sich auch in den Berufsalltag hinein. Die Praxisarbeit leidet oft darunter, dass vorhandene Lösungsansätze nicht angenommen und weiter ausgebaut werden. Es besteht im hohen Maße der Drang, das Rad immer wieder neu zu erfinden, um sich damit als einzelner zu profilieren. Hier zeigt sich einer der Gründe, warum Teams in aller Regel nicht ohne Teamleiter auskommen, die mit zur Aufgabe haben, solche Ansprüche auf Einzelleistungen der Teamarbeit dienlich zu machen.

3.4.6.2 Wie nutzen

Bei der Einrichtung von Teams hat stets die Frage anzustehen, was sie eigentlich bezwecken sollen. Es gibt für Teams zwei grundsätzliche Ziele, nämlich mit Teams Unternehmensgeschehnisse
- effektiv und effizient zu handhaben oder
- grundsätzlich unter Kontrolle zu bringen.

Für Geschehnisse, die außer Kontrolle geraten sind, oder sich auf dem Weg dahin befinden, bedarf es zweifellos erst einmal besonderer Anstrengungen, um die Dinge am Laufen zu halten. Teams können dafür ad hoc eine wirksame Maßnahme sein und werden dafür in der Praxis auch vorzugsweise eingesetzt. Allerdings lassen sich in dem Fall für den Einsatz der Teams keine allgemeingültige Regeln aufstellen. Es handelt sich hier einfach um eine Gruppe von «Machern», welche den Arbeitsablauf wieder in Gang bringen müssen und die Geschehnisse zu begleiten haben, um sie in Gang zu halten. Eine Garantie für Erfolg liefern die Teams hier nicht. Geschehnisse auf eine solche Weise auf Dauer in Gang zu halten, womöglich jede Aufgabe und jeden Auftrag als Projekt einzustufen und dann jedes Projekt von einem Team zwecks Ausführung begleiten zu lassen, hat seinen Preis.

Sollen Teams als Maßnahme die Unternehmensgeschehnisse effektiv und effizient handhaben, verlangt das für sie eine zweifelsfreie Umgebung mit klaren Vorgaben zu den Leistungsanforderungen und Ergebnissen. Nur eine solche geordnete Umgebung ermöglicht es den Teams, ihrer Aufgabe erfolgreich nachzukommen. Definierte Prozesse schaffen solche klaren Vorgaben, bestimmen darüber die Gegebenheiten der Teamumgebungen. Teams stehen darum nicht in Konkurrenz zu den Prozessen, noch erübrigen sie gar die Prozesse, wie fälschlicherweise häufig angenommen wird, vielmehr sind definierte Prozesse eine Voraussetzung für den Erfolg der Teams.

Unternehmen an Prozessen auszurichten, also vom Grad 1 oder 2 auf den Grad 3 der Tauglichkeitsgrade zu kommen, hat folglich noch vor der Einrichtung von Teams der erste grundsätzliche Schritt zu sein. Das verlangt speziell auf Prozesse ausgerichtete Wissensträger. Es handelt es sich hier um Wissensträger einer Sachdisziplin, welche die Unternehmensbereiche bei der Ausrichtung auf ihre Prozesse moderieren und hinsichtlich der Prozessgestaltung direkt unterstützen, die sich im Grunde über ein Team als auch über eine Organisationseinheit bereitstellen lassen.

Wie es am Beispiel der Wissensträger für die Prozessgestaltung angesprochen wird, besteht grundsätzlich kein Zwang, für eine Sachdisziplin Teams losgelöst von der Organisation zu schaffen. Im Fall nur einer Sachdisziplin sind die Teams im Grunde den gängigen Organisationseinheiten gleichzusetzen, die ja auch nach Sachdisziplinen ausgerichtet sind. Wie die Teams mit nur einer Sachdisziplin wirken auch Organisationseinheiten wie Pools, umfassen dementsprechend Ressourcen mit gleichen Fähigkeiten und können ebenso Parallelarbeit leisten. Wird unter den Gegebenheiten dennoch häufig Bedarf für Teams angemeldet, ist das als ein Symptom zu werten, welches auf Probleme hindeutet.

Im einfachsten Fall mag das Problem in einem falschen Teamverständnis liegen. Die Zersplitterung in kleine Einheiten, welche eine Organisation zu Stande bringen kann, wird oft unter dem Stichwort Lean Management durch rigoroses Zusammenfassen rückgängig gemacht, wobei für eine Sachdisziplin wieder größere Pools gebildet werden, welche dann unter der Bezeichnung Team laufen. Im Grunde handelt es sich dabei aber nur um neu gefasste Organisationseinheiten und so werden sie dann üblicherweise auch in die jetzt schlank genannte Organisation eingefügt.

Teams für nur eine Sachdisziplin zu schaffen, kann allerdings auch von schwerwiegenderen Beweggründen herrühren. Es kann sein, dass die Organisationseinheiten ihren Aufgaben nicht nachkommen, dass «Erbhöfe» umgangen, Führungsprobleme kompensiert oder für eine «Eingreiftruppe» Ressourcen reserviert werden sollen, um die Geschehnisse im Griff zu halten. Unter den Umständen werden die Teams als Problemlöser missverstanden. Die Forderung nach einem Team für nur eine Sachdisziplin ist darum stets kritisch zu durchleuchten und zu prüfen, welche Beweggründe dafür anstehen und ob nicht auch eine Organisationseinheit den Zweck erfüllt.

Für Aufgaben, die eine besondere Ideenvielfalt und ein besonderes Wissenspotentiale verlangen, hat die Teamversion mit mehreren unterschiedlichen Sachdisziplinen zum Einsatz zu kommen. Ganz typisch für eine solch Aufgabe ist z.B. der Vorgang der Produktdefinition. Für diesen Vorgang wäre sonst ein Umlaufverfahren über mehrere Organisationseinheiten aus verschiedenen Unternehmensbereichen erforderlich, um die Ideen und das Wissen für die Produktdefinition einzuholen. Das lässt sich vermeiden, wenn die Experten aus den in Frage kommenden Unternehmensbereichen zu einem interdisziplinären Team zusammengezogen werden, was das Umlaufverfahren erübrigt und dadurch einen erheblichen Zeitgewinn bringt. Interdisziplinäre Teams dienen dementsprechend z.B. auch dem Ansatz Simultaneous Engineering als Grundlage.

Ein interdisziplinäres Team macht mit seiner Konstellation allerdings nur für die Aufgabe Sinn, für die es aufgestellt wurde. Interdisziplinäre Teams sollen darum in der Regel auch nur für die Dauer der Aufgabenbearbeitung bestehen und nicht zur Dauereinrichtung werden. Nach Abschluss der Aufgabe haben die Teams wieder auseinander zu gehen. Die Forderung hat seinen guten Grund. Einmal erstreckt sich die Aufgabe der Teams eben nur auf eine Aufgabe und damit auf eine begrenzte Zeitdauer, zum anderen sind bei solchen Teams die Ressourcen mehr oder weniger von ihren Organisationseinheiten also ihren Pools abgeschnitten. Auf Dauer leitet dadurch der Austausch von Fachwissen und Erfahrungen darunter.

Die Ablaufgeschehnisse zu handhaben, ist ein weiteres Einsatzgebiet für Teams, was dann die Prozessteams ausmacht, welche mehrere benachbarte Sachdisziplinen behandeln, für das die dritte Teamversion steht. Aufgrund ihrer Aufgabe haben sie, obwohl sie im Grunde interdisziplinären Teams gleichkommen, auf Dauer eingerichtet zu bleiben, was unter Verfahrensaspekten ja auch das eigentlich vorgebebene Ziel ist. Der Einsatz von Prozessteams kann dabei unter zwei ganz unterschiedlichen Aspekten vor sich gehen.

Sind die Unternehmen an Prozessen ausgerichtet, erhalten die Prozessteams definiert Prozessabschnitte zugeordnet, für die sie die Ausführung als auch die weitere Pflege hinsichtlich Korrekturen, Anpassungen, und Optimierungen übernehmen und verantworten müssen. In diesem Fall setzen die Prozessteams auf dem Grad 3 auf, wie es eigentlich sein soll, und haben für den Grad 4 und 5 Sorge zu tragen.

Anders verhält es sich, wenn die Unternehmen sich ausschließlich an Funktionen und Organisationen orientieren. Den daraus resultierenden Problemen wird gern auch mit sogenannten Prozessteams begegnet. Ihnen wird dann an Stelle eines definierten Prozessabschnittes eine Funktionsfolge also ein nur recht allgemein vorgegebener Prozessabschnitt zugeordnet, für dessen Umsetzung über die Organisationseinheiten hinweg das Prozessteam verantwortlich gemacht wird. Unter den Umständen haben die Prozessteams selbst für den Grad 3 in ihrem Abschnitt zu sorgen. Fehlt den Teams die Unterstützung zu Prozessfragen und stellen sich die Teams deshalb nicht ergebnisorientiert auf, nehmen sich also nicht der Vorgänge, Ergebnisse, Ergebnisvorlagen und Ergebnisfolge an, wird es bei einer Gruppe von «Machern» bleiben, was die Geschehnisse bestenfalls auf Grad 2 der Tauglichkeitsgrade verharren lässt.

In Teams können die üblichen Absicherungsmaßnahmen entfallen, welche Organisationseinheiten so untereinander pflegen wie z.B. Freigabe- und Abnahmeprüfungen etc. Das setzt aber voraus, dass sich die Teammitglieder hinsichtlich der Ergebnisse und Ergebnisinhalte gegenseitig in die Verantwortung nehmen, dass angemessene Ergebnisse und ihre angemessene Erfassung als Teamleistung gelten. Ergebnisse nicht zu erfassen, bringt ohne Zweifel kurzfristig immer einen Gewinn bei Aufwand und Durchlaufzeit. Weit verbreitet stuft die Praxis das als vermeintlichen Synergieeffekt von Teams ein, was aber ein Trugschluss ist. Das gilt auch für die bestehende Meinung, dass intensive Kommunikation in Form spontaner Dialoge und Diskussionen es erübrigt, Ergebnisse angemessen festzuhalten. Die Ergebnisse von Prozessen spiegeln sich nun einmal über Dokumente mit Grafiken, Tabellen und Texten wider.

Verzichtet ein Team darauf, seine Ergebnisse festzuhalten, stehen sie für die Teammitglieder selbst und für externe Stellen nicht abrufbar zur Verfügung. Sie müssen immer wieder abgefragt werden. Die Ergebnisse unterliegen dabei stets einer Rekonstruktion und können darum von Abfrage zu Abfrage differieren und dadurch unterschiedlich in die Vorgänge der Prozesse eingehen. Hier zeigt sich eine weitere Ursache der schon angesprochenen Bearbeitungsschleifen und Nacharbeiten. Die Rekonstruktionen verlangen zudem für Ergebnisse, die schon erarbeitet sind, immer wieder neue Aufwendungen. Bleibt es bei solchen Gegebenheiten, wenden die Mitglieder der Teams einen nennenswerten Teil ihrer Arbeitszeit dafür auf, sich gegenseitig immer wieder Auskunft über die Ergebnisse zu erteilen und sie auch immer wieder Außenstehenden zu erläutern. Die Teams erschöpfen sich kurz über lang in einer fortwährenden Kommunikation. Zeitverschwendung ist angesagt.

Der Ansatz Lean Production fordert für die Prozessteams neben klaren Leistungsanforderungen auch einen starken Teamleiter, was im Grunde aber für alle Teams in Frage kommt. Denn der Erfolg von Teams wird dadurch bestimmt, wie die Teammitglieder zusammenarbeiten. So haben Teamleiter dafür zu sorgen, dass aus Personengruppen auch wirkliche Teams werden. Sie sind die Sprecher der Teams und haben in erster Linie die Aufgabe, als Moderator und Koordinator zu fungieren sowohl bei der Tagesarbeit der Teams aber vor allen Dingen auch bei den Teamgesprächen und allen übrigen kollektiven Maßnahmen. Bei Entscheidungen durch die Teams tragen die Teamleiter die Verantwortung, dass die Entscheidungen und die Entscheidungskriterien nachvollziehbar sind und zusammen mit den anstehenden Begründungen festgehalten werden. Es darf zu keiner zufälligen Mehrheitsentscheidungen kommen, für die es im nachhinein heißt, das Team hat so entschieden. Die Verantwortung des Teamleiters schließt auch ein, bei gegebenem Anlass als Schlichter aufzutreten. Stehen Ermessensentscheidungen an, sollen sich die Teamleiter nach Anhörung der Teammitglieder die endgültige Entscheidung vorbehalten. Alle diese Gegebenheiten zeigen, dass ein Team nicht im Kollektiv zu führen ist.

Die Aufgaben verlangen von den Teamleitern Einfühlungsvermögen, damit die Teams auch Teams bleiben, setzen aber auch Durchsetzungsvermögen voraus. Beides ist vor allen Dingen gefordert, wenn es darum geht, dass Leistungsziele vereinbart und eingehalten werden. Der Leistungsgedanke muss in den Teams allgemeine Akzeptanz finden, denn er ist die Prämisse, unter der Teams ja schließlich zusammengestellt werden. Es liegt in der Verantwortung der Teams, ihre Aufgaben effizient zu gestalten, gleich ob sie einzelne Vorgänge oder ganze Prozessabschnitte umfassen.

Für das Management der Organisation gelten an und für sich die gleichen Forderungen wie für die Teamleiter. Organisationen in Teams zu überführen, bringt darum keine Veränderung, wenn die Führungskultur sich nicht an den Forderungen für Teamleiter ausrichtet und wenn das Management nicht für definierte Prozesse Sorge trägt.

3.4.7 Anleitung und Schulung

Die Maßnahme «Anleitung und Schulung» steht für eine Palette von Einzelmaßnahmen. Eine Anleitung und Schulung kann geschehen durch Kollegen, Vorgesetzte, Trainer aber auch über Handbücher, Anweisungen und Richtlinien. Die Ablaufdarstellung der Prozesse stellt eine Anleitung zu den Geschehnissen und der logischen Ergebnisfolge dar. Auch Ergebnisvorlagen sind als Anleitung zu verstehen. Die Anleitung kann als separate Schulung aber ebenso in Verbindung mit einer Aufgabe also über ein Training on the Job vor sich gehen.

Es liegt in der Zuständigkeit der Organisation, für Schulung und angemessene Einweisungen zu sorgen. Es ist vor allen Dingen eine Führungsaufgabe, den Bedarf an Anleitung und Schulung zu erkennen und für ein angemessenes Angebot zu sorgen. Der Bedarf an Anleitung und Schulung wird in der Regel nicht gezielt angemeldet. Hier bestehen Ängste, gegenüber Kollegen und Vorgesetzte vermeintliche Schwächen aufzutun. Fehlt die Anleitung, wurstelt man sich so durch. Damit tut sich eine stetige Quelle von Problemen auf. Ein Mitarbeiter mit Anleitungsbedarf, der in seiner Umgebung die anstehenden Themen einmal kritisch hinterfragt, wird schnell feststellen, dass nicht nur er allein eine Anleitung benötigt. So wird er schnell sein Selbstvertrauen zurückgewinnen und eine Anleitung anfordern.

Eine ganz wesentliche Führungsaufgabe ist es auch, die Fähigkeiten der Mitarbeiter zu ergründen. Wie unter dem Thema Planung ausgeführt wird, kann sich in einer Sachdisziplin die Leistungsfähigkeit einzelner bis zu einem Verhältnis von 10:1 unterscheiden. Auf die bestehenden Fähigkeiten abgestimmte Anleitungen und Schulungen sind Maßnahmen, welche das Verhältnis 10:1 verringern können. Mit Feststellungen, wie z.B. keiner ist unersetzlich, Eigenständigkeit ist verlangt oder jeder hat eigenverantwortlich zu arbeiten, entzieht sich das Management hier recht oft seinen Führungsaufgaben.

Ziel der Anleitungen und Schulung muss sein, daraus unmittelbaren Nutzen für die anstehenden Geschehnisse zu ziehen. Anleitung und Schulung haben die Qualifikation als auch eine gewisse Routine für die Vorgänge der Prozesse sicherzustellen. Das hat für neu eingestellte als auch durch Versetzung neu hinzugekommene Mitarbeiter zu geschehen, wobei auf bestehende Vorgänge, Erweiterungen der Produktpalette als auch neue Technologien also zukünftiger Aufgaben einzugehen ist. Schulung nur der Schulung willen als Alibifunktion, bringt wenig Nutzen. Es muss darauf geachtet werden, was geschult wird. Die Schulung darf sich nicht verselbstständigen. Sie darf in einem Unternehmen nicht zum reinen Selbstzweck und bloßem Fortschrittsalibi werden. Bringt sie für die Unternehmensziele keinen unmittelbaren Nutzen, bedeutet das Verschwendung.

3.4.8 Statusbericht

Statusberichte gehören im Grunde genommen zur Planung und Fortschrittsverfolgung, denn sie berichten über den Status von Ergebnissen, Ergebnisabnahmen, Belegung von Ressourcen und Terminen. So bringen sie auch nur in Verbindung mit der Planung echten Nutzen, da die Planung ja erst durch ihre Soll-Werte die Maßstäbe schafft, gegen die sich berichten lässt. Erst der Vergleich von Soll-Werten und Ist-Werten erlaubt es, die Berichterstattung zu bewerten, Schlüsse aus ihr zu ziehen.

Statusberichte werden vielerorts aber auch als eigenständige Maßnahmen gepflegt. Weit verbreitet dienen sie der Berichterstattung an das Management. Hier werden einfach Ereignisse aus den Geschehnissen berichtet, welche der Berichterstatter als geeignet dafür befindet. Das gibt natürlich kein echtes Bild der Gegebenheiten. Diese Art der Statusberichterstattung setzt sich dann über alle Managementebenen fort. Für den Zweck werden die Inhalte der verschiedenen Statusberichte einer Berichtsebene für die nächste Berichtsebene gestrafft zusammengefasst. Eine solche Berichterstattung mag für eine allgemeine Information ausreichen, da aber die Berichterstattung die Ereignisse teilweise recht summarisch wiedergibt und nur jene Ereignisse heraushebt, welche der Berichterstatter nach seinem Ermessen ausgewählt hat, ist eine Berichterstattung dieser Art einer Fortschrittsverfolgung wenig dienlich.

3.4.9 Metriken

Der Begriff steht für Maßnahmen, die durch Registrieren, Messen und Vergleichen Kennzahlen schaffen, welche die Geschehnisse bewerten. Sie nehmen Gegebenheiten auf und identifizieren darüber Probleme sowie den Nutzen von Vorgehensweisen also Maßnahmen. Teils handelt es sich um gängige allgemeingültige Metriken, teils sind sie dem Vorhaben entsprechend aufzustellen. Dabei geht es aber immer darum, Werte zu gewinnen, die sich vorgegebenen Kennzahlen als Maßstab gegenüberstellen lassen. Metriken analysieren also. Benchmarking ist z.B. eine solche Maßnahme, welche dem Vergleich der Leistungen von Unternehmen dient.

Bei Prozessen lassen sich Metriken unter dem Aspekt einsetzen, Wirkung und Nutzen der Prozesse bzw. ihrer einzelnen Maßnahmen zu ermitteln. Bei den Kenngrößen, welche es für die Prozesse zu bewerten gilt, handelt es sich um Ablaufdauer, Arbeitsaufwand, Kosten, Stabilität und Qualität. An Hand der Kenngrößen zeigt sich, ob die Prozesse tatsächlich gelebt werden oder ob sie nur Schlagworte sind. Prozesse können nur als rationell gelten, wenn sie laut der aufgeführten Kenngrößen messbaren Nutzen bringen. Die Kenngrößen sind teils miteinander verkoppelt, hängen aber auch von nachgeordneten Kriterien ab. Stimmt die Stabilität nicht, werden auch für die Ablaufdauer, die Kosten und die Qualität die gestellten Ansprüche nicht erfüllt. Die Stabilität hängt im wesentlichen von der Güte der Vorgaben ab. Dazu gehören die Ergebnisvorlagen ergo Ergebnismuster, die Aufwandsvorgaben zu den Ergebnissen als auch die Qualifikation der Ressourcen. Von Einfluss ist natürlich auch, wie die Maßnahmen umgesetzt werden. Die ungenügende Umsetzung einer Maßnahme ist auch recht oft die Ursache von Problemen. Sofern sich Stabilitätsprobleme zeigen, sind die Vorgaben über Metriken zu werten, sofern die Ursachen nicht augenscheinlich sind.

Liegen die Kosten zu hoch, kann das einerseits die Folge eines unrationellen bzw. instabilen Prozesses sein, andererseits kann die Ursache auch in überzogenen Produktvorgaben oder in der Qualifikation der Ressourcen liegen. So hängen auch Ablaufdauer und Kosten im Grunde genommen eng zusammen. Ein schleppend verlaufendes Projekt zieht in der Regel auch ungerechtfertigte hohe Kosten nach sich.

Sofern Prozesse die Erwartungen, die in sie gesetzten wurden, nicht erfüllen, darf ihnen darum nicht gleich pauschal die Schuld gegeben werden. Sie müssen vielmehr über ihre Kenngrößen und den nachgeordneten Leistungskriterien mit Hilfe von Metriken gemessen und so inspiziert werden. Einer solchen Inspektion sind z.B. folgende Beiträge und dazugehörige Größen zugänglich:

- Prozess
  Ressourcen- und Kostenaufwand für Produktions- und Steuerlinie
  Wirkungsgrad = Aufwand Produktionslinie / Aufwand (Produktionslinie + Steuerlinie)
- Abwicklungszeiten
  Marktanforderungen, Gegebenheiten
- Termineinhaltung
  Prognosegenauigkeit, Anzahl und Gründe von Terminverzügen
- Verhältnis der Angebote und der daraus resultierenden Aufträge
- Nacharbeiten, Änderungen, Qualitätsstörmeldungen
  Anzahl, Ressourcen, Kosten, Dauer, Ursachen
- Kundenbeschwerden
  Anzahl, Inhalte, Ursachen
- Nachlieferungen
  Anzahl, Inhalte, Ursachen, Kosten
- Projektmanagement
  Aufwendungen, Auftragsanteile, Anzahl ad hoc angesetzter Aktionen, Anzahl der Besprechungen mit Dauer, Teilnehmerzahl und Gründen.
- Garantieleistungen
  Anzahl, Inhalte, Ursachen, Kosten

Die Werte dieser Kenngrößen geben in Summe ein Maß für die Umsetzung, Rentabilität, Stabilität und Qualität der Prozesse, welche als Bezugsgrößen die Wirkung von Veränderungen und auf Zeit auch Trends augenscheinlich machen.

3.4.10 IT-Unterstützung

Der Einsatz der Informationstechnologie (IT) stellt eine Maßnahme dar, die zwar breit gefächert zu nutzen ist, aber immer nur in Verbindung mit anderen Maßnahme einen Beitrag liefern kann. Mit der IT ist grundsätzlich jede Maßnahme zu unterstützen. Die IT-Unterstützung schafft dabei Transparenz und Effizienz, sofern sie den Maßnahmen und Nutzern auch gerecht wird. Das gilt sowohl für Programme zur Planung und zum Workflow Management als auch für Datenbanken und anderen IT-Werkzeugen. Viele dieser IT-Werkzeuge entstehen leider oft nur aus Sicht der Hersteller, weniger nach den Bedürfnissen der Nutzer und den Belangen der Prozesse.

In der Praxis ist es allerdings gar nicht so selten, dass IT-Werkzeuge als grundsätzliche Verfahren missverstanden werden. Daraus resultiert dann das Verständnis, die Probleme ausschließlich über IT-Werkzeuge lösen zu können. In der Regel sind es dann die augenscheinlichen Symptome, für die dann IT-Werkzeug entstehen und angesetzt werden. Die eigentliche Ursachen bleiben unberücksichtigt. Stimmen z.B. die Ergebnisse nicht, weil die logische Ergebnisfolge unklar ist und damit die Inhalte nicht abgestimmt werden können, ändert daran auch eine Datenbank nichts, auf der die mangelhaften Ergebnisse fein säuberlich zur Verwaltung abgelegt werden.

3.5 Wirkmechanismus der Maßnahmen

3.5.1 Praxisgegebenheiten

Sofern es in den Geschehnissen der Unternehmen zu Problemen kommt, die Abbildung 49 gibt hierzu unter den Punkten 1 bis 9 einige Beispiele wieder, heißt es angemessen gegen sie vorzugehen. Die Praxis bedient sich dafür unterschiedlicher Maßnahmen. Die Abbildung 50 listet unter den Punkten a bis l die wesentlichsten dieser Maßnahmen auf. Wie zu sehen ist, handelt es sich hier um Maßnahmen, welche im Grunde die Prozesse ausmachen. Demnach stehen dem Prozessansatz also auch nur Maßnahmen zur Verfügung, welche die Praxis kennt und mehr oder weniger einsetzt. Insofern sind Prozesse also keine neue weitere Maßnahme, sondern umreißen nur das Vorgehen, Maßnahmen im Verbund einzusetzen und wirken zu lassen. Hierin besteht dann auch der Unterschied zur Vorgehensweise der Praxis, denn dort herrscht im Gegensatz dazu die Gepflogenheit vor, auf ein anstehendes Problem vorwiegend mit nur einer dieser Maßnahmen einzugehen.

❶ Unklare Aufgabenstellungen
❷ Plötzliche Terminverzüge
❸ Ungenaue Aufwandsprognosen
❹ Informationsstreuung
❺ Produktvorgaben mündlich
❻ Häufige Nacharbeiten
❼ Zögerliche Entscheidungen
❽ Zweierlei Ergebnisverständnis
❾ Keine Zuständigkeiten

Abbildung 49
Resümee einer Problemanalyse

Maßnahmen und Problembeschreibungen also Abbildung 50 und 49 einmal gegenübergestellt, macht die ganze Problematik dieser Vorgehensweise augenscheinlich. Zwischen den Problemen und Maßnahmen lassen sich kaum eindeutige Zuordnungen finden. Maßnahmen und Probleme gegenüberzustellen, um so eine Maßnahme für die Problembehebung zu ermitteln, ist auch kein angemessener Ansatz. Problembeschreibungen geben Symptome und nicht Ursachen wieder. Abhilfen für die Symptome beheben nicht die Ursachen der Probleme. Liegt dann gar noch eine

Ursachenüberlagerung vor, zeigt sich das Phänomen der Mehrfachfehler. Die ausgewählte Maßnahme bringt dann nicht das erwartete Maß an Wirkung. Sie hat entweder nur mäßigen oder gar keinen Einfluss, verändert manchmal sogar die Symptome und damit das Problembild. Die Geschehnisse hinterlassen dann den Eindruck, dass die ausgewählte Maßnahme ungeeignet ja sogar falsch sei. Der vermeintliche Misserfolg wird schließlich der Maßnahme selbst angelastet, was zu Unrecht geschieht. Die Misserfolge sind nichts anderes als Symptome unzureichend eingesetzter Maßnahmen. So geht die Praxis z.B. das Problem «plötzlicher Terminverzug» in der Regel über ein Projektmanagement und der damit einhergehenden Fortschrittsverfolgung an. Was ein Projektmanagement für das Problem bewirken bzw. nicht bewirken kann, soll einmal das folgende Beispieles zeigen.

a Ablaufdarstellung
b Ergebnisvorlage
c Ergebnisinspektion
d Organisation
e Planung
f Projektverfolgung
g Teamarbeit
h Anleitung, Schulung
i Statusbericht
k Metriken
l IT-Unterstützung

Abbildung 50
Maßnahmen zur Handhabung von Unternehmensgeschehnissen

Sind die Geschehnisse unter den üblichen organisatorischen Aspekten in Funktionen wie Einkauf, Entwicklung, Vertrieb etc. gegliedert, lauten die gängigen Statusangaben zur Fortschrittsverfolgung u.a. Bestellung ausgeführt, Entwicklung zur Hälfte fertig oder abgeschlossen etc. Wie schon ausgeführt wurde, sind solche Statusangaben nicht messbar und damit nicht nachvollziehbar. Ein Projektmanagement und die damit einhergehende Fortschrittsverfolgung können als Maßnahmen an dieser Gegebenheiten nichts ändern. Ihre Beiträge beschränken sich auf die Statusregistrierung und auf die Statusberichte zur Terminsituation, die aber eben aufgrund fehlender Maßstäbe nicht nachvollziehbare sind. Infolge davon laufen die Statusangaben und die Bearbeitungszeiten auf Dauer immer stärker auseinander. Es wird Termineinhaltung berichtet, bis es dann auf einmal zu einem «plötzlichen Terminverzug» kommt. Die anstehende Verzugszeit weist in der Regel aus, dass sich der Terminverzug eigentlich schon seit geraumer Zeit angebahnt haben muss, also nicht plötzlich zu Stande kam, sondern gleich aus welchen Gründen nur nicht offensichtlich gemacht wurde.

So stellen Terminverzüge ein Symptom dar, das ganz unterschiedliche Ursachen zum Ausgang haben kann. Terminverzüge können z. B. von unzureichenden Ressourcen oder unvollständig erfassten Anforderungen herrühren, die beide unzulängliche Ergebnisse nach sich ziehen, welche immer wieder nicht geplante Nacharbeiten verlangen. Es zeigen sich hier Beziehungsmängel. Ein Projektmanagement allein bringt hier keine Abhilfe. Um zu verhindern, dass solche ungenügenden Ergebnisse entstehen und letztlich zu Terminproblemen führen, verlangt das Ergebnisvorlagen also verbindliche Maßstäbe, ferner Ergebnisinspektionen sowie eine Anleitung oder Schulung der Ressourcen, auf was es bei den Vorgaben, den Ergebnissen selbst und den Ergebnisinspektionen ankommt. Das soll nicht heißen, dass damit das Projektmanagement überflüssig wird. Es hat in diesem Fall vielmehr für den Einsatz der aufgezählten Maßnahmen Sorge zu tragen.

3.5.2 Maßnahmen richtig einsetzen

3.5.2.1 Beziehungsebenen und Beziehungsinhalte

Beziehungsmängel haben als gegeben zu gelten. Auch Teams sind keine Patentlösung, sie zu verhindern. Vielmehr gilt es über den Einsatz angemessener Maßnahmen die Geschehnisse vorbeugend abzusichern, wofür es zu wissen gilt, was die Beziehungen ausmacht. Bestimmend für die Beziehungen sind die Ergebnisse. Über sie stehen die Vorgänge der Prozesse und so auch die Ausführenden der Vorgänge einmal in der Position des Nutzers, nämlich dann wenn sie Ergebnisse anderer Vorgänge als Vorgaben entgegennehmen, und ein andermal in der Position des Herstellers, wenn sie aus den Vorgaben ihre Ergebnisse entstehen lassen und liefern. In einem Unternehmen findet sich so ein «jeder» über die Vorgänge der Prozesse in der Rolle von Kunde und Lieferant wieder. In den Beziehungen, welche daraus entstehen und im Grunde die Geschehnisse ausmachen, sind in der Regel die Ursachen ungenügender Ergebnisse zu finden. Zwar werden die Beziehungen von den Ablaufdarstellungen der Prozesse vorgezeichnet, letztlich bestimmt aber das Rollenverständnis der Ausführenden ganz wesentlich die Qualität der externen und internen Beziehungen. Vor allen Dingen bei den internen Beziehungen wird augenscheinlich, wie ausgeprägt das allgemeine Kundenverständnis bei den Ausführenden ist, ob auch die internen Nutzer von Ergebnissen als Kunden gesehen und behandelt werden. Sofern letzteres nicht geschieht, darf wohl die Vermutung geäußert werden, dass die Kundenorientierung nur aufgesetzt ist und folglich auch den externen Kunden nicht immer angemessen begegnet wird.

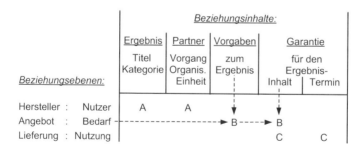

Abbildung 51
Beziehungsebenen und Beziehungsinhalte einer Lieferanten-Kunden-Beziehung

Einer Lieferanten-Kunden-Beziehung, gleich ob sie extern oder intern vor sich geht, verläuft stets über die von Abbildung 51 gezeigten drei grundsätzliche Beziehungsebenen. Sie spiegeln den Fortgang einer Lieferanten-Kunden-Beziehung wider, bei der einer jeden Beziehungsebene bestimmte Beziehungsinhalte zugrunde liegen. In der Matrix der Abbildung 51 verknüpfen die Kennzeichen A, B und C die Beziehungsebenen mit den Beziehungsinhalten und weisen darüber die Zugehörigkeit aus, wie bei der Beziehungsebene von Angebot und Bedarf über die Richtungspfeile mit gestrichelten Linien beispielsweise angezeigt wird.

Die Probleme, welche sich in den Geschehnissen zeigen, rühren von Mängeln in den Lieferanten-Kunden-Beziehungen also von den drei aufgeführten Beziehungsebenen her, welche für folgende grundsätzlichen Aufgaben stehen:

♦ Hersteller und Nutzer eröffnen zusammen die Lieferanten-Kunden-Beziehung.
♦ Angebot und Bedarf bestimmen die Lieferinhalte.
♦ Lieferung und Nutzung setzen die Lieferinhalte um.

Wird eine dieser Beziehungsebene hinsichtlich ihrer Beziehungsinhalte nur ungenügend oder gar nicht erfüllt, kommt es zwangsläufig auf dieser Beziehungsebene aber auch auf allen nachgeordneten Beziehungsebenen zu Mängeln, woraus sich dann die Probleme ergeben. Das ist bei der Suche nach den Ursachen zu beachten. Das Problem «plötzlicher Terminverzug» weist zwar erst einmal auf den Beziehungsinhalt «Ergebnistermin» und damit auf die Beziehungsebene «Lieferung und Nutzung» hin, die eigentliche Ursache des Problems kann aber auch in den beiden übergeordneten Beziehungsebenen zu finden sein. Nicht ausreichend erfüllte Beziehungsinhalte lassen ungenügende Ergebnisse entstehen.

Bei der ersten Beziehungsebene, welche sich auf Hersteller und Nutzer bezieht, sind Ergebnis und Partner die Beziehungsinhalte. Das Ergebnis stellt für alle Beziehungsebenen die Bezugsgröße dar. Es hat noch vor der Klärung der Partnerschaft einen allgemeinverbindlichen Titel zu erhalten. Zusätzlich zum Titel ist für das Ergebnis noch vorzugeben, welcher Ergebniskategorie es entspricht, was dann die Ergebnisvorlage bestimmt. Die Forderung nach einem Titel mag zwar recht nach Formalismus klingen, wird sie aber nicht erfüllt, kann es später recht lästige Folgen nach sich ziehen. Fehlt ein allgemeinverbindlicher Titel, kommt es mit der Zeit zu einer Vielzahl unterschiedlicher Ergebnisbenennungen. Jeder Beteiligte hat dann aufgrund unterschiedlicher Ergebnistitel auch unterschiedliche Ergebnisvorstellungen. Es stellen sich kurz über lang Verständigungsprobleme ein, wer unter welcher Bezeichnung was versteht. Die dann anfallenden Ergebnisklärungen und die Frage, ob es zeitlich und kostenmäßig vertretbar ist, die schon in andere Ergebnisse eingegangenen Titel noch zu bereinigen, kann nennenswerte Zeit beanspruchen.

Der Beziehungsinhalt Partner steht für die Vorgänge der Prozesse, welche über die Ergebnisse in Partnerschaft zueinander stehen, sowie für die Organisationseinheiten oder Teams, welche für die Vorgänge zuständig sind und die Ressourcen für die Umsetzung also die Ausführungspartner bereitstellen. Zu jedem Ergebnis gehört ein Vorgang als Hersteller und ein Vorgang oder mehrere Vorgänge als Nutzer, die als Partner miteinander in Verbindung zu treten haben. So geht es darum, die Vorgänge zu kennen, die in Partnerschaft zueinander stehen, als auch die Organisationseinheiten und die Ressourcen, welche für die Vorgänge als Ausführungspartner wirken. An und für sich eine Grundvoraussetzung, die eigentlich nicht besonders erwähnt werden müsste. Aber wer kennt nicht die Frage nach dem Zuständigen oder den Anwendern und wie oft bleibt sie unbeantwortet.

Unterbleibt die Partnerklärung, kann es zu keinem geordneten Ergebnisfluss und folglich auch zu keiner effizienten Ergebnisnutzung kommen. Eine nur schwer kontrollierbare Ergebnisstreuung wäre stattdessen die Folge. Die erste Beziehungsebene würde in diesem Fall schon einmal eine Problemursache liefern und damit auch in den nachfolgenden Beziehungsebenen Probleme entstehen lassen. Wenn die Partner sich nicht kennen, gibt es kein Angebot und keinen Bedarf aufeinander abzustimmen und schon kann auch diese Beziehungsebene nicht erfüllt werden. Jede Beziehungsebene kann so die Ursache für Probleme liefern, welche sich dann durch das gesamte Geschehen fortsetzen und es kippen lassen vergleichbar einer Reihe aufgestellter Dominosteine.

Nach der Bestimmung der Partner muss es in einer Lieferanten-Kunden-Verbindung zur Klärung von Angebot und Bedarf kommen. Der Titel zum Ergebnis ist hierfür die Bezugsgröße. Die Vorgaben zum Ergebnis und die Garantie zum Ergebnisinhalt sind die Beziehungsinhalte, welche hier anfallen.

In einer Lieferanten-Kunden-Beziehung stehen sich die Vorgaben von Nutzern und Hersteller gegenüber. Die Nutzer also die Kunden geben vor, was sie als Ergebnis benötigen. Der Hersteller und Lieferant gibt vor, was er für ausführbar hält und somit liefern kann. Bei den Vorgaben zum Ergebnis handelt es sich um Angaben bezüglich Inhalt, Wiedergabe, Form, Trägermedium, Übergabe, Ablage etc., wie sie von den angesprochenen Ergebnisvorlagen wiedergegeben werden und was den Maßstab für die Ergebnisse ausmacht. Die zu den Ergebnistiteln vorgegebene Ergebniskategorie schafft die Verbindung zu diesen Ergebnisvorlagen. Natürlich bleibt der Abgleich fraglich oder kommt teilweise auch gar nicht zustande, wenn die Nutzer keine rechten Vorstellungen haben, was sie benötigen, und der Hersteller seine Möglichkeiten nicht so recht kennt. Falschlieferungen, Nacharbeiten, Mehrkosten, Terminüberschreitungen oder das Scheitern eines Projektes sind die Folgen. Der Abgleich von Bedarf und Angebot ist darum in einer Lieferanten-Kunden-Beziehung ein ganz bestimmendes Element. Die Abgleichqualität ist ein ganz wesentlicher Beitrag für die Garantie zum Ergebnisinhalt und damit indirekt auch zum Ergebnistermin.

Dennoch wird der Abgleich häufig als überzogener Formalismus abgewertet und deshalb gleich gar nicht praktiziert oder über Gespräche abgehandelt, im Glauben dadurch Zeit zu sparen. Andererseits gibt es aber auch den Trugschluss, dem Abgleich nur durch reinen Formalismus Genüge tun zu können. Eine jede Abstimmung von Bedarf und Angebot ist aber iterativ und darum nicht auf Zuruf oder über einen reinen Formalismus machbar. So muss der Hersteller dem Nutzer erläutern, welche Vorgaben er für eine zweifelsfreie Bedarfsanforderung von ihm erwartet, wobei er sich auf die Ergebnisvorlage bezieht. Der Nutzer hat dann wiederum dem Hersteller seine Bedarfsgründe zu erläutern. Das ermöglicht den Hersteller, die Nutzer beraten sowie auf falsche oder überzogene Vorgaben hinweisen zu können.

Lieferung und Nutzung bilden die dritte und letzte Beziehungsebene. Für das Ergebnis muss garantiert sein, dass es gemäß den inhaltlichen und terminlichen Vorgaben sowohl geliefert als auch genutzt wird. Die Garantie zum Ergebnisinhalt und die Garantie zum Ergebnistermin sind folglich hier die Beziehungsinhalte. Sie können aber nur erfüllt werden, wenn die beiden übergeordneten Beziehungsebenen umgesetzt wurden. Nur dann stehen die Partner sowie die Vorgaben zu den gewünschten Ergebnissen zweifelsfrei fest, die zur Lieferung und Nutzung kommen sollen. Übrigens führt jede Änderung und Nachbesserung zu den Vorgaben auf dieser Ebene unweigerlich zu Mehraufwendungen und zu Verzügen.

Auf dieser Beziehungsebene wird letztlich das Maß der Kundenorientierung offensichtlich. Hier zeigt sich, ob für die Kunden eine Garantie für den Ergebnisinhalt und Ergebnistermin besteht und sie die Ergebnisse für eine Nutzung inhaltlich als auch zeitlich verbindlich einplanen können. Im Grunde spiegelt sich darüber die Glaubwürdigkeit und Kompetenz der ausführenden Organisationseinheiten wider. Die Verlässlichkeit der angeführten Garantien bestimmt den Erfolg bzw. Misserfolg der Partnerschaft zwischen dem Hersteller und den Nutzern. Ist auf den Hersteller hinsichtlich der Ergebnisinhalte und Ergebnistermine auf Dauer kein Verlass, bleibt den Nutzern nichts anderes übrig, als den Hersteller zu wechseln. Ein externer Kunde wird nach einem anderen Lieferanten Ausschau halten. Für die internen Kunden heißt das aber im Grunde, dass sie die Ergebnisse mehr oder weniger selbst zu erarbeiten haben, die sie als Vorgabe für ihre Aufgaben brauchen, dass sie sich also autark machen müssen, da ihnen ja nicht wie am freien Markt andere Hersteller zur Verfügung stehen. Der interne Kunde dehnt so seine Wertschöpfungsbeiträge in eigener Entscheidung aus. Hier zeigt sich eine Ursache, warum sich Organisationen mit der Zeit ausweiten. Gibt es für ein Ergebnis mehrere Nutzer, werden vergleichbare Ergebnisse als Vorgaben mehrfach erarbeitet und darüber Ressourcen vergeudet.

Nimmt andererseits ein Hersteller wahr, dass sein Ergebnis keine angemessene Nutzung erfährt, der interne Nutzer es für seine Zwecke gar noch neu gestaltet, wird seine Lieferung zur Pflichtübung zum bloßen Zweck der Aufgabenerledigung und Terminerfüllung. Die Lieferung orientiert sich nicht mehr an inhaltlicher Qualität sonder nur noch am Ergebnistitel und anderen äußerlichen Merkmalen wie z.B. am Umfang im Fall einer Spezifikation. Der Hersteller liefert Ergebnishülsen. Das gelieferte Ergebnis ist schließlich von jedem Nutzer selbst noch nachzuarbeiten. Mit so anfallenden Mehrfachbearbeitungen werden, wie oben schon angeführt wird, Ressourcen verschwendet.

3.5.2.2 Maßnahmenansatz

Bei den Lieferanten-Kunden-Beziehungen liefern allein die Beziehungsinhalte ansprechbare Einzelheiten, auf die konkret einzugehen ist. So sind auch die Maßnahmen auf die Beziehungsinhalte ausgerichtet, wie hier gezeigt werden soll. Da die Schlagworte, welche die Maßnahmen und Beziehungsinhalte benennen, nur teilweise im Übereinklang zueinander stehen, lässt das den Wirkbereich mancher Maßnahme nicht so ohne weiteres erkennen. Der Einfluss wird erst offensichtlich, wenn die Beiträge der Maßnahmen mit den Beziehungsinhalten einzeln in Verbindung gebracht werden. Dieses Vorgehen bringt letztlich zutage, auf welche Beziehungsinhalte jede Maßnahme eingeht. Hier nehmen die einzelne Maßnahmen zum Teil auf verschiedene Beziehungsinhalte Einfluss. Dementsprechend wirken dann auf einzelne Beziehungsinhalte aber auch mehrere Maßnahmen ein, wie es die Zuordnungen in Abbildung 52 demonstrieren.

So gibt die Ablaufdarstellung als grundlegende Maßnahme eines Prozesses die Titel der anfallenden Ergebnisse und die Vorgänge vor, welche einmal als Hersteller die Ergebnisse zu liefern haben und zum anderen wie ein Kunde die Ergebnisse vorangegangener Vorgänge als Vorgabe nutzen. Sie liefert mit all diesen Angaben direkte Beiträge zu den Beziehungsinhalten «Ergebnis» und «Partner», welche beide die Beziehungsebene von Hersteller und Nutzer ausmachen, über die eine jede Lieferanten-Kunden-Beziehung eröffnet wird. Die Ablaufdarstellung reiht so die Vorgänge hinsichtlich der Wechselbeziehung von Hersteller und Nutzer zweifelsfrei aneinander. Aufgrund all dieser Vorgaben erübrigt sich, die Ergebnisse und die Partner als auch den Ergebnisfluss, der daraus entsteht, immer wieder neu ergründen zu müssen, was ein gängiges Thema der erwähnten Kick-off-Meetings des Projektmanagements ist. Die Vorgaben der Ablaufdarstellung machen die Geschehnisse transparent und stabil, was Qualität und Effizienz nach sich zieht.

Die Ergebnistitel der Ablaufdarstellung dienen allen weiteren Maßnahmen als Referenz. Da diese Maßnahmen letztlich auch zum Ziel haben, die Ergebnisse sicherzustellen, erfährt der Beziehungsinhalt «Ergebnis» praktisch von diesen Maßnahmen indirekt noch eine Unterstützung, wie es die Abbildung 52 ausweist.

Weiteres kann eine Ablaufdarstellung allerdings nicht beitragen. Sie vermag weder Vorgaben zu den Ergebnissen zu liefern noch die Ergebnisinhalte und die Ergebnistermine zu garantieren. Hier zeigt sich recht konkret der Grund, warum Ablaufdarstellungen allein die Unternehmensgeschehnisse nicht sicherstellen können. Entstehen im Rahmen von Prozessprojekten nur Ablaufdarstellungen, wie es in der Praxis vielerorts vorkommt, ist das Scheitern solcher Projekte schon vorgezeichnet.

Die Ergebnisvorlage als nächste Maßnahme in der Abbildung 52 liefert direkte Beiträge zu den Beziehungsinhalten «Vorgaben zum Ergebnis» und zur «Garantie für den Ergebnisinhalt», welche zur Beziehungsebene von Angebot und Bedarf gehören.

Die Ergebnisvorlagen geben für beide Beziehungsinhalte im Grunde Checklisten ab. Am Beispiel der Ergebnisvorlage wird in Abbildung 52 an Hand der gestrichelten Linien und der Richtungspfeile einmal die Zuordnung einer Maßnahme zu den Beziehungsinhalten und der Beziehungsebene wiedergegeben.

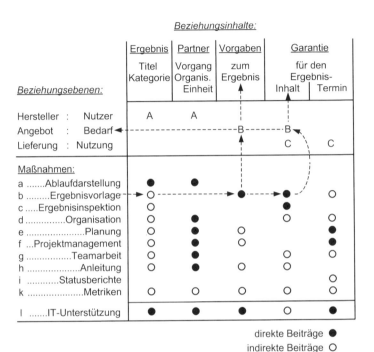

Abbildung 52
Zuordnung der Maßnahmen zu Beziehungsinhalte und Beziehungsebenen

Im Fall der «Vorgaben zum Ergebnis» erübrigen die Ergebnisvorlagen in ihrer Eigenschaft als Checkliste, wie schon erwähnt, die Einzelheiten und die dazu erforderlichen Angaben, auf welche die Vorgaben einzugehen haben, immer wieder neu ergründen zu müssen. Die Ergebnisvorlagen sorgen damit für Effizienz. Darüber hinaus lassen sich in den Ergebnisvorlagen auch neu gewonnene Erkenntnisse zu den Vorgaben festschreiben und so gemachte Erfahrungen weitergeben. Eine unverzichtbare Bedingung für eine kontinuierliche Verbesserung der Vorgaben. Alles in allem stellen Ergebnisvorlagen so auf Dauer die Vollständigkeit und die Fehlerfreiheit also die Qualität der Vorgaben sicher.

Für die Ergebnisinhalte selbst liefern die Ergebnisvorlagen mit ihren Vorgaben die Maßstäbe, welche die Qualität der Ergebnisseinhalte aus der Bearbeitung heraus und weniger über nachträgliche Prüfungen zu Stande bringt. Sie sichern so den Beziehungsinhalt «Garantie für den Ergebnisinhalt» schon bei der Bearbeitung ab und mindern dadurch das Risiko der Nacharbeit und der daraus resultierenden Terminverzüge. Damit steuern die Ergebnisvorlagen einen indirekten Beitrag zur «Garantie für den Ergebnistermin» bei.

Trotz aller Vorkehrungen ist die «Garantie für den Ergebnisinhalt» im Zweifelsfall letztlich immer nur über eine Ergebnisinspektionen sicherzustellen, welche auch nur zu diesem Beziehungsinhalt etwas beiträgt. Es liegt in der Natur der Sache, dass Ergebnisinspektionen die «Garantie für den Ergebnistermin» in Frage stellen. Ergebnisinspektionen können Mängel aufdecken und dadurch Nacharbeiten erforderlich machen, die einen Terminverzug nach sich ziehen. Diesen Problemkreis weitgehend aufzulösen, setzt die Ergebnisvorlagen voraus. Wie oben schon ausgeführt, schaffen sie im Vorfeld angemessene Ergebnisinhalte und liefern damit einen indirekten Beitrag zur «Garantie für den Ergebnistermin». Andererseits verlangt aber auch eine zweifelsfreie und effiziente Ergebnisinspektion solche Ergebnisvorlagen als Maßstab.

Organisationen stellen auf der Beziehungsebene von Hersteller und Nutzer die Ressourcen also die Ausführungspartner für die Vorgänge zur Verfügung. Dabei kann es sich auch um ein Team handeln, was vergleichbar einer Organisationseinheit mit seinen Ressourcen zum Partner wird. Damit leistet die Organisation einen direkten Beitrag für den Beziehungsinhalt «Partner». Über die Qualifikation und Quantität der Ausführungspartner, welche sie den Vorgängen zur Verfügung stellen, steuert die Organisation zudem auch einen indirekten Beitrag zum Ergebnisinhalt und Ergebnistermin bei.

Die Planung verknüpft die Prozesse unmittelbar mit der Organisation, indem sie den Vorgängen der Ablaufdarstellungen die Ausführungspartner zuordnet, welche die Organisation bereithält. Weiter legt sie zu den Vorgängen noch die zeitlichen Vorgaben bezüglich der Arbeitsaufwände sowie der Anfangs- und Endtermin zu jedem Ergebnis und damit zu jedem Vorgang fest. Die Planung wirkt so auf die Beziehungsinhalte «Partner» als auch «Garantie für den Ergebnistermin» mit direkten Beiträgen ein.

Die Sicherstellung der zeitlichen Vorgaben verlangt eine Fortschrittsabfrage, die wahlweise Bestandteil der Planung selbst ist, über ein Workflow Management erfolgt oder als Projektverfolgung im Rahmen eines Projektmanagement vor sich geht, so wie es in Abbildung 52 eingetragen ist. Das Projektmanagement setzt die Planungsvorgaben um und geht folglich auf die gleichen Beziehungsinhalte wie die Planung ein.

Wie die Zuordnungen in Abbildung 52 offen legen, nehmen weder die Planung noch das Projektmanagement direkten Einfluss auf die Ergebnisinhalte. Hier zeigen sich die

Grenzen der beiden in der Praxis überwiegend genutzten Maßnahmen. Planung und Projektmanagement können noch so umfassend sein, beide vermögen keine Ergebnisinhalte sicherzustellen. Mangelhafte Ergebnisinhalte machen aber jede Planung zunichte, denn sind die Ergebnisinhalte nicht sichergestellt, können auch die Ergebnistermine nicht garantiert werden. Unter solchen Umständen büßen Planung und Projektmanagement ihre Steuerfunktionen ein. Das Projektmanagement erschöpft sich dann darin, die Terminverzüge zu registrieren, sie zu berichten und ihnen ad hoc mit Sonderaktionen zu begegnen.

Teams kommen Organisationseinheiten gleich und gehen so, als Maßnahme eingesetzt, auf die gleichen Beziehungsinhalte wie die Organisationen ein. Entweder ist das Team der Partner oder es stellt als Pool die Ressourcen für die Vorgänge bereit.

Anleitung und auch Schulung beziehen sich stets auf die Ausführenden. Die Maßnahme geht darum als direkter Beitrag auf den Beziehungsinhalt «Partner» ein. Beides kann sich hier auf einzelne Ergebnisse beziehen und für sie entsprechende Themen behandeln z.B. den Zweck von Ergebnisvorlagen, wie Vorgaben entstehen oder wie Ergebnisse zu erarbeiten sind. Entsprechend ergeben sich daraus über die Ausführenden indirekte Beiträge zu den Beziehungsinhalten «Ergebnis», «Vorgaben zum Ergebnis» und «Garantie für den Ergebnisinhalt».

Statusberichte weisen weitgehend einen passiven Charakter auf. Sie liefern weder zu einem bestimmten Ergebnis oder zu Ergebnisinhalten einen direkt Beitrag. Von Fall zu Fall lassen sich aus den Statusberichten Hinweise zur Fortschrittssituation entnehmen, womit sie einen indirekten Beitrag zur «Garantie für den Ergebnistermin» abgeben. So können auch Metriken praktisch für alle Beziehungsinhalte nur einen indirekter Beitrag liefern, wenn die über sie gewonnenen Erkenntnisse für den einen oder anderen Beziehungsinhalt Verbesserungsbedarf anzeigen.

Mit IT-Unterstützungen lassen sich in Verbindung mit den einzelnen Maßnahmen für die Mehrzahl der Beziehungsinhalte direkte Beiträge geben, welche für die Handhabung der Beziehungsinhalte und der darauf angesetzten Maßnahmen die Effizienz steigern, indem sie hier das Erfassen, Verwalten, Ordnen und Suchen übernehmen. Ausgenommen davon ist nur die «Garantie für den Ergebnisinhalt» als Beziehungsinhalt. Hier kann die IT-Unterstützung nur formelle Inhalte sicherzustellen und somit ist hier auch nur ein indirekter Beitrag gegeben. Wichtig ist eben, dass die IT-Unterstützungen auf einer Maßnahme und nicht auf Symptomen aufsetzen, z.B. der Informationsstreuung nicht einfach nur mit einer Datenbank begegnet wird.

Die betrachteten Maßnahmen wirken teils präventiv und teils korrektiv, weisen zum Teil auch beide Eigenschaften auf. Für die inhaltliche als auch zeitliche Absicherung der Prozesse sind beide Eigenschaften erforderlich. Die präventiv eingesetzten Maßnahmen wirken wie ein Filter, das den Vorgängen vorgeordnet ist. Sie haben hier die Aufgabe, die ungenügenden Vorgaben, die in Folge von Beziehungsmängeln zustande kommen, schon im Vorfeld von den Vorgängen und den Ergebnissen fernzuhalten, um so über bereinigte Vorgaben die Nacharbeiten zu vermeiden.

Zu den Maßnahmen, die präventiv wirken, gehören Ablaufdarstellung, Ergebnisvorlagen, Planung, Projektverfolgung, Anleitungen, Organisation, Teamarbeit und IT-Unterstützungen. Präventive Maßnahmen sorgen für Qualität und das noch auf recht effiziente Weise, was bei ausschließlich kontrollierenden und korrigierenden Maßnahmen weniger gegeben ist. So abgesicherte Prozesse kommen den von ISO 9000 geforderten Qualitätsmanagementsystem gleich.

Nicht alle Beziehungsmängel sind im Vorfeld auszuschalten, da ja Maßnahmen selbst auch wieder unzureichend umgesetzte werden können und in diesem Fall löchrigen Filtern gleichkommen, welche die Vorgabemängel auf die Ergebnisse durchgreifen lassen. Die mangelhaften Ergebnisse, die daraus entstehen, wirken wieder auf die Beziehungen ein, die in Folge zu weiteren neuen Beziehungsmängel führen. Wird beispielsweise geduldet, dass die Partnerfrage unvollständig abgehandelt wird, ist eine Klärung für Angebot und Bedarf nicht gegeben. Korrigierenden Maßnahmen nachzuschalten, ist darum unentbehrlich, um solche Probleme so früh wie möglich erkennen und korrigieren zu können. Die Zahl der zu korrigierenden Probleme gibt im Grunde das Maß, wie effektiv die präventiven Maßnahmen wirken. Sie liefern die Kriterien für Gegenmaßnahmen, die ungenügend umgesetzte präventive Maßnahmen wieder effektiv und effizient zu machen.

Die Ergebnisinspektionen und die darin eingeschlossene Nacharbeiten stellen eine solche korrektive Maßnahme dar. Eine Maßnahme, die präventiv als auch korrektiv wirkt, ist die Ergebnisvorlage. Sie gibt sowohl für die zu liefernden Ergebnisse als auch für eine spätere Ergebnisinspektion einen Maßstab ab. Die Planung und die Projektverfolgung liefern unter zeitlichen Aspekten ebenfalls präventive als auch korrektive Beiträge hinsichtlich Handhabung der Soll-Werte und Ist-Werte. Statusbericht und Metriken wirken zwar nicht direkt auf die Ergebnisse ein, da sie aber bestehende Mängel aufdecken, wirken sie korrektiv.

Die Maßnahmen zeigen selbstredend, wie ernsthaft sie umgesetzt werden, so dass nur formell eingesetzte Maßnahmen sich bei ernsthafter Betrachtung schnell zu erkennen geben. Ein Terminplan macht nur dann Sinn, wenn seine Zielsetzungen auch eingehalten werden, er nicht nur ständig den Gegebenheiten angepasst wird. Das setzt angemessene Aufwandsbestimmungen und ergebnisorientierte Fortschrittsabfragen voraus, was wiederum Ergebnisvorlagen verlangt. Eine Ergebnisinspektion kann ebenfalls nur dann als gegeben gelten, wenn dafür gesorgt wird, dass die Ergebnisse zu messen sind. Es muss Maßstäbe für die Ergebnisse geben und die Ergebnisse müssen so präsentiert werden, dass die Maßstäbe auch anzulegen sind.

3.5.3 Mit Maßnahmen Problemen vorbeugen

Wie aus den Betrachtungen zum Maßnahmenansatz hervorgeht, deckt keine der angeführten Maßnahmen allein alle Beziehungsinhalte in ihren Einzelheiten ab. Hier zeigt sich, dass nicht einzelne Maßnahmen sondern nur eine Summe von Maßnahmen die Produktionslinie der Prozesse sicherzustellen vermag, indem sie im Verbund als Steuerlinie präventiv als auch korrektiv auf die Geschehnisse einwirken. Zusammen mit der Ergebnisorientierung liegt hierin der eigentliche Prozessansatz.

Das Schema in Abbildung 53 macht einmal an Hand der Problembeispiele 1 bis 9 aus der Abbildung 49 den Wirkmechanismus eines solchen Verbundes von Maßnahmen augenscheinlich. Das Schema erläutert, wie von dem anstehenden Problembeispiel 1 als Symptom über die in Frage kommenden Beziehungsebenen auf die problematischen Beziehungsinhalte zu kommen ist und sich dann über sie die erforderlichen Maßnahmen bestimmen lassen, welche den Problemen begegnen. Die Ausführungen geben zu erkennen, warum der weitverbreiteten Vorgehensweise, Probleme nur mit einzelnen Maßnahmen zu begegnen, grundsätzlich kein Erfolg beschieden sein kann. Sie beantwortet auch die immer wieder gestellte Frage der Praxis, wie sich mit Prozessen wohl Probleme beheben als auch vermeiden lassen. Das soll aber nicht heißen, dass dafür plädiert wird, mit solchen Einzelansätzen grundsätzlich den Problemen der Praxis zu begegnen. Soweit es darum geht, Lücken in der Maßnahmenanwendung aufzuspüren, kann natürlich mit der im Schema geschilderten Vorgehensweise auf einzelne Probleme eingegangen werden.

Um auf das Problem «unklare Aufgabenstellung» eingehen zu können, welche in Abbildung 49 unter dem Problembeispiel 1 angeführt wird, ist zuerst die Beziehungsebene zu bestimmen, von welcher das Problem herrühren kann. Das Problem weist auf die Beziehungsebene von Angebot & Bedarf hin. Es ist nicht auszuschließen, dass sich im Verlauf der Analyse durchaus noch herausstellen kann, dass es eine «unklare Aufgabenstellung» gibt, weil «keine Zuständigkeit» für das Produkt besteht, d.h. Problem 9. In diesem Fall müsste dann zuerst die Beziehungsebene «Hersteller und Nutzer» und die Beziehungsinhalte «Ergebnis» und «Partner» sichergestellt werden.

Zur Beziehungsebene «Angebot und Bedarf» gehören als Beziehungsinhalte die «Vorgaben zum Ergebnis» und «die Garantie für Ergebnisinhalte», wie die Matrix in Abbildung 53 über die Kennzeichnung B aufzeigt. In den Spalten dieser Beziehungsinhalte wird angezeigt, von welchen Maßnahmen sie direkte Beiträgen erhalten. Es handelt sich dabei um die Ergebnisvorlage, Ergebnisinspektion und IT-Unterstützung. Mit diesen Maßnahmen ist dem Problem «unklare Aufgabenstellung» zu begegnen, was die Abbildung 53 in der Zeile zum Problembeispiel 1 links mit den Buchstaben b, c und l als Referenz zu den Maßnahmen anzeigt, die in Frage kommen. Hier schließt sich die Zuordnungsfolge, welche an Hand der gestrichelten Linien und Richtungspfeile in diesem Fall einmal hervorgehoben wird

Gemäß den Vorgaben muss es Ergebnisvorlagen geben und zwar einmal für die Ergebnisse, welche in den Vorgang zur eigentlichen Aufgabe als Vorgaben eingehen, und zum anderer für das zu liefernde Ergebnis, das es zu erarbeiten gilt. Aus der Differenz der Ergebnisvorlagen leiten sich dann die Aufgabenstellung als auch der Aufgabenumfang her.

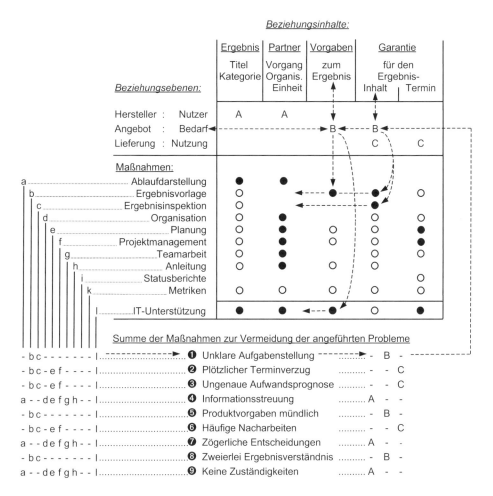

Abbildung 53
Problemvermeidung verlangt eine Summe von Maßnahmen

Besteht das Problem der unklaren Aufgabestellungen trotz gegebener Ergebnisvorlagen, wirft das die Frage auf, wie es mit der Qualität und der Anwendung der Ergebnisvorlagen beschaffen ist. Unter den Umständen sind die Ergebnisvorlagen

157

dann selbst einer Ergebnisinspektion zu unterziehen. Hier kann dann z.B. zutage kommen, dass die Ergebnisvorlagen nicht ausreichend sind oder nicht angemessen genutzt werden. Beides deutet darauf hin, dass Hersteller und Nutzer sich gegenseitig nicht angemessen in die Pflicht nehmen, was auf einen Beziehungsmangel auf der Beziehungsebene von Hersteller und Nutzer verweist, der von den Ausführenden selbst oder von fehlender Zuständigkeit herrühren kann. Andererseits können auch fehlende Bedarfsvorgaben die Ursache liefern, was dann aber wieder auf die Ausführenden verweist.

Auf gleiche Weise lassen sich auch die Maßnahmen bestimmen, welche auf die Problembeispiele 2 bis 9 eingehen.

Probleme in einer übergeordneten Beziehungsebene beeinflussen auch die sich anschließenden Beziehungsebenen. Entsprechend muss die Behebung der Probleme in der Reihenfolge der Beziehungsebenen geschehen. Die Problembeispiele 4, 7 und 9 haben zweifelsfrei ihre Ursache in der Beziehungsebene von Hersteller und Nutzer. Hier stellen Ergebnis und Partner die Beziehungsinhalte dar. Für die übrigen Problembeispiel ist es nicht auszuschließen, dass sie von Mängeln der ihnen übergeordneten Beziehungsebenen herrühren, wie es am Problembeispiel 1 oben schon angesprochen wurde. Das Problem 1 auf der Beziehungsebene von Angebot und Bedarf anzugehen, hat wenig Zweck, wenn nicht vorher die übergeordnete Beziehungsebene sichergestellt ist. Bei den Problembeispielen 2, 3 und 6 zeigt sich das noch ausgeprägter. Sie spiegeln sich zwar in der Beziehungsebene von Lieferung und Nutzung wider, können aber durchaus von Ursachen in den beiden übergeordneten Beziehungsebenen herrühren. Unter den Umständen ist denkbar, dass sich mehrere Ursachen überlagern, wie am Problembeispiel 2 einmal demonstriert werden soll.

Der plötzliche Terminverzug, welcher das Problembeispiel 2 ausmacht, ist erst einmal ein Problem der Beziehungsebene von Lieferung und Nutzung. Der Lieferant hat seinen Termin nicht eingehalten und gibt stattdessen einen Ersatztermin an, der wesentlich später liegt. Solche Geschehnisse lassen dem ersten Anschein nach Mängel in der Planung und Fortschrittsverfolgung beim Lieferant annehmen, denn Terminverzüge entstehen nicht plötzlich. Sie bauen sich kontinuierlich auf und können frühzeitig wahrgenommen werden. Das ermöglicht, noch rechtzeitig korrigierend einzugreifen oder schon zu einem frühen Zeitpunkt die Terminprobleme anzuzeigen. Die Analysen plötzlicher Terminverzüge zeigen immer wieder die gleichen Versäumnisse. Es wird über lange Zeit hinweg ignoriert, dass sich zwischen dem abgeschätzten Ergebnisaufwand also dem Soll-Wert und dem abgegebenen Ist-Wert ein Missverhältnis aufbaut. Ein Gegensteuern ist dann nicht mehr machbar und der «plötzliche Terminverzug» ist gegeben aber eben hausgemacht.

Naheliegend ist hier, die Terminprobleme über die Planung anzugehen. Die Überraschung ist dann groß, wenn sich an der Misere trotzdem wenig ändert. Bei anstehenden Problemen, wie z.B. bei dem plötzlichen Terminverzug, ist darum immer mit in Betracht zu ziehen, dass Ursachenüberlagerungen vorliegen können. So kann es sein, dass die Aufwandsprognosen mangels Vorgaben nicht stimmen. Unter den Umständen ist über die Planung im Grunde dann auch nichts mehr zu verbessern, denn die eigentliche Ursache liegt in einer der übergeordneten Beziehungsebenen. Das Problem wird hier sicherlich nicht unter dem Aspekt plötzlicher Terminverzug erscheinen, sondern in der Beziehungsebene von Hersteller und Nutzer beispielsweise unter der Problemschilderung «keine Zuständigkeit» angeführt werden, in der Beziehungsebene von Angebot und Bedarf könnten das Problem die Symptome «unklare Aufgabenstellung» oder die «mündliche Produktvorgaben» als auch das «zweierlei Ergebnisverständnis» wiedergeben. Jede dieser drei Gegebenheiten können unangemessene Prognosewerte nach sich ziehen. Unter den Umständen kann eine Planung natürlich nicht aufgehen, wenn es deswegen dann an der Ressourcendisposition mangelt.

Die Häufigkeit, mit welcher die Maßnahmen bei den Problembeispielen 1 bis 9 eingehen, erlaubt eine ganze Anzahl von Schlüsse zu ziehen, welche die Problematik der Praxis in der Anwendung der Maßnahmen widerspiegelt. Da die Problemsammlung nach Gutdünken entstanden ist, können diese Schlüsse allerdings nicht als repräsentativ gelten. Dennoch spiegeln sich in den Zuordnungen der Maßnahmen, welche über die Beziehungsebenen und Beziehungsinhalte vorgenommen wurden, einige Trends und Erfahrungssätze der Praxis wider.

Die IT-Unterstützung (l) erscheint bei allen Problemen als Maßnahme. Die Praxis greift auch immer wieder gern auf sie als Maßnahme zurück, um damit Problemen zu begegnen. Dass die IT-Unterstützungen aber nur so gut sind wie die Maßnahmen, die sie unterstützen, bleibt dabei oft unberücksichtigt. Eine IT-Unterstützung kann für eine Planung recht wirksam und effizient sein. Nur was nützt das, wenn die Terminprobleme von unzureichend erfassten Arbeitsaufwänden oder mangelhaften Ergebnissen herrühren.

Die Planung (e) als die klassische Maßnahme der Praxis ist bei einigen Problemen gar nicht vertreten, kann dort auch nichts ausrichten. Das ist übrigens auch bei der Organisation (d) und dem Projektmanagement (f) mit seiner Projektverfolgung gegeben. Hier bestätigt sich eine Erfahrung, welche die Praxis immer wieder machen muss, dass nämlich mit den Maßnahmen Organisation, Planung und Projektmanagement die Geschehnisse nur begrenzt unter Kontrolle zu halten sind. Das Projektmanagement wird parallel zur Planung gezeigt. Das spiegelt ganz angemessen auch seine Aufgabe wider, nämlich hauptsächlich die Vorgaben der Planung in die Tat umzusetzen.

Die Organisation findet nur bei wenigen Problemen als Maßnahme Einsatz und dann stehen immer noch andere Maßnahmen mit an, wie es sich in Abbildung 53 bei den Problembeispielen 4, 7 und 9 zeigt. Dennoch begegnet die Praxis den Problemen aber allzu gern immer wieder nur mit organisatorischen Maßnahmen. Es muss darum nicht verwundern, dass bei den organisatorischen Maßnahmen der Praxis immer wieder die Wirkung ausbleibt. Die Teamarbeit (g) erscheint parallel zur Organisation als Maßnahme. Das ist gerechtfertigt, da die Teamarbeit im Grunde einer organisatorischen Maßnahme gleichkommt.

Die Ablaufdarstellung (a) erscheint ebenfalls bei vielen Problemen nicht als Maßnahme. Das zeigt ein weiteres Mal, dass der Ablaufdarstellung trotz ihrer Bedeutung als alleinige Maßnahme kein Erfolg beschieden ist. Prozesse nur unter dem Aspekt Abläufe zu verstehen, ist zum Scheitern verurteilt. Das erklärt wohl auch die hohe Misserfolgsrate bei den Prozessvorhaben.

Maßnahmen, die gleich häufig wie die Planung und die Projektverfolgung erscheinen, sind die Ergebnisvorlage (b) und die Ergebnisinspektion (c). In der Praxis liegen beide Maßnahmen allerdings kaum vor. Das gilt übrigen auch für die Anleitung (h), an welcher es in der Praxis als Maßnahme auch mangelt. Die Maßnahmen Statusberichte (i) und Metriken (k) treten bei den Beispielen nicht in Erscheinung, da sie als Maßnahme auf die Beziehungsebenen und Beziehungsinhalte nicht direkt einwirken.

Ein Vergleich der vorliegenden Maßnahmenpakete zu den einzelnen Problemen lässt erkennen, dass sie im Grunde nach den Beziehungsebenen ausgerichtet sind. Diese bestimmen über ihre Beziehungsinhalte, welche Maßnahmen erforderlich sind, um einwandfreie Beziehungen zu garantieren, die keine Probleme aufkommen lassen.

4 Prozesse in aktuellen Strategien

4.1 Strategiegrundlage

Obwohl definierte Prozesse selbst einer Strategie gleichkommen, sind sie auch die Grundlage für viele in den letzten Jahren aktuell gewordener Strategien. Recht augenscheinlich treten die Prozesse bei dem klassischen Strategieansatz von Lean Production als Grundlage hervor. Andere Strategien wie z.B. Lean Management oder ISO 9000 stellen die Prozesse als Grundlage weniger stark heraus. Sie werden darum von der Praxis auch vielerorts nicht wahrgenommen. Im Grunde setzen aber diese und andere aktuellen Strategien Unternehmensgeschehnissen voraus, die sich handhaben lassen, und das verlangt eben ansprechbare also definierte Prozesse.

4.2 Lean Production

Lean Production kann schon als Klassiker in der Palette aktueller Strategien gelten. Die hohe Produktivität der japanischen Autoindustrie wurde lange Zeit ausschließlich ihrer Automatisierung zugeschrieben. Die Automatisierung ist zweifellos ein Element der Strategie. Wie der Bericht zur Analyse des Massachusetts Institut of Technology vor Jahren dazu aber ausführte, ging damals nur rund ein Drittel der besseren Effizienz auf die Automatisierung zurück. Die Orientierung am Product Life Cycle und an den Prozessen sowie die Verantwortungsdelegation an die Ausführenden waren die wesentlichsten neuen Elemente der Strategie. Die von den Prozessen ausgehende Ergebnisorientierung und die daraus resultierenden klaren Vorgaben schaffen hier die Voraussetzung, auch Verantwortung hinsichtlich Produkt als auch Prozess vom Management an die Ausführenden delegieren zu können. Kleine Teams und starke Teamleiter sind weitere grundsätzliche Elemente dieser Strategie.

4.3 Lean Management

Bei dieser Strategie geht es darum, an Hand kurzer Entscheidungswege das Time-to-Market zu verbessern sowie Verschwendung in den Abläufen auszuschalten mit dem Ziel, die Effizienz und folglich auch die Wettbewerbsfähigkeit zu steigern, was flache

Hierarchien bewirken sollen. Für den Zweck werden ganze Führungsebenen aus den Hierarchien herausgenommen. Das setzt aber klare Verhältnisse voraus, was es an Vorgängen, Ergebnissen und Verbindungen gibt, wer dafür zuständig ist und wer nach einer Änderung dafür zuständig zu sein hat. Allein definierte Prozesse liefern solche Angaben, welche erst eine problemlose Veränderung von Zuständigkeiten erlauben. Die Realisierung von Lean Management setzt folglich fundierte Prozesse voraus. Im Grunde ist der Übergang zu Lean Management der abschließende Schritt einer konsequenten Umsetzung der Ansätze zu Ergebnisorientierung, Prozesse, Teams und IT-Unterstützung.

Lean Management erhält aber oft auch den Akzent «schlankes Unternehmen». Unter diesem Verständnis wird dann in der Regel über alle Ebenen der Hierarchie hinweg einfach nur der Personalbestand herabgesetzt und Hierarchieebenen entfernt, was in den Unternehmen sonst üblicherweise unter der Bezeichnung Umstrukturierung vor sich geht. Bei der Umstellung auf eine flache Hierarchie kann es natürlich auch zu einer Personalreduzierung kommen. Daraus umgekehrt aber herzuleiten, über Personalreduzierung zur flachen Hierarchie des Lean Management zu kommen, bedeutet ein folgenschweres Missverständnis. Denn bei Lean Management geht es darum, Führungsstrukturen zu verändern sowie Verantwortungen und Entscheidungsbefugnisse in die Ausführungsebenen zu delegieren. Das ist nicht einfach nur durch den Wegfall von Hierarchieebenen und einer Personalreduzierung zu erreichen, sondern setzt auch eine Ausrichtung an Prozessen voraus, wie es die Betrachtungen zur Organisation zu erkennen geben.

4.4 ISO 9000 und Total Quality Management TQM

Bei ISO 9000 handelt sich um eine Strategie, welche den Qualitätsgedanken in den Unternehmen auf den Aspekt fokussiert, jeder wirkt als Lieferant für externe als auch interne Kunden, was dem Grundsatz der Prozesse entspricht. Die Standards unter ISO 9000 sprechen zwar Qualitätsmanagementsysteme an, gehen mit ihren Vorgaben aber auf die Prozesse zu den Unternehmensaufgaben ein. Das Total Quality Management TQM nimmt sich aller Bereiche und Themen der Unternehmen an, wie sein Total anzeigt. Es behandelt nicht nur die Prozesse, sondern schließt alle Unternehmensthemen ein wie z.B. Unternehmensführung, Mitarbeiterführung, Unternehmensstrategien etc. und legt dazu auch eine Selbstbeurteilung zugrunde.

Die Standards unter ISO 9000 gehören zwar mit zu den Wegbereitern, welche die Unternehmen für Prozesse aufgeschlossen gemacht haben, aber die anfänglich in ISO 9000 gesetzte Hoffnung, dass es in den Unternehmen den Prozessen zum Durchbruch verhilft, hat sich in dem erwarteten Umfang nicht erfüllt. Das Zertifikat ist überwiegend zum Werbemittel geworden. Die Verantwortlichen der Unternehmen orientieren sich für die Zertifizierung an gegebenen Darstellungsnormen und lassen entsprechende formelle Oberflächen entstehen. Die ISO-Audits nehmen sich in aller Regel dieser Oberflächen sowie der dazugehörigen formellen Beschreibungen und Ergebnisbeispielen an.

4.5 Simultaneous Engineering

Diese Strategie hat zum Ziel, die Produktentstehung und damit die Produkteinführung also das Time-to-Market zu beschleunigen. Unter diesem Aspekt verlangt die Strategie, dass alle in Frage kommenden Unternehmensbereiche an der Produktdefinition von Anfang an teilhaben und die verschiedenen Einführungsaktivitäten weitgehend gleichzeitig oder zumindest überlappend vor sich gehen. Das setzt Teams voraus, die interdisziplinäre arbeiten. Eine solche Vorgehensweise verlangt genaue Kenntnisse, wie die einzelnen Sachdisziplinen ineinander greifen, mit welchen Teilergebnissen sie beginnen, was parallel vor sich gehen kann, welche Vorgänge kollektiv oder unabhängig voneinander zu behandeln sind. All diese Angaben geben nur definierten Prozesse wieder.

4.6 Workflow Management

Die IT-Werkzeuge für ein Workflow Management aber auch IT-Werkzeuge für die Unterstützung anderer Maßnahmen, wie z.B. der Planung, geben eigentlich nur Komponenten vor, die von den Maßnahmen als Ganzes einzusetzen sind. Der Nutzen solcher IT-Werkzeuge hängt praktisch von der Güte der Maßnahmen ab, die sie unterstützen. Sie tragen konzeptionell nichts zu den Maßnahmen bei.

Für ein Workflow Management ausgelegtes IT-Werkzeug präsentiert so in erster Linie einmal die Schritte der Bearbeitung also die Produktionslinie der Prozesse und stellt andererseits sicher, dass keine Vorgänge im Ablagekorb liegen bleiben. Das IT-Werkzeug handelt insofern nur die Ablaufdarstellungen der Produktionslinien als auch die darauf aufsetzende Ergebnisvorgabe, Planung und Fortschrittsverfolgung ab. Das Workflow Management verändert hier nichts, sondern präsentiert nur Schritt für Schritt die Vorgaben der Produktionslinie als auch der angeführten Teilprozesse und automatisiert darüber die Fortschrittsverfolgung. Entsprechend sind dann die IT-Werkzeuge ergebnis- oder funktionsorientiert also mehr oder weniger zutreffenden ausgerichtet. Ein auf Ergebnisse ausgerichtetes IT-Werkzeug zeigt so das Ergebnismuster sowie alle Ergebnisse an, welche als Vorgabe für das zu erstellende Ergebnis in Frage kommen. In einem Versicherungsunternehmen sind das neben dem eigentlichen Versicherungsfall z.B. auch die Vertragsbestimmungen und Kundendaten. Das

IT-Werkzeug nimmt die anstehenden Ergebnisse und dazugehörigen Termine auf und erinnert automatisch auch an Termine und ausstehende Ergebnisse, die evtl. für Recherchen oder andere Zuarbeiten an andere Stellen gegeben wurden. Es fordert so die Ergebnisse ab und sorgt für die Weiterleitung der Ergebnisse zu den nachfolgenden Bearbeitungsvorgängen. Es reduziert darüber weitgehend die Koordinierungsaufwendungen, Suchzeiten und Liegezeiten. Unter diesen Gegebenheiten ist die Einführung eines IT-Werkzeuges nur eine Optimierungsstufe in der Handhabung der Prozesse.

Ein Workflow Management eignet sich vor allen Dingen für routinemäßig ablaufende Geschehnisse also Fließprodukte. Dazu gehören viel Dienstleistungen, welche im Bankgewerbe, in Versicherungsgesellschaften, im Versandhandel und anderen Unternehmen anfallen wie z.B. Zahlungsverkehr, Vertragsbearbeitung, Schadensregulierungen und Auftragsabwicklungen. Selbst die Bearbeitung von Patentanträgen ist ein Thema für ein Workflow Management.

4.7 Business Reengineering

Business Reengineering ist zum Synonym für die radikale Umgestaltung von Unternehmen geworden. Als Strategie hat es die radikale Neugestaltung der Unternehmensgeschehnisse zum Inhalt. Das Erkennen und Auflösen im Grunde überholter und ineffizienter Gegebenheiten ist Kern der Strategie. Das erstreckt sich sowohl auf die Geschäftsfelder als auch auf die Prozesse der Unternehmen. Also auch hier sind die Prozesse Gegenstand der Strategie. Die Neugestaltung der Prozesse erstreckt sich dabei weitgehend darauf, wie den Fallbeispielen in den gegebenen Veröffentlichungen zu entnehmen ist, überzogene organisatorische und funktionelle Untergliederungen der Geschehnisse zu beseitigen. Es ist hier vom Prozess-Redesign die Rede. Das hinterlässt den Eindruck, als wenn die Prozesse frei zu gestalten wären. Das zu glauben, wäre aber ein Trugschluss. Beim Prozess-Design geht es darum, wie beschrieben, zu einer logischen Ergebnisfolge zu kommen. Hierbei handelt es sich um eine Ergebnisfolge, die ausschließlich durch die Ergebnisse bestimmt wird, in der jegliche willkürliche und organisatorische Vorgabe zu entfallen hat. Je nach dem wie die Ergebnisse inhaltlich abgegrenzt werden, kann die logische Ergebnisfolge variieren. So hat auch bei einem Business Reengineering die Optimierung der Prozesse an den Ergebnissen anzusetzen. Auch hierfür gelten die schon behandelten Forderungen:

- ♦ Ein Ergebnis muss möglichst vielen Nutzern dienlich sein.
- ♦ Ein Ergebnis muss ohne große Nacharbeit in nachfolgende Ergebnisse einfließen.
- ♦ Ein Ergebnis muss weitgehend parallel ablaufende Vorgänge ermöglichen.

Die angeführten Forderungen stehen zweifellos im einem gewissen Widerspruch zueinander. Hier liegt der Optimierungsansatz, die drei Forderungen optimal aufeinander abgestimmt zu realisieren.

4.8 Balanced Scorecard

Der obige Begriff macht seit einiger Zeit die Runde. Er bezeichnet einen strategischen Ansatz, der eine ganzheitliche und zielorientierte Unternehmensführung bewirken soll. Die Balanced Scorecard gibt dafür die Zielkategorien als auch die dazu ausgewählten konkreten Ziele und Indikatoren vor, welche letztlich die Anzeigen liefern, in welchem Grad auf die Ziele zugesteuert wird. Zielvorgaben gibt es hier dann nicht nur zu der klassischen Zielkategorie der Finanzen, sondern auch noch zu Zielkategorie wie z.b. Kunden und Markt, Innovationen, Motivation und Qualifikation der Mitarbeiter sowie Prozesse.

In der praktischen Anwendung soll die Balanced Scorecard als Ansatz dafür Sorge tragen, dass Managementansätze bezüglich der Zielkategorien ausgewogen zueinander und nicht isoliert voneinander zu Stande kommen. Ferner soll mit den Zielvorgaben klare Zielvereinbarungen und Ergebnisbewertungen für eine Selbststeuerung der Mitarbeiter sichergestellt werden. Unter diesen Aspekten wäre der Begriff dann frei mit „ausgewogener Berichtsbogen" zu übersetzen.

Eine ganze Anzahl der anstehenden Zielkategorien einschließlich der Selbststeuerung der Mitarbeiter setzt definierte Prozesse voraus, denn erst über sie ist mit Hilfe von Metriken an Hand der Indikatoren eine Ergebnisbewertungen für die Zielvereinbarungen möglich. Die Berichte der Metriken werden dann gemäß der Zielkategorien der Balanced Scorecard wiedergegeben.

5 Prozesse einführen

5.1 Radikal aber nicht riskant

In Verbindung mit den aktuellen Strategien wird häufig die Notwendigkeit einer radikalen Umgestaltung der Unternehmen angesprochen. Das hinterlässt zunächst erst einmal den Eindruck, zum Hasardspiel aufgefordert zu werden, nach dem Motto alles oder nichts bis zum Äußersten gehen zu müssen ohne Rücksicht auf die Folgen. Verständlicherweise wird das vielerorts Unternehmensverantwortliche davon abhalten, Strategien mit einem solchen Terminus für ihr Unternehmen in Betracht zu ziehen, denn wer wird durch riskantes Vorgehen die Existenz eines Unternehmens aufs Spiel setzen wollen. Jedoch es darf auch nicht außer Acht gelassen werden, dass Nichtstun auch ein riskantes Verhalten ist, denn hier besteht die Gefahr, von den Entwicklungen und folglich von schnelleren Mitbewerbern überrollt zu werden. Darum gilt es, die mit den Veränderungen einhergehende Risiken zu relativieren.

Etwas radikal zu verändern, muss nicht riskant sein, sondern kann sogar notwendig werden, um überhaupt Erfolg zu haben. In aller Regel bestimmt der Umfang der Veränderung und die Ausführung das Maß des Risikos. Es ist für die Unternehmen zweifellos eine radikale Umgestaltung, von der hierarchischen Organisation mit ihrer Funktionsorientierung zur Ergebnisorientierung, zu Prozessen, Teamarbeit, Workflow Management und Lean Management zu wechseln. Sofern der Wechsel in einer logischen Folge von Veränderungen gleich einem Prozess kontrolliert Schritt für Schritt vor sich geht und so die Gegebenheiten sichergestellt werden, die jeder Veränderungsschritt voraussetzt, ist eine solche radikale Umgestaltung für die Unternehmen in keiner Weise riskant.

Dagegen gibt es für die Unternehmen ein recht riskantes Unterfangen ab, die oben aufgezeigten Umstellungen parallel vorzunehmen oder bei der Umstellung Schritte auszulassen, dabei womöglich gefestigte Organisationsstrukturen vorschnell zu Gunsten von Lean Management schon aufzulösen, bevor noch die Prozesse erprobt sind und von den Teams gelebt werden. Bei einer jeden Umstellung muss mit Mängeln gerechnet werden, die in einem solchen Fall vervielfacht und überlagert auftreten und sich infolgedessen die Geschehnisse dann nur noch mit hohen Aufwendungen beherrschen lassen. Fehlt es der Ausführung dann mangels Details noch an Genauigkeit, verstärkt sich dies dann noch.

Bei einem schrittweisen Vorgehen hebt ein Wechsel von der Funktionsorientierung der Organisationen zur Ergebnisorientierung der Prozesse in den Unternehmen noch keine bestehenden Strukturen auf, sondern setzt nur einen anderen Akzent. Im Grunde besteht in den Unternehmen neben der Funktionsorientierung mehr oder weniger auch schon eine Ergebnisorientierung. Wie bereits angesprochen, spiegelt sie sich in Ergebnisvorgaben wider, wie sie z.B. mit Vorlagen für Stücklisten, Bestell- und Antragsformularen als auch Gliederungs- und Inhaltsvorgaben für Verträge, Spezifikationen u.a. Dokumente in den Unternehmen allgemein schon üblich sind. Die Ergebnisorientierung ist also nicht grundsätzlich neu für die Unternehmen. Die Ergebnisvorlagen und Ergebnisinspektionen, welche als Maßnahmen die Ergebnisorientierung realisieren, sind vielerorts auch schon bekannt. Es mangelt in der Praxis nur allzu häufig an der radikalen Umsetzung und Handhabung dieser Maßnahmen. Dadurch werden gegebene Rationalisierungspotentiale kaum genutzt und somit die Chance vergeben, die Effizienz nennenswert zu steigern.

Unter den Umständen ist die Schaffung definierter Prozessen für die Unternehmen in keiner Weise riskant. Es muss einfach nur getan werden, was allerdings gründlich und ohne fragwürdige Kompromisse also radikal zu geschehen hat und das kann, wie ebenfalls schon erwähnt, parallel zur bestehenden Organisation vor sich gehen. Auf den definierten Prozessen aufsetzend dann nacheinander Teams zu schaffen, Workflow Management einzuführen und letztlich die Organisation unter dem Aspekt Lean Management auszurichten, birgt kein Risiko in sich, es muss eben nur Schritt für Schritt und des Erfolges wegen radikal geschehen.

Mangelt es bei den Einzelheiten an der Ausführung, kann eine solche Umstellung für die betroffenen Unternehmen dann allerdings schon riskant werden. Dass in einem solchen Fall kein brauchbares Ergebnis vorliegt, stellt wohl noch das geringste Problem dar. Mit den Kosten, die hier ohne Nutzen angefallen sind, stehen aber schon einmal verschwendete Mittel an. Erst recht riskant wird es für ein Unternehmen, wenn aufgrund einer ungenügenden Umstellung die Geschehnisse außer Kontrolle zu geraden drohen oder gar schon außer Kontrolle geraden sind. Wie aber bereits oben ausgeführt, liegt hier das Problem nicht beim eigentlichen Ansatz, sondern bei der unsachgemäßen Ausführung, und hat somit als hausgemacht zu gelten.

5.2 Umstellung

Eine Ausrichtung an Prozessen bedeutet praktisch auch die Einführung eines neuen Ordnungsprinzips, an dem sich die Unternehmen wie jedes andere Gemeinwesen bezüglich Gliederung, Zuständigkeiten und Kommunikation zu orientieren haben. Bei den herkömmlichen Organisationen stellt die Hierarchie das Ordnungsprinzip dar, nach dem die Organisationseinheiten geordnet werden. Bei den Prozessen ist es der Ergebnisfluss, welcher die Vorgänge mit ihren Ergebnissen einander zuordnet. Beide Ordnungsprinzipien sind unabhängig voneinander und können darum im Grunde unter Berücksichtigung ihrer eigentlichen Zielsetzung nämlich Verwaltung und Prozessgestaltung nebeneinander bestehen. Es gibt also erst einmal keinen zwingenden Grund, wie schon ausgeführt wurde, mit der Schaffung definierter Prozesse gleichzeitig auch die Organisation zu verändern. Es ist nur darauf zu achtet, dass keine organisatorischen Belange mit in die Prozesse eingehen. Hier gilt es absolut sicherzustellen, dass die Prozesse eigenständig bleiben. Organisation und Prozesse dürfen nur über die Zuständigkeit also nur bei der Zuordnung der Vorgänge zu den ausführenden Organisationseinheiten in Verbindung zueinander treten, wie es die Abbildung 28 demonstriert. Die Organisation auf die Belange der Prozesse anzupassen, kann später in einem Folgeschritt geschehen.

Für die Unternehmensaufgaben der Vermarktung, Produkteinführung, Auftragsrealisierung, Kundendienste als auch für die Unterstützungen lässt sich die Umstellung auf definierte Prozesse weitgehend parallel zueinander vornehmen. Das ermöglicht, die Umstellung nach dem anstehenden Handlungsbedarf und des frühen Nutzens vorzunehmen. Dass bei den parallelen Umstellungen zwischen den Prozessen die eine oder andere Verbindung noch keinen Gegenpart findet, soll dabei kein Hindernis sein. Eine solche Verbindung wird eben erst einmal wie gewohnt wahrgenommen. Unter den Aspekten ist die Umstellung dann zuerst für solche Geschehnissen in die Wege zu leiten, welche sich oft wiederholen, besondere Bedeutung haben oder von besonderem Nutzen sind. Unter den Umständen bringt jede einzelne Umstellung den Unternehmen schon Vorteile und dementsprechend kommt es im Verlauf der Umstellungen zu einer fortlaufenden Verbesserung. Die Ausrichtung an Ergebnissen als erster Schritt bringt so den Unternehmen mit der Ergebnisvorlagen und der Ergebnisinspektion gleich zu Beginn schon erwähnenswerten Nutzen.

Bei der Festschreibung der Prozesse muss bei der Steuerlinie besonderes Augenmerk auf die Bestimmung der Inhalte und Aufwendungen für die Ergebnisse gelegt werden. Bleiben hier die Vorgaben ungenügend, wird es bei der Ausführung der Prozesse immer wieder zu Zeitverzügen kommen, sei es wegen der zu niedrig angesetzten Aufwandsvorgaben oder wegen Nacharbeiten aufgrund ungenügender Inhaltsvorgaben, was Instabilität in die Prozesse bringt. Bei der Ausführung der Prozesse gilt es darum für eine wirksame Statusverfolgung zu sorgen, um frühzeitig Abweichungen erkennen und entgegen wirken zu können, aber auch um die Aufwendungen für die Ergebnisse als Steuergrößen aktuell zu halten.

Einhergehend mit der Umstellung auf die Prozesse sind auch IT-Unterstützungen einzurichten so z.B. für Projektplanung, Ressourcendisposition, Workflow Management, Configuration Management, Change Management etc. Über die IT-Werkzeuge erfahren die Prozesse sowohl eine Optimierung als auch Festigung, da mit der IT-Unterstützung bestimmte Vorgänge für die Ausführenden festgeschrieben werden und sie damit ihrem direkten Einfluss hinsichtlich einer subjektiven Veränderungen entziehen. Sobald die Prozesse mit Ergebnissicht und Ergebnisfluss eingeübt sind und gelebt werden, lassen sich die Organisationseinheiten dann ohne Risiko in Teams oder in Pools überführen, die nur noch für die qualitative und quantitative Bereitstellung der Ressourcen Sorge tragen, was dann letztlich erlaubt, zu einem Lean Management überzugehen.

Der Aufwand für die Umstellungen wird von der Anzahl der Prozesse bestimmt, die analysiert, gestaltet, dokumentiert und umgesetzt werden müssen. Für Prozesse bzw. Subprozesse wie z.B. Angebotserstellung, Produktentwicklung oder Auftragsrealisierung liegt die Dauer dieser Arbeiten in einer Größenordnung von 6 bis 10 Wochen. Was die Größe des Unternehmens betrifft, geht diese über die Anzahl der Geschäftsfelder ein. Sie geben vor, wie häufig die Prozesse in Form von Kernprozessen im Unternehmen auftreten, was den Aufwand für die wiederholt anfallenden Ausrichtungen bestimmt. Da die Dauer, zu definierten Prozessen zu kommen, zudem von der Zahl der Ressourcen abhängt, die ein Unternehmen zur Verfügung stellt, bestimmen die Unternehmen die Dauer einer Umgestaltung letztlich weitgehend selbst.

Darüber hinaus nimmt auch die Vorgehensweise, nach der die Umstellung geschieht, und der Nachdruck, mit dem die Umstellung vorgenommen wird, ganz wesentlich Einfluss auf die Dauer der Arbeiten. Kleine engagierte Teams, die vergleichsweise Kristallisationskernen eine Anzahl von Einzelansätzen zu einer Gesamtheit zusammen wachsen lassen, weisen hier erfahrungsgemäß mehr Effizienz auf als Programme mit umfangreichen Sitzungsgruppen, wo eine Teilnahme zur Prestigefrage wird und die eine Vielzahl an Arbeitssitzungen absolvieren, die allein schon nennenswerten Aufwand zur Abstimmung verlangen. Üblicherweise verlaufen solche Programme parallel zur Tagesarbeit und werden dadurch mit der noch gegebenen Unternehmenskultur konfrontiert. Das muss bewusst sein. Wird dann der Fortgang der Arbeitssitzungen gar noch von Beiträgen anderer Gruppen abhängig gemacht, blockieren sich die Arbeitsgruppen mit der Zeit dann gegenseitig durch ausbleibende Beiträge. Programme dieser Art verlaufen kurz über lang im sprichwörtlichem Sande, wenn nicht immer wieder energisch dagegen gesteuert wird und die Blockaden beseitigt werden. Oft liegen diesen Blockaden Beiträge mit geringer Bedeutung zu Grunde, die keine sofortige Erledigung verlangen, oder es geht um Beiträge, die erst später zu erbringen sind. Schließlich schlagen dann Motivation und Einsatzwille mit der Zeit in Aktionismus, Frustration und Resignation um.

5.3 Prozessdokumentation

Prozesse gilt es unmissverständlich zu dokumentieren, denn nur über eindeutig dokumentierte Vorgaben ist ein zweifelsfreies Retrieval des Wissen und damit eine zweifelsfreie Reproduktion der Prozesse gegeben, was letztlich definierte Prozesse ausmacht. Wichtig ist hier, keine umfangreichen Textwerke entstehen zu lassen, in welchen die Zusammenhänge nur schwer auszumachen sind, was in aller Regel mit eine Ursache ist, Prozessprojekte zum Scheitern zu bringen.

Für die Prozessdokumentation gelten die Vorgaben, welche generell für die Ergebnisse aufgezeigt wurden. Die grafische Darstellung hat an erster Stelle zu stehen, denn ein Bild sagt mehr als tausend Worte. Gilt es nur einfache Zusammenhänge wiederzugeben, sind Tabellen und Listen als eindimensionale Tabellen angebracht. Text hat nur der Einführung oder begleitenden Erläuterung zu dienen. Eine solche Vorgehensweise reduziert für die Prozesse ganz beträchtlich den Dokumentationsaufwand und schafft Transparenz in der Prozessbeschreibung.

Obwohl die Struktursicht nicht der Tagesarbeit dient, gehört sie festgehalten und dies soweit wie möglich grafisch. Bei den Angaben der Struktursicht zu den Funktionen der Unternehmen mit ihren Zugehörigkeiten und Ergebnissen handelt es sich um Wissen, was bei der Prozesspflege gebraucht wird. Dies ist z.B. dann gegeben, wenn Strukturänderungen vorzunehmen sind, also einzelne Ergebnisse bzw. ganze Funktionen hinzukommen oder entfallen, aber auch wenn Ergebnisabgrenzungen zu verändern sind.

Der Ergebnisfluss und damit die Vorgangsfolgen sind auch ausnahmslos grafisch aufzuzeichnen, denn nur so sind die Zusammenhänge augenscheinlich zu machen. In der Regel benötigt eine solche Aufzeichnung keine zusätzlichen textlichen Erläuterungen. Die Symbolik ist hier selbstredend, wie es die vorangegangenen Beispiele zeigen. Eng mit der Wiedergabe verknüpft sind die Vorgangsabgrenzungen. Auch hier gilt es zu strukturieren, wie das Beispiel in Abbildung 54 darlegt. Das reduziert einerseits den Aufwand für die Erstellung der Vorgangsabgrenzungen und ermöglicht andererseits eine standardisierte Darstellung, welche Transparenz schafft.

Wie aus der Abbildung 54 zu ersehen ist, kommt die Vorgangsabgrenzung weitgehend mit kurzen Schlagworten aus. Sie gibt darüber wieder, zu welchem Prozess und Subprozess der Vorgang gehört, was im Grunde Suchbegriffe sind. Dann folgt die Vorgangsdefinition. Hierzu gehören:

- ♦ Die Bezeichnung des Vorganges.
- ♦ Die Referenz-Nr. als optionales Kriterium zur Suche oder Zuordnung.
- ♦ Eine kurze Erläuterung der Vorgangsaufgabe zur ersten Orientierung.
- ♦ Die Auflistung der Titel der vorzugebenden Ergebnisse.
- ♦ Der Titel des zu erarbeitenden Ergebnisses.

Die Ergebnismustern zu den vorgegebenen Ergebnisses zeigen an, was die Vorgaben zu den Ergebnisinhalten zu enthalten haben. Sie nehmen detailliert die Ergebnisabgrenzung vor und darüber kommt es dann auch zur detaillierten Vorgangsabgrenzung, wie die hier folgenden Ausführungen aufzeigen. Beim Ressourcenbedarf als Ergebnis, welches zu erstellen ist, geht es darum, die Zahl und Qualifikation der

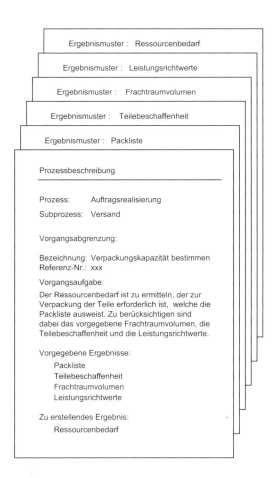

Abbildung 54
Vorgangsabgrenzung in der Prozessbeschreibung

Ausführenden sowie die Hilfsmittel zu bestimmen, die zur Verpackung gebraucht werden. Hier geht einmal die Anzahl der Teile ein, welche die Packliste vorgibt. Ferner hängt es auch von den Abmaßen und Gewichte der Teile ab, was wiederum die Vorgaben zur Teilebeschaffenheit angeben. In den Ressourcenbedarf geht auch das Frachtraumvolumen mit den Gegebenheiten ein, ob es sich um Container, Paletten, Kisten, Pakete etc. handelt oder ob eine Kombination dieser Mittel vorliegt. Die Leistungsrichtwerte liefern letztlich die zeitlichen Belange und Qualifikationsanforderungen.

Die grafische Ablaufdarstellung und die Vorgangsabgrenzungen mit ihren Ergebnismustern machen gemeinsam die komplette Beschreibung der Produktionslinie aus. Beides zusammen gibt ein recht handliches Nachschlagewerk ab, was den Umfang als auch das Auffinden und die Verständlichkeit der Informationen betrifft.

Zur Dokumentation der Prozesse gehören dann noch die Beschreibungen der Teilprozesse, welche in Summe die Steuerlinie ausmachen. Die Wiedergabe der Teilprozesse gestaltet sich recht unterschiedlich, da sie verschiedene Beiträge beisteuern. In jedem Fall haben die Teilprozesse aber auf der Dokumentation der Produktionslinie aufzusetzen. So liefert bei der Projektplanung die Ablaufdarstellung zur Produktionslinie die Vorgaben für den Basisnetzplan. Hier ist dann nur noch die Ablaufdarstellung der Produktionslinie in die Netzplandarstellung zu übertragen, wie es in Abbildung 47 zu sehen ist. Im Grunde handelt es sich dabei um eine einmalige Arbeit, da sich alle anderen spezifischen Projektpläne von diesem Basisnetzplan herleiten lassen, wobei nicht gegebene Vorgänge in den Projektnetzplänen einfach unwirksam zu machen sind. Unter den Umständen kann sich die Projektplanung direkt der Dokumentation der Vorgangsabgrenzungen und Ergebnismuster bedienen, was eine weitere Dokumentation für die Projektplanung erübrigt und damit die Dokumentationsaufwendungen für die Projektplanung nennenswert herabsetzt.

Die Verbindung von Prozess und Organisation geht tabellarisch vor sich. Wie an Hand des Beispieles von Abbildung 28 zu sehen ist, werden den Vorgängen die zuständigen Organisationseinheiten und damit die Ausführenden auf diese Weise zugeordnet. Es genügt dabei nur die Vorgänge und Ergebnisse anzugeben, denn über diese beiden Referenzen lässt sich zwecks weiterer Information sowohl auf die Ablaufdarstellung als auch auf die Vorgangsabgrenzungen und Ergebnismuster der Produktionslinien zugreifen. Die Tabelle der Abbildung 28 ist aus der Praxis der Projektverfolgung heraus entstanden, für die sie als das eigentliche Arbeitspapier alle wesentlichen Bezugsgrößen vorgibt. Wie aus der Tabelle recht augenscheinlich hervorgeht, ziehen organisatorische Änderungen keine Änderungen in der Ablaufdarstellung der Produktionslinie und in den Vorgangsabgrenzungen nach sich.

Für die Erstellung der Arbeitsplatzbeschreibungen fällt so gut wie kein Aufwand mehr an. Über die Liste der Zuständigkeiten erfahren die Ausführenden, für welche Vorgänge sie benannt sind, ob es sich um einen Vorgang oder mehrere Vorgänge handelt. An Hand der Vorgangsabgrenzung und Ergebnismuster steht fest, was ein jeder Vorgang an Vorgaben zu erhalten und was er zu liefern hat. Die Differenz, welche sich zwischen den Inhalten der vorgegebenen Ergebnisse und dem Inhalt des zu erarbeitenden Ergebnisses ergibt, definiert den Wertschöpfungsbeitrag, den der Ausführende des Vorganges zu leisten hat, was dann recht augenscheinlich die Aufgaben des Vorganges abgrenzt. So stellt die Vorgangsabgrenzung dann letztlich auch eine Arbeitsplatzbeschreibung dar. Ist der Ausführende für mehrere Vorgänge zuständig, liefert die Summe der anfallenden Vorgangsabgrenzungen in Summe die Arbeitsplatzbeschreibung. Kommen aufgrund von Änderungen in der Zuordnung Vorgänge hinzu oder entfallen Vorgänge, muss nicht die Arbeitsplatzbeschreibung umgeschrieben werden, sonder nur Vorgangsabgrenzungen hinzugefügt oder entfernt werden.

Für den Teilprozess der Ergebnisinspektion fallen praktisch auch keine Dokumentationsaufwendungen an. Er greift auf die Ergebnismuster zu den Vorgangsabgrenzungen zurück. Spezifische Inspektionsvorgänge werden mit in der Ablaufdarstellung der Produktionslinie angeführt, anderenfalls sind die Inspektionen Bestandteil der Vorgänge, welche die Ergebnisse abzunehmen haben, die ihnen als Vorgaben zugehen, was an Hand der Ergebnismuster geschieht.

Wie die vier Beispiele zeigen, setzt eine fundierte und strukturierte Dokumentation der Produktionslinie für die Teilprozesse der Steuerlinie den Dokumentationsaufwand nennenswert herab.

Eine effiziente Erstellung und Pflege der Dokumentation setzt natürlich eine angemessene IT-Unterstützung voraus. Hier gibt es eine Vielzahl an Produkten am Markt. Auf alle diese Produkte einzugehen, würde den Rahmen des Buches sprengen. Darum sollen hier die Möglichkeiten einer IT-Unterstützung nur einer allgemein Betrachtung unterzogen werden.

Für die Struktursicht bietet sich hinsichtlich der Erfassung, Verwaltung, Pflege, Fortentwicklung und Präsentation von Strukturen z.B. mit DOORS von QSS ein Werkzeug an, was sowohl der Entwicklung als auch der Pflege der Struktursicht dienlich ist.

Für die Werkzeuge, welche die Darstellung und Handhabung der Verhaltenssicht unterstützen, lassen sich im Grunde vier Kategorien herausstellen. Das sind einmal die gängigen Text- und Zeichenprogramme. Mit ihnen lassen sich alle angesprochenen Text- als auch Grafikdokumente anfertigen, welche dann auf einer Datenbank abzulegen wären. Weiter gibt es dann die Programme, welche die Erstellung von Diagrammen gezielt unterstützen und im Vergleich zu den einfachen Zeichenprogrammen die Arbeit etwas effizienter gestalten. Sie machen die zweite Kategorie aus. Um die Beiträge dieser Programme einmal augenscheinlich zu machen, sei hier als Beispiel ohne jegliche Wertung das Programm Microsoft Visio angeführt, welches Unterstützung für eine Vielzahl der unterschiedlichsten Diagrammtypen anbietet. Eine weite Palette an Programmen, welche die Analyse,

Modellierung sowie die Handhabung der Produktionslinie der Prozesse zur Aufgabe haben, dabei auch mehr oder weniger die Dokumentation der Prozesse unterstützen, machen die dritte Kategorie aus. Als Anschauungsbeispiele dafür seien hier das ARIS-Programm genannt, was auf SAP abgestimmt ist, und das Programm ViFlow der Firma Vicon. Kennzeichnende für die Programme der dritten Kategorie ist, dass sie nicht nur die Erstellung von Ablaufgrafiken unterstützen, sondern dass sie die Ablaufgrafiken auch als Oberfläche zur Kommunikation mit Datenbanken benutzen. Über die Ablaufgrafiken sind so Daten zu den Funktionen sowie zu den Verbindungen in eine hinterlegte Datenbank einzugeben als auch Inhalte daraus abzufragen. ViFlow leitet aus den gestaffelten Verhaltenssichten noch eine Struktursicht her. Workflow Management Programme machen die vierte Kategorie aus. Sie umfassen neben der Produktionslinie auch einige Teilprozesse der Steuerlinie wie z.B. Planung, Fortschrittsverfolgung und Ergebnismustervorgabe. Vergleichbar der dritten Kategorie wird hier auch die Ablaufgrafik als Oberfläche für die Ein- und Ausgabe der Daten genutzt.

Viele Programme der dritten und vierten Kategorie beziehen allerdings noch recht stark die Organisationseinheiten mit in die Ablaufgrafik ein. Diese Informationen ließen sich ohne weiteres auch nur in der Datenbank hinterlegen und als Tabelle ausgeben. Denn ändert sich die Organisation, muss auch die Ablaufgrafik geändert werden, was teils erheblichen Aufwand zur Folge hat. Auch setzten diese Programme überwiegend auf Funktionsfolgen auf, wie sie in den Abbildungen 9, 10 und 26 zu sehen sind, und zeigen in den Ablaufgrafiken folglich auch keine Verzweigungen und Zusammenfassungen von Ergebnissen an. Einige dieser Programme so auch ViFlow haben Daten- bzw. Textfelder, welche für die Ergebnisse einen Verteiler vorzugeben erlauben und auch die Ergebnisse auflisten lassen, welche als Vorgabe zur Verfügung zu stehen haben.

Mit einer IT-Unterstützung ist der Dokumentationsaufwand für definierte Prozesse verhältnismäßig gering, zumal die Arbeiten für die Ablaufgrafiken, Vorgangsabgrenzungen und Ergebnismuster in der Regel nur einmal anstehen. Die Folgekosten bleiben niedrig, insofern die Daten der Organisation in der Prozessdokumentation ausgespart bleiben. Unter den Umständen fallen für die Prozesse nur noch Pflegeaufwendungen im Rahmen des Prozess Change Management an. Änderungen dieser Art sind bei definierten und eingelaufenen Prozessen gering. Werden dagegen Organisationsbelange mit eingebunden, kommt es in der Regel zu höhere Aufwendungen, da Änderungen in der Organisation häufiger anfallen und bei Organisationsänderungen in der Regel auch Ablaufgrafiken neu anzufertigen sind. Die Dokumentationsschnittstelle zwischen den Prozessen und der Organisation ist darum so klein wie möglich zu halten. Wie gezeigt, erfüllt eine Zuordnungstabelle diese Forderung. Bei Aufwandsbetrachtungen heißt es diese Gegebenheiten zu berücksichtigen.

Die hier folgende Prognoserechnung legt einmal die Größenordnung der Kosten dar, welche für die einmalig anstehenden Arbeiten für Analyse, Gestaltung, Dokumentation und Umsetzung der Prozesse anfallen. Für den Zweck werden zwei Unternehmen unterschiedlicher Größe zu Grunde gelegt, was durch eine unterschiedliche Zahl von Prozessen zum Ausdruck kommen soll. Unter dem Aspekt werden einmal 12 bzw. 25 Prozesse angesetzt. Diese Prozesse decken Funktionen zweiter Ordnung ab, d.h. sie umfassen alle Vorgänge jener Funktionen, in welche sich die Unternehmensaufgaben gemäß der Struktursicht in Abbildung 6 weiter aufgliedern. Ausgehend von einem Aufwand von 6 bis 10 Wochen ergeben sich dann je nach 35 oder 40 Wochenstunden und je nach Stundensatz von 100,- oder 250,- DM Rahmenwerte von ca. 0,25 bis 1 Mio. bzw. 0,52 bis 2,5 Mio. Ein Vergleich mit der Nutzenprognose aus Abschnitt 3.4.1.2 zeigt, dass diese Aufwendungen nennenswert unter den dort ermittelten Zahlen liegen und sich so die Aufwendungen für definierte Prozesse auch für kleinere Unternehmen begründen lassen, wenn hier der Nutzen eines Jahres den einmalig anfallenden Aufwendungen gegenübergestellt werden.

Literaturverzeichnis

Peopleware
  Tom DeMarco, Timothy Lister
  Dorset House Publishing Co. New York

Zeitwettbewerb
  G. Stalk, Th. M. Hout
  Campus Verlag 1990

«Mager» is beautiful – Japaner auf Erfolgskurs
  Daniel T. Jones
  TR TECHNISCHE RUNDSCHAU Heft 38 • 1991

Qualitätskontrolle ist....
  Tabelle 2: Relative Kosten bei der Beseitigung von Fehlern
  Computerwoche 36, 6. September 1991

Wissensmanagement – aktuelle Aufgaben und Probleme
  Paul Gödicke
  io Management Zeitschrift 61 (1992) Nr.4

Object-Oriented Analysis & Design
  James Martin, James J. Odell
  Prentice Hall, Englewood Cliffs, New Jersey 1992

Teams
  Jon R. Katzenbach, Douglas K. Smith
  McKinsey & Company, Inc
  Wirtschaftsverlag Ueberreuter 1993

Global denken, lokal handeln in der Informatik
  Dr. Heinz Vetter
  B. G. Teubner Stuttgart 1994

Die Reengineering Revolution
  Michael Hammer, Steven A. Stanton
  Campus Verlag Frankfurt 1995.

Daten nicht mit Informationen verwechseln.
  Prof. M. Bues
  Computerwoche EXTRA Nr.4 Oktober 1995

„Schlank" ist nicht immer auch „fit"
    Christine Rosette
    Elektronik 22/1995

Die ganze Wahrheit über ISO 9000
    Dr. Walter Simon
    io Management Zeitschrift 65 (1996) Nr.6

Das prozesszentrierte Unternehmen
    Michael Hammer
    Campus Verlag Frankfurt 1997.

Organisatorische Aspekte des Prozeßkostenmanagement
    Roman Stoi
    Zfo 5/1999

Pozessunternehmen – wie sie wirklich funktionieren
    Michael Hammer, Steven Stanton
    Harvard Business Manager 3/2000

Stichwortverzeichnis

Abgrenzung 8, 14, 38, 40, 57, 106
Ablauf 8, 9, 13, 33, 34, 36, 39, 92
Ablaufbeschreibung 110
Ablaufdarstellung 9, 30, 47, 128
Ablaufdauer 141
Ablaufgeschehnisse 28, 108, 111, 113, 137
Ablaufoptimierung 38, 49
Ablaufrichtlinien 31, 34
Abwicklungskosten 7
Activity Based Costing 12
Activity Based Management 12
Ad-hoc-Entscheidung 3, 132
Aktionismus 3, 6, 169
Aktualität 7
Aktuelle Strategien 161, 166
Akzeptanz 7, 62, 139
Anforderungsprofil 77
Angebot 148
Anleitung 140, 154
Arbeitsaufwand 9, 99, 116, 120, 121, 122, 123
Arbeitsplatz 121, 122
Arbeitsplatzbeschreibung 14, 172, 173
Arbeitsteilung 7, 41
Aufbauorganisation 6, 12, 25, 48, 66
Aufgabenplanung 116
Aufgabenstellung 98, 133, 157
Auftragsabhandlung *117*
Auftragsplanung 116
Auftragsrealisierung 1, 18
Aufwandsminderung 2
Aufwandsreduzierung 103
Aufwandsvorgabe 10, 142
Ausbildungssystem 135
Ausführungsrichtlinien 28, 34
Ausführungsvarianten 31
Ausführungsvorgaben 10
Balanced Scorecard 165
Balkendiagramme 126
Bearbeitungsaufwand 10
Bearbeitungsdauer 7, 121
Bearbeitungsfälle 121, 122, 123

Bearbeitungsschleifen 6, 22, 138
Bedarf 148, 159
Bedarfsprognose 77
Benchmarking 141
Bewerbungsabwicklung 77, 83, 87, 88, 92
Beziehungen 147, 160
Beziehungsebenen 147, 148, 149, 150, 156, 158, 159, 160
Beziehungsinhalte 147, 148, 149, 150, 151, 153, 154, 156, 158, 159, 160
Beziehungsmängel 146, 147, 155
Brain Storming 22
Budgetplanung 12
Business Reengineering 2, 3, 5, 15, 50, 164
Capability Maturity Model 5
Change Management 6, 12, 13, 37
Configuration Control 12
Controlling 12, 108, 111
Cost Reporting 12
Dauer 48, 49
Details 28, 33, 60, 62, 79, 102, 116, 166
Dezentrale Organisationen 112
Dialoge 138
Dienstleistung 1, 2, 7, 73, 134, 164
Dienstvorschriften 10, 31
Diskussionen 138
Documentation Management 12
Dokumentation der Prozesse 172
Durchlaufdauer 116, 121
Durchlaufzeit 2, 42, 48, 51, 62, 134
Durchlaufzeitverkürzung 49
Effizienz 1, 10, 25, 37, 66, 99, 114, 117, 143, 151, 154
Einsatzplanung 121
Einzelleistung 133, 134, 135
Endergebnisse 10
Entscheidungsträger 33
Entstehungskosten 1
Ereignisse 35
Erfolgsdenken 9
Erfolgsmeldung 9

Ergebnis 7, 9, 36, 96
Ergebnisabgrenzung 35, 38, 170, 171
Ergebnisanforderungen 17, 98, 158
Ergebnisdokumentation 96
Ergebniseinzelheiten 96
Ergebnisfluss 9, 30, 36, 60
Ergebnisinhalt 151
Ergebnisinspektion 12, 92, 98, 101, 104, 105, 122, 124, 131, 153, 156, 158
Ergebnismuster 10, 12, 38, 92, 96, 97, 98, 142
ergebnisorientiert 9, 14, 33, 34, 62, 70, 103, 115, 128, 129
Ergebnisschablonen 10, 96, 99
Ergebnisstreuung 37, 149
Ergebnistermin 116, 151
Ergebnistitel 38, 42, 43, 67, 96, 148, 150
Ergebnisverknüpfung 9
Ergebnisverzweigung 9
Ergebnisvorlage 96, 97, 98, 103, 104, 105, 140
Ergebnisvorstellungen 148
Ertragskraft 2
Experten 56, 70, 100, 104, 137
Feature Management 12
Fern Diagram 16
filtern 13, 37
Fließprodukte 12, 164
Formalismus 3, 26, 71, 132, 148, 149
Fortschrittsgrad 9
Fortschrittsverfolgung 8, 130
Führungsaufgabe 3, 94, 140
Führungskräfte 122
Führungskräfteentwicklung 77
Führungsprobleme 137
Funktion 9
Funktionsebene 16
funktionsorientiert 9, 10, 33, 34, 47, 128
Funktionstitel 31
Fusion 15
Gantt-Diagramme 126
Gegenmaßnahmen 131
Gemeinschaftsleistung 133
Geräte 7, 13

Gliederungsaspekte 19
Grafische Darstellung 67, 97
Hersteller 37
Hochleistungsteams 135
Human Capital 75
Improvisation 3
Information Management 12
Inhalte 10, 16, 38
Inhaltsbeiträge 37
Innovation 1, 2, 165
Inspektionsvorgänge 13
interdisziplinär 62, 134
Interdisziplinäre Teams 134, 137
Interessenkollision 130
Inventory Data Recording 12
ISO 9000 2, 63, 155, 161, 162, 177
Ist-Soll-Auswertungen 13
Ist-Werte 122, 123, 141
IT-Unterstützung 66, 143, 154, 156, 159, 173
IT-Werkzeuge 163
Kennzahlen 65, 141
Kernkompetenz 15
Kernprozess 15
Kick-off-Meeting 111, 151
Knowledge Management 12
Kollektiv 133, 139
kollektive Arbeitsweise 133
kollektive Maßnahme 139
Komplexität 34
Konfliktmanagement 130
Konkurrenz 136
Koordinator 139
Korrekturen 131
Kosten 141
Kostensicherheit 7
Kunde 25, 36, 71, 104, 147, 150, 151, 165
Kundenorientierung 36, 72, 147, 150
Kundenverständnis 147
Kundenwünsche 36
Lean Management 2, 5, 115, 136, 161, 162
Lean Production 2, 134, 139, 161
Leistungsfähigkeit 120, 121, 122, 123
Leistungsgedanke 139

Lieferant 36, 37, 147, 149, 158, 162
Lieferanten-Kunden-Beziehung 147, 148, 149, 151
Lieferinhalte 148
Liefersicherheit 7
Lieferung 101, 131, 148, 150, 158
Literaturverzeichnis 176
logische Ergebnisfolge 35, 126, 164
Managementposition 108
Managementprozesse 1
Marketing 18
Marktpräsenz 1
Mehrfachfehler 145
Messbaren Nutzen 141
Messen 141
Metriken 95, 123, 141, 142, 154, 155
Moderator 139
Nachwuchskräfte 77
Netzpläne 126, 127, 129
Nutzen 98
Nutzer 36, 37
Nutzung 148, 150, 158
Optimierung 2, 48, 62, 98, 138
Optimierungspotentiale 98
Organisation 2, 6, 50, 67, 74, 106, 107, 108, 110, 111, 112, 113, 114, 115, 116, 133, 136, 139, 153, 155
Organisationsänderung 6, 25, 28, 68
Organisationsbelange 7
Organisationsprobleme 111
Organisationszuordnung 67
Parallelarbeit 33, 134, 136
Partner 36
Partnerschaft 148, 150
Personal verwalten 75
Personalabrechnung 75
Personalbelange 75
Personalbereitstellung 75, 76, 77
Personalbeschaffung 75
Personalbindung 75, 77
Personaldaten 77, 87
Personaleinstellung 77, 83, 90, 91, 92
Personalentwicklung 77

Personalevolution 76, 77
Personalförderung 77
Personalplanung 75
Personalstatistik 75
Personalwerbung 77, 83, 84, 85, 86, 87, 92
Personalwesen 18, 73, 74
Personalwirtschaft 73, 75, 76, 92, 93
Personalzeitwirtschaft 75
Personengruppe 139
Personenwechsel 6, 25
personifizierte Prozesse 3
Phasung 131, 132
Planung 116, 153
Planungsablauf 117
Planungsergebnisse 124
Planungssicherheit 7
Plattform 15
Pool 63, 114, 115, 133, 135, 136, 137, 154
praktizierte Prozesse 94
Prioritäten 70, 117, 124, 126, 130, 131, 132
Problemanalyse 144
Problembeschreibung 144
Process Cost Management 12
Process Monitoring 12
Process Owner 95
Product Life Cycle 18, 161
Produktbestand 12, 63
Produkte 1, 7, 12, 134
Produkteinführung 18, 19, 69, 70, 71, 163
Produktentstehungskosten 1
Produktionslinie 8, 11
Produktkonfiguration 6
Produktkosten 1, 2, 7
Produktmanagement 12, 18
Produktpflege 1, 12
Produktqualität 7
Produktvermarktung 18, 25, 69, 70, 71, 72
Prognoserechnung 99, 175
Programme 7, 10, 35
Projektgespräche 132
Projektmanagement 6, 8, 12, 13, 111, 112, 130, 131, 132, 153

Projektplanung 6, 8, 12, 92, 116, 123, 124, 127, 129, 130, 131
Projektverfolgung 6, 130, 153, 155
Prozess 2, 5, 8, 113
Prozessabschnitt 134, 138, 139
Prozessanalyse 36
Prozessaspekt 12
Prozesscharakter 3, 28
Prozessdarstellung 60, 62, 109
Prozessdesign 46
Prozesseigner 12, 95
Prozesseinheit 9
Prozesseinsatz 94, 95
Prozesskosten 12, 99
Prozesskostenrechnung 73
Prozessmanagement 12, 95
Prozessorientierung 2, 14, 94, 105
Prozessparameter 6
Prozesspflege 12, 94
Prozessprojekte 12, 170
Prozess-Redesign 164
Prozessschema 8, 9
Prozessschleifen 6
Prozessteam 134, 135, 137, 138, 139
Prozessübersichten 17, 44, 48
Prozessverbesserung 12
Qualifikation der Ressourcen 142
Qualität 1, 10, 74, 104, 113, 117, 141, 143, 147, 150, 152, 155, 157
Qualitätsaudits 6
Qualitätssicherung 2
Radikale Umgestaltung 166
Rahmenvorgaben 31, 96
Rekonstruktion 138
Release Control 12
Reproduktion 1, 170
Reservierung von Ressourcen 133
Ressourcen 7, 12, 68, 103, 108, 112, 113, 116, 119, 133
Ressourcendisposition 8, 12, 116, 117, 119, 120, 123, 124, 127
Ressourcenmanagement 12
Ressourcennutzung 7

Schnittstellen 48
Schulung 18, 140, 154
Sicherheitsdenken 9
Simultaneous Engineering 137, 163
Softwareprodukte 1, 2
Soll- und Ist-Werte 121
Soll-Werte 123, 141, 155
Stabilität 74, 99, 132, 141, 143, 151
Staffelung 44, 45
Statusabfragen 131
Statusaussage 9, 10, 13
Statusbericht 141
Statusberichte 154
Statusreporting 12
Steuerbeitrag 14
Steuerfunktion 13
Steuerlinie 8, 11
Steuermaßnahme 121
Steuerung 11, 12
Steuervorgaben 6, 7
Strategieansätze 2
Strukturanalyse 22, 23
Strukturdarstellung 18
Strukturierung 4, 77
Struktursicht 16, 46
subjektive Aussagen 9
Subprozess 11
Synergieeffekt 15, 138
System 4, 34, 35, 131
Tabellarische Darstellung 97
Target Costing 12, 13
Tätigkeiten 9
Tauglichkeitsgrad 5, 6, 94, 95, 98, 136, 138
Teamarbeit 113, 133, 135, 155
Teamgedanke 135
Teamgespräche 139
Teamleistung 133, 134, 138
Teamleiter 135, 139, 161
Teammitglieder 138, 139
Teams 133, 147, 161
Teamversionen 133
Teamverständnis 136
Teamwork 12

Teilergebnisse 10
Teilprozess 11, 17
Template 12, 96
Termine 7, 25, 26
Terminplanerstellung *118*
Terminsicherheit 7, 123, 158
Textlische Darstellung 97
Time-to-Market 1, 71, 100, 101, 103, 132, 161, 163
Top-Down-Verfahren 75
Total Quality Management 2, 162
Training on the Job 140
Transparenz 7, 34, 143, 151, 170
Tree Diagram 16, 23
Überwachung 11, 95
Umlaufverfahren 137
Umorganisationen 111
Unternehmensaufgaben 18, 69, 106
Unternehmensprozess 69
Ursachen der Probleme 144
Ursachenüberlagerung 145
verdichten 13, 34
Verfahren 8
Vergleichen 141
Verhaltenssicht 17, 30, 173
Verknüpfungen 29, 38, 40, 77
Verlauf 8
Verteilerplattform 37
Verwaltung 1, 40, 50, 54, 74, 106
Verwendungsnachweis 63, 64, 65

Verzweigungen 28, 36, 38, 39
Vorgaben 13
Vorgang 9
Vorgänge 14, 23, 26, 38, 45, 138
Vorgangsabgrenzung 38, 171
Vorgangsfolge 30
Vorgehenswissen 6
Werkzeuge 173
Wertanalysemaßnahmen 2
Wertschöpfung 1, 14, 74, 83, 84, 86, 132
Wertschöpfungsanteile 17
Wertschöpfungsbeiträge 10, 73, 83, 150
Wertschöpfungsdifferenz 10
Wettbewerbsfähigkeit 161
Wettbewerbsfaktoren 2
Wettbewerbsvorsprung 2
Wettbewerbsvorteile 2
Wirkmechanismus 12, 144, 156
Wirkungsgrad 95
Wirkungslosigkeit 34
Wissen 3, 6, 23, 31, 79, 115, 137, 170
Wissensmanagement 7, 176
Workflow Management 12, 130, 163
Zeiteinheiten 120
Zeitverschwendung 139
Zentrale Organisationen 111, 112
Zuständige 3, 14, 116, 149
Zuständigkeit 48, 108
Zwischenergebnisse 10